中国特色社会主义文化研究丛书
总主编 颜晓峰

赓续文脉
传承发展中华优秀传统文化

赵坤 耿超 著

图书在版编目（CIP）数据

赓续文脉：传承发展中华优秀传统文化 / 赵坤，耿超著．—重庆：重庆出版社，2020.11
ISBN 978-7-229-15326-7

Ⅰ.①赓… Ⅱ.①赵… ②耿… Ⅲ.①中华文化—研究 Ⅳ.①K203

中国版本图书馆CIP数据核字（2020）第193604号

赓续文脉：传承发展中华优秀传统文化
赵坤 耿超 著

出　　品：	华章同人
出版监制：	徐宪江　秦　琥
责任编辑：	何彦彦
责任印制：	杨　宁
营销编辑：	史青苗　刘晓艳

重庆出版集团
重庆出版社 出版
（重庆市南岸区南滨路162号1幢）

投稿邮箱：bjhztr@vip.163.com
北京温林源印刷有限公司　印刷
重庆出版集团图书发行有限公司　发行
邮购电话：010-85869375/76/78转810
重庆出版社天猫旗舰店
cqcbs.tmall.com
全国新华书店经销

开本：787mm×1092mm　1/16　印张：16　字数：230千
2020年11月第1版　2021年4月第2次印刷
定价：58.00元

如有印装质量问题，请致电023-61520678

版权所有，侵权必究

总序

社会主义现代化的文化之维

颜晓峰

党的十九大开启了全面建设社会主义现代化国家新征程，这是新中国成立后党带领人民不懈奋斗、建设现代化国家历史进程的一次伟大飞跃。现代化是全方位、多领域、各层次的变革和跃升，文化是社会结构的有机组成部分，全面现代化是包括文化在内的各个领域的现代化。现代化不仅是技术方式和生产方式的自然演进过程，也需要思想引领、精神激励、文化支持。文化是一个国家、一个民族的灵魂，也是国家现代化进程中的灵魂，全面建设社会主义现代化国家必须要有文化作为基础和保证。坚持和发展中国特色社会主义文化，强化社会主义现代化的文化之维，是建成富强民主文明和谐美丽的社会主义现代化强国的内在要求。

文化是全面建设社会主义现代化国家的重要领域

文化是经济、政治、社会等的反映，同时又是社会上层建筑的重要构成部分。随着社会形态的演变，文化在社会发展进步中的作用明显增强，国家文化软实力的分量越来越重。随着我们党对社会主义建设规律的认识加深，党的文化自觉达到新的高度，文化建设规模扩张、力度加大。

从"四个现代化"到全面现代化。新中国成立后，我们党开始了建设社会主义现代化国家的努力探索。党在社会主义建设总路线中就提出了促进农业和交通运输业的现代化，建立巩固的现代化国防。1954年召开的一届全国人大一次会议，明确提出建设现代化的工业、农业、交通运输业和国防目标。1964年召开的三届全国人大一次会议进一步提出，在不太长的历史时期内，把我国建设成为一个具有现代农业、现代工业、现代国防和现代科学技术的社会主义强国。改革开放后，邓小平在80年代伊始开宗明义："我们从八十年代的第一年开始，就必须一天也不耽误，专心致志地、聚精会神地搞四个现代化建设。"[1]改革开放以来党的历次全国代表大会，都强调社会主义现代化建设，一以贯之地推进建设社会主义现代化国家新的长征。党的十八届三中全会明确提出推进国家治理体系和治理能力现代化，社会主义现代化增加了治理之维。党的十九大明确提出建设现代化经济体系，加快教育现代化，人与自然和谐共生的现代化，全面推进国防和军队现代化，等等。可以看出，党对社会主义现代化领域的认识，是一个不断拓展和深化的过程。

从"五位一体"总体布局看文化建设。"五位一体"构成了建设中国特色社会主义的主要领域，统筹推进"五位一体"总体布局构成了全面发展、相互支撑的系统格局。从提出建设社会主义精神文明，到提出建设中国特色社会主义文化，到提出建设社会主义文化强国；从提出坚持社会主义核心价值体系、培育社会主义核心价值观，到提出增强国家文化软实力、增强文化自信等，都反映了在改革开放、社会主义现代化的进程中，文化是与其他领域同等重要的领域，文化建设始终是不可或缺的内容。文化兴国运兴，文化强民族强。没有文化的血脉贯通，没有精神的力量支撑，就不能成其为中国特色社会主义。全面建设社会主义现代化国家，必然要求将文化建设的现代化纳入其中，使文化成为现代化的精神基因。

---

[1]《邓小平文选》(第二卷)，人民出版社1994年版，第241页。

从"三个自信"到"四个自信"。党的十八大强调坚持和发展中国特色社会主义道路、理论体系、制度,增强道路自信、理论自信、制度自信。党的十八大以来,习近平总书记进一步提出增强文化自信,指出"文化自信是一个国家、一个民族发展中更基本、更深沉、更持久的力量"[1]。这就从"三个自信"拓展为"四个自信",提升了文化在中国特色社会主义"四个自信"中的独特地位。道路自信是以道路中蕴含的文化自信为基础的,理论自信是以对科学理论真理力量的文化信念为底蕴的,制度自信是以对建立制度的文化理念的自信为前提的。所以,文化自信是更基础、更广泛、更深厚的自信。与"四个自信"相适应,中国特色社会主义的基本内涵和基本结构,从道路、理论、制度"三位一体"拓展为道路、理论、制度、文化"四位一体"。没有高度的文化自信,没有文化的繁荣兴盛,就没有中华民族伟大复兴。

全面建设社会主义现代化国家包括文化现代化。文化建设是全面建设社会主义现代化国家的题中应有之义,习近平总书记在十九大报告中,将国家文化软实力明显增强作为基本实现社会主义现代化的重要目标,将物质文明、政治文明、精神文明、社会文明、生态文明全面提升作为全面建成社会主义现代化国家的基本目标。这就表明了全面建设社会主义现代化国家与文化建设密不可分,没有文化建设的现代化,就没有全面的现代化。文化现代化是一个历史范畴,是指在人类社会现代化的进程中,文化这种社会形式,也经历了一个自我更新、自我完善,适应现代化、跟随现代化、引领现代化,从而实现文化现代化的过程。文化现代化还是一个政治范畴,不同的社会形态有不同性质的现代化,不同的社会制度有不同内涵的文化现代化。现代化不是资本主义的专利,按照马克思、恩格斯的思想,社会主义现代化是人类社会现代化的高级阶段和高级形态。社会主义现代化包括各个领域的现代化,是社会主

---

[1] 习近平:《决胜全面建成小康社会 夺取新时代中国特色社会主义伟大胜利》,人民出版社2017年版,第23页。

义国家的奋斗目标，是中国共产党的不懈追求。可以说，建设社会主义先进文化，坚持倡导社会主义核心价值观，加快构建中国特色哲学社会科学体系，繁荣发展社会主义文艺，推动中华优秀传统文化创造性转化、创新性发展，建设具有强大凝聚力和引领力的社会主义意识形态等，都是社会主义文化现代化的标识，是社会主义现代化文化的内涵。

文化是全面建设社会主义现代化国家的精神支撑

现代化不仅是技术方式、生产方式和生活方式变迁的过程，而且是思维方式、行为方式、交往方式转变的过程。从近代以来的现代化进程看，一个国家实现现代化，不仅需要经济总量、军事力量等硬实力的提高，而且需要价值观念、思想文化等软实力的提高。文化是社会形态的鲜明特征和显著标识，是全面建设社会主义现代化国家的精神之维和思想之魂。

文化高扬社会主义现代化的思想旗帜。九十多年来中国共产党团结带领人民进行伟大社会革命的历史，同时也是建设与党的性质和宗旨相一致，与中国发展进步潮流相一致的先进文化的历史。新民主主义革命时期，党和人民创造了新民主主义文化，这就是无产阶级领导的人民大众的反帝反封建的文化，是民族的科学的大众的文化，是中华民族的新文化，由此成为新民主主义革命的思想旗帜。新民主主义文化犹如大海中的灯塔，对于动员广大人民群众投身于党领导的革命和战争事业，起到了强大的引领和激励作用。社会主义革命和建设时期，党和人民创立了社会主义文化，这就是以马克思列宁主义、毛泽东思想为指导，以共产主义理想和社会主义信念为灵魂，以社会主义道德为准则，以培养社会主义新人为己任的新文化。社会主义文化对于增强社会主义的凝聚力和向心力，塑造人民新的素质，推动社会主义事业发展，发挥了重大作用。新民主主义文化和社会主义文化，是中华民族实现从"东亚病夫"

到站起来的伟大飞跃的思想旗帜。改革开放新时期,党和人民创立了中国特色社会主义文化,是中国特色社会主义取得巨大成就、中华民族实现从站起来到富起来伟大飞跃的思想旗帜。进入中国特色社会主义新时代,在全面建设社会主义现代化国家的新征程中,在中华民族迎来从富起来到强起来的伟大飞跃中,中国特色社会主义文化同样是实现社会主义现代化的思想旗帜。

文化增强社会主义现代化的精神动力。全面建设社会主义现代化国家,是一场新的伟大社会革命。要将这场伟大社会革命进行到底,必须要有文化的支持。邓小平在党的十一届三中全会上指出,"实现四个现代化是一场深刻的伟大的革命"[1],同时要求全党团结一致,同心同德,解放思想,开动脑筋,善于学习,善于重新学习。这就表明,新时期党和国家的中心工作是社会主义现代化,但如果思想不解放,思想僵化,一切从本本出发,社会主义现代化就不可能实现。可以说,真理标准问题大讨论和思想解放运动,是新时期建设社会主义现代化的思想发动和精神呼唤。党的十一届三中全会召开40年后,我国社会主义现代化站在新的历史起点上,开启全面建设社会主义现代化国家新征程,必须进行具有许多新的历史特点的伟大斗争。有效应对重大挑战,抵御重大风险,克服重大阻力,解决重大矛盾,包括坚决战胜一切在政治、经济、文化、社会等领域出现的困难与挑战,同时要求以伟大精神赢得伟大斗争。习近平主席在十三届全国人大一次会议上强调的伟大民族精神,实质上就是开启全面建设社会主义现代化国家新征程的精神动力。伟大民族精神是中华民族五千多年文明历史的强大精神动力,也是全面建成社会主义现代化强国的强大精神动力。

文化确立社会主义现代化的价值标准。坚持社会主义核心价值体系,是新时代坚持和发展中国特色社会主义基本方略的重要内容。我国的现代化被称为社会主义现代化,一个根本特征,就是坚持社会主义核

---

[1]《邓小平文选》(第二卷),人民出版社1994年版,第152页。

心价值体系，由此构成我国现代化的价值准则。坚持社会主义核心价值体系，包括坚持马克思主义，牢固树立共产主义远大理想和中国特色社会主义共同理想，培育和践行社会主义核心价值观，不断增强意识形态领域主导权和话语权，更好构筑中国精神、中国价值、中国力量，等等。社会主义核心价值体系，规定了社会主义现代化的基本性质，决定了中国特色社会主义现代化道路的前进方向，指明了全面建设社会主义现代化国家的价值导向。核心价值观是决定文化性质和方向的最深层次要素。习近平总书记在党的十九大报告中指出："社会主义核心价值观是当代中国精神的集中体现，凝结着全体人民共同的价值追求。"[1]可以说，社会主义核心价值观就是社会主义现代化的价值追求。社会主义核心价值观从价值观念转变为价值实践，就是社会主义现代化的建成。

文化厚植社会主义现代化的智力基础。文化建设包括发展文化事业和文化产业，建设教育强国，建设学习型社会，提高国民素质等。社会主义现代化是以全民族的精神文明大大提高、全社会的文化素养大大增强为条件的。经济落后建不成现代化，文化落后同样建不成现代化。在综合国力竞争中，科技竞争的基础是人才竞争，人才竞争的基础是教育竞争。没有教育的现代化，就没有国家的现代化。党的十九大提出加快教育现代化，表明了全面现代化，教育要先行，是为全面建设社会主义现代化国家提供人才队伍和智力资源，建好基础工程。新时代文化建设，既要加强思想道德建设，繁荣发展社会主义文艺，满足人民日益增长的美好精神生活需要，也要优先发展教育事业，发展素质教育，推进教育公平，办好继续教育。

---

[1] 习近平：《决胜全面建成小康社会　夺取新时代中国特色社会主义伟大胜利》，人民出版社2017年版，第42页。

中国特色社会主义文化是文化建设现代化的根本标识

改革开放40年来，中国特色社会主义的基本内涵不断丰富拓展，从道路、理论、制度到文化。中国特色社会主义文化，是在建设中国特色社会主义的实践过程中形成的根本文化成就。全面建设社会主义现代化国家，与之相适应、符合其需要的文化，就是中国特色社会主义文化；我们所说的文化现代化或现代化文化，就是中国特色社会主义文化。

中国特色社会主义文化是社会主义现代化的显著特征。中国特色社会主义文化积淀着中华民族最深层的精神追求，源自于中华民族五千多年文明历史所孕育的中华优秀传统文化，熔铸于党领导人民在革命、建设、改革中创造的革命文化和社会主义先进文化，代表着中华民族独特的精神标识。社会主义现代化与资本主义现代化相比，有着共同的内涵标准和文明形式，也有着独特的本质、特色和优势。中国特色社会主义文化，有着明显的民族特色，是中华民族五千多年文明历史的结晶，也是中国社会主义现代化的精神底蕴。中国特色社会主义文化，有着明显的政治属性，是中国特色社会主义道路、制度的思想形式，社会主义意识形态表明社会主义现代化文化的本质特征。中国特色社会主义文化，有着明显的现代属性，顺应历史潮流，走在时代前列，反映人民心声，吸收人类文化优秀成果，代表着先进文化的前进方向。在经济全球化时代，各个国家和民族可以生产和使用同样同质的科技产品，但不能接受同一种文化或信奉同一种宗教，文化有其独特内涵和价值。

中国特色社会主义文化是文化建设现代化的本质内容。从历史脉络看，中国特色社会主义文化融历史文化、当代文化、未来文化于一体，源远流长、根深叶茂，有着强大的生命力。从指导思想看，中国特色社会主义文化以马克思主义为指导，马克思主义是中国特色社会主义文化的灵魂，马克思主义中国化的成果，集中体现了中国特色社会主义文化的时代精神，注入了时代内涵。从发展维度看，中国特色社会主义文化面向现代化，面向世界，面向未来，这一文化内在地与现代化相契合，不仅不排斥而且是向往新世界新社会的；这一文化自觉地与世界相连接，不仅不封闭而且是开放包容的；这一文化前瞻地与未来相一致，不仅不停滞而且是构想创造美好愿景的。从基本属性看，中国特色社会主义文化是民族的科学的大众的文化，民族的文化保持了现代化的文化之根，科学的文化保证了现代化的文化之魂，大众的文化彰显了现代化的文化之本。从动力机制看，中国特色社会主义文化坚持创造性转化、创新性发展，这一转化和发展，既包括中华优秀传统文化在新时代的创造性转化、创新性发展，也包括革命文化、社会主义先进文化的创造性转化、创新性发展，从不停滞在同一个发展阶段和发展水平，与实践同行，与时代同步，与现代化同进。

中华优秀传统文化提供社会主义现代化的中国智慧。中华优秀传统文化是中国特色社会主义文化的牢固根基和有机构成，以其深厚的思想底蕴和长久的历史积淀，滋养着中国特色社会主义文化。中华优秀传统文化在走向社会主义现代化的今天，仍然是宝贵的思想富矿和有益的精神源泉。

革命文化赋予社会主义现代化的红色基因。中国共产党在带领人民进行新民主主义革命的艰辛实践中，形成了包含"革命理想高于天"的革命理想主义、"砍头不要紧，只要主义真"的革命英雄主义、"万水千山只等闲"的革命乐观主义、官兵一致的革命民主主义、"加强纪律性，革命无不胜"的纪律观念，热爱人民、依靠人民的群众路线等内容的革命文化。革命文化上承中华优秀传统文化，基于中国无产阶级和人民大众的革命性，下启社会主义先进文化，是中国特色社会主义文化形成发展的重要环节，是中国特色社会主义文化的重要组成部分。进入社会主义时期、中国特色社会主义新时期、中国特色社会主义新时代，党仍然在进行新的伟大社会革命，仍然需要保持和弘扬革命精神，仍然需要革命文化的营养。革命文化所蕴含的红色基因,并不仅仅是传统的,也是现代的,并不仅仅是革命战争年代的精神旗帜,也是实现社会主义现代化的精神财富。

社会主义先进文化引领社会主义现代化的前进方向。社会主义先进文化,是新中国成立后,党带领人民在社会主义革命和建设、改革开放新的伟大革命、新时代伟大社会革命的长期实践中,在传承光大中华优秀传统文化、革命文化的基础上,形成的反映社会主义本质要求、满足人民日益增长的美好精神生活需要、培养全面发展的社会主义新人的新型文化。社会主义先进文化是中国特色社会主义文化的本质内容和时代标识。社会主义先进文化,作为中国特色社会主义文化的主体部分,与社会主义现代化的文化高度契合、高度统一。社会主义先进文化,表明了社会主义现代化的文化是什么样的文化。建设以社会主义先进文化为核心的中国特色社会主义文化,就是社会主义文化现代化的发展方向。

为增强中国特色社会主义文化自信,推进中国特色社会主义文化研究,服务全面建设社会主义现代化国家新征程,重庆出版集团秉承高度的政治意识和文化意识,在党的十九大之后组织编写出版了"中国特色社会主义文化研究丛书",从不同方面对中国特色社会主义文化进行深入解读。此套丛书乃出版界该领域传播之先行,为理论界该领域研究之硕果,谨以此文为丛书总序。

目录

总序　社会主义现代化的文化之维

绪论　赓续中华文脉，助力民族复兴

第一章　传承发展中华优秀传统文化的理论基础
　　一、马克思主义的传统文化观 / 6
　　二、习近平关于传承发展中华优秀传统文化的重要思想 / 14
　　三、学术界关于传承发展中华优秀传统文化的重要观点 / 20

第二章　传承发展中华优秀传统文化的重大意义
　　一、增强文化自信的深厚文化根基 / 36
　　二、提升人民群众文化素养的丰厚文化滋养 / 43
　　三、增强国家文化软实力的丰富文化资源 / 54
　　四、推进国家治理体系和治理能力现代化的有益文化借鉴 / 59
　　五、推动世界和平发展的宝贵文化智慧 / 70

第三章 传承发展中华优秀传统文化的经验教训
一、传承发展中华优秀传统文化的历史经验 / 78
二、传承发展中华优秀传统文化的历史教训 / 89

第四章 传承发展中华优秀传统文化的历史条件
一、传承发展中华优秀传统文化的近代历程 / 102
二、传承发展中华优秀传统文化的时代机遇 / 111
三、传承发展中华优秀传统文化的现实挑战 / 121

第五章 传承发展中华优秀传统文化的主要内容
一、核心思想理念 / 133
二、中华传统美德 / 151
三、中华人文精神 / 165

第六章 传承发展中华优秀传统文化的基本原则
一、牢牢把握社会主义先进文化前进方向 / 180
二、坚持以人民为中心的工作导向 / 187
三、坚持创造性转化和创新性发展 / 193
四、坚持交流互鉴、开放包容 / 197
五、坚持统筹协调、形成合力 / 202

第七章 推动中华优秀传统文化创造性转化、创新性发展
一、科学区分、梳理萃取 / 218
二、加工改造、推陈出新 / 224
三、运用升华、服务现实 / 231

主要参考文献 / 237

绪论　赓续中华文脉，助力民族复兴

从刀耕火种、穴居巢处的远古时代，到西方列强纷至沓来的中国近代，中华民族经历过许多磨难。从天而降的自然灾害、汹涌而至的外部侵略、持续不断的分裂动荡，特别是中国近代以来的内忧外患，每一次磨难降临，都会产生一种"黑云压城城欲摧"的紧张局面。习近平同志指出："在漫长的历史发展进程中，中华民族曾受过无数来自内部的矛盾与冲突和来自外部的挑战与威胁，如自然灾害、社会动荡、王朝更替、外部入侵等等，但中华民族却一次次战胜灾难，一次次渡过难关，使统一的多民族国家得以不断巩固和发展。"[1]艰难困苦，玉汝于成。中华民族在一次又一次的磨难中愈挫愈勇、成长奋起。是什么从古至今一直支撑中华民族不断从弱小走向强大、从衰弱走向振兴？

习近平同志指出："中华民族生生不息绵延发展、饱受挫折又不断浴火重生，都离不开中华文化的有力支撑。"[2]在中华民族的发展壮大过程中，中华优秀传统文化是增强中华儿女民族身份认同的文化标识，是抵抗外敌入侵的精神支柱，是维护我国团结统一的坚强纽带，是推进国家治理的思想源泉，是促进社会稳定有序的道德基础，是滋润人民心灵世界的精神食粮。这种强大的文化功能，直到今天还在发挥着不可替代的作用。党的十九大报告强调："深入挖掘中华优秀传统文化蕴含的思想观念、人文精神、道德规范，结合时代要求继承创新，让中华文化展现出永久魅力和时代风采。"[3]挖掘和利用中华优秀传统文化的丰富资源，为中华民族伟大复兴提供文化支持，已经成为文化建设的重要任务。

越来越多的考古发现表明，中华文化早在距今数万年前的旧石器时代就出现了萌芽，到距今五六千年的新石器时代就已先后出现了仰韶文

---

[1] 习近平:《领导干部要读点历史》，载《中共党史研究》，2011年第10期。
[2] 习近平:《在中国文联十大、中国作协九大开幕式上的讲话》，载《人民日报》，2016年12月1日，第2版。
[3] 习近平:《决胜全面建成小康社会 夺取新时代中国特色社会主义伟大胜利——在中国共产党第十九次全国代表大会上的报告》，人民出版社2017年版，第42页。

化、大汶口文化、红山文化、良渚文化等文化类型，可以说是世界上最早的文化之一。文化史家柳诒徵指出："世界开化最早之国，曰巴比伦，曰埃及，曰印度，曰中国。比而观之，中国独寿。"[1]那么，为何中华文化"独寿"呢？他指出："实则吾民族创造之文化，富于弹性，自古迄今，缅缅相属，虽间有盛衰之判，固未尝有中绝之时。"[2]

中华文化确乎富有极强的韧性。秦汉之际，先是秦朝政府"焚书坑儒""及至秦之季世，焚《诗》《书》，坑术士，六艺从此缺焉"（《史记·儒林列传》）；其后秦末汉初连年战争，致使大量文献资料、建筑、器物等被摧毁。近代以来，西方先进的工业文明汹涌而至，对中国的农耕文明产生巨大冲击，使中华文化再一次有了中断的危险。中华文化虽然经历了很多曲折，但由于中华儿女的坚强守护和中华文化的坚忍顽强，中华文化最终总能化险为夷、渡过难关。

习近平同志指出："在每一个历史时期，中华民族都留下了无数不朽作品。"[3]从原始社会质朴的精神之花，到先秦时代多彩的百家争鸣；从汉唐盛世恢宏的文化气象，到明清时期繁荣的文化景象，中华文化产生过璀璨的文化作品，取得了辉煌的文化成就，积累了丰厚的文化遗产。

进入新时代，中国特色社会主义文化蓬勃发展，世界各国文化百花齐放。中华优秀传统文化如何与网络时代融合，如何与国外优秀文化共鸣，如何在新时代传承文脉、发扬光大，这是一个时代难题，更是当代中国人光荣的历史使命。

文运同国运相牵，文脉同国脉相连。党的十九大报告指出："文化是一个国家、一个民族的灵魂。文化兴国运兴，文化强民族强。"[4]中

---

[1] 柳诒徵：《中国文化史》，中华书局2015年版，第7页。
[2] 柳诒徵：《中国文化史》，中华书局2015年版，第2页。
[3] 《习近平谈治国理政》（第二卷），外文出版社2017年版，第350页。
[4] 习近平：《决胜全面建成小康社会 夺取新时代中国特色社会主义伟大胜利——在中国共产党第十九次全国代表大会上的报告》，人民出版社2017年版，第41页。

华优秀传统文化是中华民族的"根"和"魂",我们要守护和传承好民族的"根"和"魂"。中国特色社会主义进入新时代,中华民族伟大复兴的宏伟目标已经清晰可见,我们比以往任何时候都更具有实现民族复兴的坚定信念和坚强力量。在这个伟大的时代,传承中华文脉,复兴中华文明,这既是历史的光荣使命,更是时代的迫切呼唤。

国学大师季羡林曾指出:"到了21世纪,三十年河西的西方文化将逐步让位于三十年河东的东方文化,人类文化的发展将进入一个新的时期。"[1]季羡林对中华优秀传统文化的肯定和信任,是建立在对中华文明几千年大历史的充分研究基础上的,是建立在对世界文明发展大趋势的深刻把握基础上的。习近平总书记指出:"中华文化独一无二的理念、智慧、气度、神韵,增添了中国人民和中华民族内心深处的自信和自豪。"[2]我们怀着无限的自信和自豪,期待着中华优秀传统文化继续展现出无限的时代魅力和价值!

---

[1] 季羡林:《三十年河东 三十年河西》,当代中国出版社2006年版,第11页。
[2] 习近平:《在中国文联十大、中国作协九大开幕式上的讲话》,载《人民日报》,2016年12月1日,第2版。

第一章　传承发展中华优秀传统文化的理论基础

理论是实践的先导，思想是行动的指南，传承发展中华优秀传统文化，必须确立正确的理论指导原则。在马克思主义创立和发展过程中，马克思主义经典作家对于如何对待和传承传统文化进行了系统而深刻的理论阐述，这是我们传承发展中华优秀传统文化的理论依据。党的十八大以来，以习近平同志为核心的党中央高度重视中华优秀传统文化，习近平同志发表了许多关于中华优秀传统文化的重要论述，这是我们传承发展中华优秀传统文化的根本遵循。长期以来，学术界高度关注和深入研究中华优秀传统文化，产生了许多重要的学术观点，这是我们传承发展中华优秀传统文化的重要参考。

一、马克思主义的传统文化观

每一个民族在长期发展过程中都必然形成了自己民族的独特传统文化,并对该民族的现状和发展产生深刻影响。马克思主义经典作家在探索建立社会主义社会时,必然要面临融汇各民族文化的资本主义文化和封建主义文化的冲击。如何对待各民族的传统文化,是马克思主义经典作家必须思考和应对的重要问题。

(一)马克思恩格斯的传统文化观

马克思主义作为指引人类解放的科学理论,是革命性与科学性的统一。对待传统文化,马克思主义创始人既有革命性的批判,又有科学性的继承,采取的是一种"扬弃"的科学态度。

第一,传统文化的腐朽部分要彻底批判。马克思主义是关于无产阶级和人类解放的革命的理论,提出了无产阶级的根本任务是建立共产主义社会,而建立新社会的前提就是要推翻资本主义旧制度。马克思恩格斯在《共产党宣言》中指出:"共产主义革命就是同传统的所有制关系实行最彻底的决裂;毫不奇怪,它在自己的发展进程中要同传统的观念实行最彻底的决裂。"[1]这里的"传统"是指阻碍人类解放的旧制度和旧思想。恩格斯在评论黑格尔哲学时也指出:"每一种新的进步都必然表现为对某一种神圣事物的亵渎,表现为对陈旧的、日渐衰亡的,但为习惯所崇奉的秩序的叛逆。"[2]马克思恩格斯的这些论述,表达了马克思主

---

[1]《马克思恩格斯文集》(第二卷),人民出版社2009年版,第52页。
[2]《马克思恩格斯选集》(第四卷),人民出版社2012年版,第244页。

义学说对旧思想、旧制度的彻底的革命精神和批判意识。

第二,传统文化是人类社会发展的前提和条件。马克思在《路易·波拿巴的雾月十八日》一文中认为,传统文化是人类创造历史的前提和条件,他指出:"人们自己创造自己的历史,但是他们并不是随心所欲地创造,并不是在他们自己选定的条件下创造,而是在直接碰到的、既定的、从过去承继下来的条件下创造。一切已死的先辈们的传统,像梦魇一样纠缠着活人的头脑。"[1]一个民族的价值观念、道德规范、发展理念、社会心理、风俗习惯等,是这个民族长期发展积淀而成的文化基因,不可避免地影响着民族发展的进程。对此,恩格斯也指出:"我们自己创造着我们的历史,但是第一,我们是在十分确定的前提和条件下创造的。其中经济的前提和条件归根到底是决定性的。但是政治等等的前提和条件,甚至那些萦回于人们头脑中的传统,也起着一定的作用,虽然不是决定性的作用。"[2]

马克思恩格斯对于传统文化的态度是"扬弃",列宁在论述马克思的学说时指出:"凡是人类社会所创造的一切,他都有批判地重新加以探讨,任何一点也没有忽略过去。凡是人类思想所建树的一切,他都放在工人运动中检验过,重新加以探讨,加以批判,从而得出了那些被资产阶级狭隘性所限制或被资产阶级偏见束缚住的人所不能得出的结论。"[3]马克思主义理论体系本身就是在批判继承德国古典哲学、英国古典政治经济学和英国法国空想社会主义学说的基础上创立起来的新学说,对传统文化既有继承,又有超越。

---

[1]《马克思恩格斯文集》(第二卷),人民出版社2009年版,第270页。
[2]《马克思恩格斯选集》(第四卷),人民出版社2012年版,第604—605页。
[3]《列宁选集》(第四卷),人民出版社2012年版,第284—285页。

（二）列宁的传统文化观

俄国十月革命胜利后，围绕着"无产阶级文化"问题在苏维埃俄国展开了一场持续数年的争论。当时一些人认为，吸取资产阶级文化是不可救药的倒退，无产阶级的精神发展基础首先是在精神上同过去决裂，他们主张把资产阶级文化当作无用的废物完全抛弃。针对这种"历史虚无主义"的文化观点，列宁指出："应当明确地认识到，只有确切地了解人类全部发展过程所创造的文化，只有对这种文化加以改造，才能建设无产阶级的文化，没有这样的认识，我们就不能完成任务。""无产阶级文化应当是人类在资本主义社会、地主社会和官僚社会压迫下创造出来的全部知识合乎规律的发展。""只有了解人类创造的一切财富以丰富自己的头脑，才能成为共产主义者。"[1]列宁还通过论述马克思恩格斯对传统的继承来说明这一问题，他指出："马克思主义这一革命无产阶级的意识形态赢得了世界历史性的意义，是因为它并没有抛弃资产阶级时代最宝贵的成就，相反却吸收和改造了两千多年来人类思想和文化发展中一切有价值的东西。"[2]

列宁还通过"两种民族文化"的划分论证了传统文化能够继承、值得继承的问题，他指出："每一个现代民族中，都有两个民族。每一种民族文化中，都有两种民族文化。"[3]列宁所说的"两种民族文化"具体是指："每个民族文化，都有一些民主主义的和社会主义的即使是不发达的文化成分，因为每个民族都有被剥削劳动群众，他们的生活条件必然会产生民主主义的和社会主义的意识形态。但是每个民族也都有资产阶级的文化（大多数还是黑帮的和教权派的），而且还不是仅表现为一

---

[1]《列宁选集》（第四卷），人民出版社2012年版，第285页。
[2]《列宁选集》（第四卷），人民出版社2012年版，第299页。
[3]《列宁选集》（第二卷），人民出版社2012年版，第344页。

些'成分',而表现为占统治地位的文化。"[1]列宁把民族文化区分为两种,一种是民主主义和社会主义文化,一种是资产阶级文化。因此,对于民族文化既不能全盘否定,也不能全部继承。马克思、恩格斯与列宁等人对传统文化既批判又继承的思想,为中国共产党对待中国传统文化指明了科学方向。

(三)毛泽东的传统文化观

在带领中国人民进行革命、建设、改革的长期历史实践中,中国共产党人始终是中国优秀传统文化的忠实继承者和弘扬者。毛泽东同志坚持用马克思主义辩证唯物主义和历史唯物主义的观点对待传统文化,形成了系统的传统文化观。

第一,中国传统文化中有许多精华。在《中国共产党在民族战争中的地位》中,毛泽东同志指出:"我们这个民族有数千年的历史,有它的特点,有它的许多珍贵品。对于这些,我们还是小学生。今天的中国是历史的中国的一个发展;我们是马克思主义的历史主义者,我们不应当割断历史。从孔夫子到孙中山,我们应当给以总结,承继这一份珍贵的遗产。"[2]在《新民主主义论》中毛泽东同志指出:"中国的长期封建社会中,创造了灿烂的古代文化。"[3]在《应当充分地批判地利用文化遗产》中毛泽东同志指出:"中国几千年的文化,主要是封建时代的文化,但并不全是封建主义的东西,有人民的东西,有反封建的东西。要把封建主义的东西和非封建主义的东西区别开来。封建主义的东西也不全是坏的。我们要注意区别封建主义发生、发展和灭亡不同时期的东西。当封建主义还处在发生和发展的时候,它有很多东西还是不错的。"[4]

---

[1]《列宁选集》(第二卷),人民出版社2012年版,第336页。
[2]《毛泽东选集》(第二卷),人民出版社1991年版,第533—534页。
[3]《毛泽东选集》(第二卷),人民出版社1991年版,第707页。
[4]《毛泽东文集》(第八卷),人民出版社1999年版,第225页。

第二，对中国传统文化要批判继承。对于如何"承继"，毛泽东同志在《新民主主义论》中指出："清理古代文化的发展过程，剔除其封建性的糟粕，吸收其民主性的精华，是发展民族新文化提高民族自信心的必要条件；但是决不能无批判地兼收并蓄。必须将古代封建统治阶级的一切腐朽的东西和古代优秀的人民文化即多少带有民主性和革命性的东西区别开来。"[1]毛泽东同志还在《论联合政府》中指出："对于中国古代文化，同样，既不是一概排斥，也不是盲目搬用，而是批判地接收它，以利于推进中国的新文化。"[2]

第三，对中国传统文化要古为今用、推陈出新。新中国成立后，毛泽东同志多次提到要利用传统文化，他指出："对中国的文化遗产，应当充分地利用，批判地利用。"[3]"古为今用，洋为中用。"[4]毛泽东同志还指出："向古人学习是为了现在的活人，向外国人学习是为了今天的中国人。"[5]1951年，毛泽东同志给中国戏曲研究院题词，写了"百花齐放、推陈出新"[6]八个字。毛泽东同志多次强调，对传统文化要做到推陈出新，不能食古不化。

毛泽东同志批判继承中国传统文化，不仅体现在他一系列关于传统文化的重要讲话中，还表现在他对中国传统文化中文学艺术、治国理念、历史经验等的恰如其分的"古为今用"。在毛泽东同志的重要文章中，利用传统文化来阐明观点的例子俯拾皆是。如在《实践论》中，毛泽东同志用《三国演义》中的例子谈认识的阶段问题："《三国演义》上所谓'眉头一皱计上心来'，我们普通说话所谓'让我想一想'，就是人在脑子中运用概念以作判断和推理的工夫。"[7]在《矛盾论》中，毛泽东

---

[1]《毛泽东选集》（第二卷），人民出版社1991年版，第707—708页。
[2]《毛泽东选集》（第三卷），人民出版社1991年版，第1083页。
[3]《毛泽东文集》（第八卷），人民出版社1996年版，第225页。
[4]《毛泽东文艺论集》，中央文献出版社2002年版，第227页。
[5]《毛泽东文集》（第七卷），人民出版社1999年版，第82页。
[6]《毛泽东文集》（第七卷），人民出版社1999年版，第54页。
[7]《毛泽东选集》（第一卷），人民出版社1991年版，第285页。

同志借用中国古代"矛盾"一词，运用中国特有的辩证思维，建立了具有中国特色"矛盾论"。毛泽东同志指出："我们中国人常说：'相反相成。'就是说相反的东西有同一性。这句话是辩证法的，是违反形而上学的。"[1]毛泽东同志还用《水浒传》中的例子阐明辩证法："《水浒传》上宋江三打祝家庄，两次都因情况不明，方法不对，打了败仗。后来改变方法，从调查情形入手，于是熟悉了盘陀路，拆散了李家庄、扈家庄和祝家庄的联盟，并且布置了藏在敌人营盘里的伏兵，用了和外国故事中所说木马计相像的方法，第三次就打了胜仗。《水浒传》上有很多唯物辩证法的事例，这个三打祝家庄，算是最好的一个。"[2]为了说明"矛盾在一定条件下的同一性"问题，毛泽东同志还运用了中国古代神话的例子来论述："神话中的许多变化，例如《山海经》中所说的'夸父追日'，《淮南子》中所说的'羿射九日'，《西游记》中所说的孙悟空七十二变和《聊斋志异》中的许多鬼狐变人的故事等等，这种神话中所说的矛盾的互相变化，乃是无数复杂的现实矛盾的互相变化对于人们所引起的一种幼稚的、想象的、主观幻想的变化，并不是具体的矛盾所表现出来的具体的变化。"[3]毛泽东同志利用中国传统文化来阐明观点的例子，在《毛泽东选集》和《毛泽东文集》中可谓不胜枚举。

（四）改革开放以来党的传统文化观

改革开放以来，中国共产党关于传统文化的理论与实践又有了新的发展。邓小平同志注重继承中华优秀传统文化，指出："我国古代的和外国的文艺作品、表演艺术中一切进步的和优秀的东西，都应当借鉴和学习。"[4]邓小平同志还注重从建设四个现代化的角度注重"肃清封建主

---

[1]《毛泽东选集》(第一卷)，人民出版社1991年版，第333页。
[2]《毛泽东选集》(第一卷)，人民出版社1991年版，第313页。
[3]《毛泽东选集》(第一卷)，人民出版社1991年版，第330—331页。
[4]《邓小平文选》(第二卷)，人民出版社1994年版，第210页。

义的残余","如社会关系中残存的宗法观念、等级观念;上下级关系和干群关系中在身份上的某些不平等现象;公民权利义务观念薄弱;经济领域中的某些'官工''官商''官农'式的体制和作风;片面强调经济工作中的地区、部门的行政划分和管辖,以至画地为牢,以邻为壑,有时两个社会主义企业、社会主义地区办起交涉来会发生完全不应有的困难;文化领域中的专制主义作风;不承认科学和教育对于社会主义的极大重要性,不承认没有科学和教育就不可能建设社会主义;对外关系中的闭关锁国、夜郎自大;等等"。[1]邓小平同志还指出:"现在应该明确提出继续肃清思想政治方面的封建主义残余影响的任务,并在制度上做一系列切实的改革,否则国家和人民还要遭受损失。"[2]但是对于这些封建主义的残余,必须科学分析。邓小平同志指出,对待传统文化"要运用马克思列宁主义、毛泽东思想,对于封建主义遗毒的表现,进行具体的准确的如实的分析","要划清文化遗产中民主性精华同封建性糟粕的界限",而不能"不加分析地把什么都说成是封建主义"。[3]关于文艺创作,邓小平同志注重汲取传统营养,他指出:"所有文艺工作者,都应当认真钻研、吸收、融化和发展古今中外艺术技巧中一切好的东西,创造出具有民族风格和时代特色的完美的艺术形式。"[4]

江泽民同志和胡锦涛同志对中华优秀传统文化十分重视。江泽民同志指出:"必须继承和发扬民族优秀传统文化而又充分体现社会主义时代精神,立足本国而又充分吸收世界文化优秀成果,不允许搞民族虚无主义和全盘西化。"[5]江泽民同志注重民族精神的弘扬,强调:"在五千多年的发展中,中华民族形成了以爱国主义为核心的团结统一、爱好和

---

[1]《邓小平文选》(第二卷),人民出版社1994年版,第334页。
[2]《邓小平文选》(第二卷),人民出版社1994年版,第335页。
[3]《邓小平文选》(第二卷),人民出版社1994年版,第335页。
[4]《邓小平文选》(第二卷),人民出版社1994年版,第212页。
[5]《江泽民文选》(第一卷),人民出版社2006年版,第158页。

平、勤劳勇敢、自强不息的伟大民族精神。我们党领导人民在长期实践中不断结合时代和社会的发展要求，丰富着这个民族精神。面对世界范围各种思想文化的相互激荡，必须把弘扬和培育民族精神作为文化建设极为重要的任务，纳入国民教育全过程，纳入精神文明建设全过程，使全体人民始终保持昂扬向上的精神状态。"[1]胡锦涛同志指出："弘扬民族优秀文化传统，发掘民族和谐文化资源。"[2]"要全面认识祖国传统文化，取其精华，去其糟粕，使之与当代社会相适应、与现代文明相协调，保持民族性，体现时代性。"[3]"弘扬中华文化，建设中华民族共有精神家园。"[4]

---

[1]《江泽民文选》（第三卷），人民出版社2006年版，第559—560页。
[2]《十六大以来重要文献选编》（下），中央文献出版社2008年版，第753页。
[3]《十七大以来重要文献选编》（上），中央文献出版社2009年版，第27页。
[4]《十七大以来重要文献选编》（上），中央文献出版社2009年版，第27页。

二、习近平关于传承发展中华优秀传统文化的重要思想

党的十八大以来,习近平同志高度重视中华优秀传统文化,反复强调中华优秀传统文化是中华民族的突出优势,必须结合新的历史条件传承和弘扬好中华优秀传统文化,形成了系统、深刻的传统文化思想。习近平同志的传统文化思想主要体现在以下重要讲话中:《借鉴历史上优秀廉政文化　不断提高拒腐防变能力》《建设社会主义文化强国　着力提高国家文化软实力》《把培育和弘扬社会主义核心价值观作为凝魂聚气强基固本的基础工程》《在联合国教科文组织总部的演讲》《青年要自觉践行社会主义核心价值观——在北京大学师生座谈会上的讲话》《从小积极培育和践行社会主义核心价值观——在北京市海淀区民族小学主持召开座谈会时的讲话》《在纪念孔子诞辰2565周年国际学术研讨会暨国际儒学联合会第五届会员大会开幕会上的讲话》《牢记历史经验历史教训历史警示　为国家治理能力现代化提供有益借鉴》《在文艺工作座谈会上的讲话》《大力弘扬伟大爱国主义精神　为实现中国梦提供精神支柱》《在哲学社会科学工作座谈会上的讲话》,等等。

另外,习近平同志在许多重要讲话中大量引用中国古代名言警句,人民日报评论部辑录了这些名言警句,出版了《习近平用典》系列书籍,充分体现了习近平同志对传统文化的热爱和重视。习近平同志的这些重要讲话,深刻阐明了中华优秀传统文化的重要意义,清晰指出了传承和弘扬中华优秀传统文化的方向路径,是我们当前传承和弘扬中华优秀传统文化的根本遵循。

（一）关于中华优秀传统文化的重要意义

第一，为中华民族提供丰厚滋养。习近平同志指出："中华文明经历了5000多年的历史变迁，但始终一脉相承，积淀着中华民族最深层的精神追求，代表着中华民族独特的精神标识，为中华民族生生不息、发展壮大提供了丰厚滋养。"[1]"爱国主义精神深深植根于中华民族心中，是中华民族的精神基因，维系着华夏大地上各个民族的团结统一，激励着一代又一代中华儿女为祖国发展繁荣而不懈奋斗。5000多年来，中华民族之所以能够经受住无数难以想象的风险和考验，始终保持旺盛生命力，生生不息，薪火相传，同中华民族有深厚持久的爱国主义传统是密不可分的。"[2]

第二，为实现中国梦凝聚有力道德支撑。习近平同志指出："精神的力量是无穷的，道德的力量也是无穷的。中华文明源远流长，蕴育了中华民族的宝贵精神品格，培育了中国人民的崇高价值追求。自强不息、厚德载物的思想，支撑着中华民族生生不息、薪火相传，今天依然是我们推进改革开放和社会主义现代化建设的强大精神力量。"[3]

第三，有利于提高国家文化软实力。习近平同志指出："提高国家文化软实力，要努力展示中华文化独特魅力。在5000多年文明发展进程中，中华民族创造了博大精深的灿烂文化，要使中华民族最基本的文化基因与当代文化相适应、与现代社会相协调，以人们喜闻乐见、具有广泛参与性的方式推广开来，把跨越时空、超越国度、富有永恒魅力、具有当代价值的文化精神弘扬起来，把继承传统优秀文化又弘扬时代精

---

[1] 习近平：《在联合国教科文组织总部的演讲》，载《人民日报》，2014年3月28日，第3版。
[2] 习近平：《大力弘扬伟大爱国主义精神　为实现中国梦提供精神支柱》，载《人民日报》，2015年12月31日，第1版。
[3] 习近平：《为实现中国梦凝聚有力道德支撑》，载《人民日报》，2013年9月27日，第1版。

神、立足本国又面向世界的当代中国文化创新成果传播出去。"[1]

第四,有利于培育和弘扬社会主义核心价值观。习近平同志指出:"培育和弘扬社会主义核心价值观必须立足中华优秀传统文化。牢固的核心价值观,都有其固有的根本。抛弃传统、丢掉根本,就等于割断了自己的精神命脉。博大精深的中华优秀传统文化是我们在世界文化激荡中站稳脚跟的根基。"[2]

第五,为国家治理能力现代化提供有益借鉴。习近平同志指出:"在漫长的历史进程中,中华民族创造了独树一帜的灿烂文化,积累了丰富的治国理政经验,其中既包括升平之世社会发展进步的成功经验,也有衰乱之世社会动荡的深刻教训。我国古代主张民惟邦本、政得其民,礼法合治、德主刑辅,为政之要莫先于得人、治国先治吏,为政以德、正己修身,居安思危、改易更化,等等,这些都能给人们以重要启示。"[3]

第六,有利于提高党拒腐防变能力。习近平同志指出:"研究我国反腐倡廉历史,了解我国古代廉政文化,考察我国历史上反腐倡廉的成败得失,可以给人以深刻启迪,有利于我们运用历史智慧推进反腐倡廉建设。"

第七,为解决人类难题提供重要启示。习近平同志指出:"当代人类也面临着许多突出的难题,比如,贫富差距持续扩大,物欲追求奢华无度,个人主义恶性膨胀,社会诚信不断消减,伦理道德每况愈下,人与自然关系日趋紧张,等等。要解决这些难题,不仅需要运用人类今天发现和发展的智慧和力量,而且需要运用人类历史上积累和储存的智慧

---

[1] 习近平:《建设社会主义文化强国　着力提高国家文化软实力》,载《人民日报》,2014年1月1日,第1版。

[2] 习近平:《把培育和弘扬社会主义核心价值观作为凝魂聚气强基固本的基础工程》,载《人民日报》,2014年2月26日,第1版。

[3] 习近平:《牢记历史经验历史教训历史警示　为国家治理能力现代化提供有益借鉴》,载《人民日报》,2014年10月14日,第1版。

和力量。"[1]

(二)关于中华优秀传统文化的丰富内容

习近平同志指出,中华文明绵延数千年,有其独特的价值体系。比如,中华文化强调"民惟邦本""天人合一""和而不同",强调"天行健,君子以自强不息""大道之行也,天下为公";强调"天下兴亡,匹夫有责",主张以德治国、以文化人;强调"君子喻于义""君子坦荡荡""君子义以为质";强调"言必信,行必果""人而无信,不知其可也";强调"德不孤,必有邻""仁者爱人""与人为善""己所不欲,勿施于人""出入相友,守望相助""老吾老以及人之老,幼吾幼以及人之幼""扶贫济困""不患寡而患不均",等等,"像这样的思想和理念,不论过去还是现在,都有其鲜明的民族特色,都有其永不褪色的时代价值"。[2]

习近平同志指出,世界上一些有识之士认为,包括儒家思想在内的中国优秀传统文化中蕴藏着解决当代人类面临的难题的重要启示,比如,关于道法自然、天人合一的思想,关于天下为公、大同世界的思想,关于自强不息、厚德载物的思想,关于以民为本、安民富民乐民的思想,关于为政以德、政者正也的思想,关于苟日新日日新又日新、革故鼎新、与时俱进的思想,关于脚踏实地、实事求是的思想,关于经世致用、知行合一、躬行实践的思想,关于集思广益、博施众利、群策群力的思想,关于仁者爱人、以德立人的思想,关于以诚待人、讲信修睦的思想,关于清廉从政、勤勉奉公的思想,关于俭约自守、力戒奢华的思想,关于中和、泰和、求同存异、和而不同、和谐相处的思想,关于

---

[1] 习近平:《在纪念孔子诞辰2565周年国际学术研讨会暨国际儒学联合会第五届会员大会开幕会上的讲话》,载《人民日报》,2014年9月24日,第2版。
[2] 习近平:《青年要自觉践行社会主义核心价值观——在北京大学师生座谈会上的讲话》,载《人民日报》,2014年5月5日,第2版。

安不忘危、存不忘亡、治不忘乱、居安思危的思想,等等。[1]

(三)关于中华优秀传统文化的传承发展方法

第一,系统梳理,宣传阐释。习近平同志指出:"宣传阐释中国特色,要讲清楚每个国家和民族的历史传统、文化积淀、基本国情不同,其发展道路必然有着自己的特色;讲清楚中华文化积淀着中华民族最深沉的精神追求,是中华民族生生不息、发展壮大的丰厚滋养;讲清楚中华优秀传统文化是中华民族的突出优势,是我们最深厚的文化软实力;讲清楚中国特色社会主义植根于中华文化沃土、反映中国人民意愿、适应中国和时代发展进步要求,有着深厚历史渊源和广泛现实基础。"[2]"要系统梳理传统文化资源,让收藏在禁宫里的文物、陈列在广阔大地上的遗产、书写在古籍里的文字都活起来。"[3]"要加强对中华优秀传统文化的挖掘和阐发,使中华民族最基本的文化基因与当代文化相适应、与现代社会相协调,把跨越时空、超越国界、富有永恒魅力、具有当代价值的文化精神弘扬起来。"[4]

第二,科学分析,批判继承。习近平同志指出:"对历史文化特别是先人传承下来的价值理念和道德规范,要坚持古为今用、推陈出新,有鉴别地加以对待,有扬弃地予以继承,努力用中华民族创造的一切精神财富来以文化人、以文育人。"[5]"我们要对传统文化进行科学分析,

---

[1] 习近平:《在纪念孔子诞辰2565周年国际学术研讨会暨国际儒学联合会第五届会员大会开幕会上的讲话》,载《人民日报》,2014年9月24日,第2版。

[2] 习近平:《胸怀大局把握大势着眼大事　努力把宣传思想工作做得更好》,载《人民日报》,2013年8月21日,第1版。

[3] 习近平:《建设社会主义文化强国　着力提高国家文化软实力》,载《人民日报》,2014年1月1日,第1版。

[4] 习近平:《在哲学社会科学工作座谈会上的讲话》,载《人民日报》,2016年5月19日,第2版。

[5] 习近平:《把培育和弘扬社会主义核心价值观作为凝魂聚气强基固本的基础工程》,载《人民日报》,2014年2月26日,第1版。

对有益的东西、好的东西予以继承和发扬，对负面的、不好的东西加以抵御和克服，取其精华、去其糟粕，而不能采取全盘接受或者全盘抛弃的绝对主义态度。"[1]

第三，创造性转化和创新性发展。习近平同志指出："要处理好继承和创造性发展的关系，重点做好创造性转化和创新性发展。"[2]"要推动中华文明创造性转化、创新性发展，激活其生命力，让中华文明同各国人民创造的多彩文明一道，为人类提供正确精神指引。要围绕我国和世界发展面临的重大问题，着力提出能够体现中国立场、中国智慧、中国价值的理念、主张、方案。"[3]

第四，加强文明交流互鉴。习近平同志指出："文明因交流而多彩，文明因互鉴而丰富。文明交流互鉴，是推动人类文明进步和世界和平发展的重要动力。""中华文明是在中国大地上产生的文明，也是同其他文明不断交流互鉴而形成的文明。""我们应该从不同文明中寻求智慧、汲取营养，为人们提供精神支撑和心灵慰藉，携手解决人类共同面临的各种挑战。"[4]

---

[1] 习近平:《牢记历史经验历史教训历史警示 为国家治理能力现代化提供有益借鉴》，载《人民日报》，2014年10月14日，第1版。

[2] 习近平:《把培育和弘扬社会主义核心价值观作为凝魂聚气强基固本的基础工程》，载《人民日报》，2014年2月26日，第1版。

[3] 习近平:《在哲学社会科学工作座谈会上的讲话》，载《人民日报》，2016年5月19日，第2版。

[4] 习近平:《在联合国教科文组织总部的演讲》，载《人民日报》，2014年3月28日，第3版。

三、学术界关于传承发展中华优秀传统文化的重要观点

（一）关于中华优秀传统文化的重要价值

许多学者充分认识到，传统文化，特别是优秀传统文化，对于当代中国和世界具有重要价值。这些重要价值主要包括：

第一，中华优秀传统文化是助推中国梦的重要文化力量。中国梦与中华优秀传统文化有着紧密的内在联系。"中国梦深深扎根于中华民族的文化土壤，凝结着中华民族的历史追求，渊源于中华民族的文化基因。"[1]"中国梦承载着中华民族既古老又常青的光荣与梦想，浓缩了五千年中华文明的优秀文化基因。"[2]

实现中国梦，必须大力弘扬中华优秀传统文化，从中汲取智慧力量。中华优秀传统文化拓展中国梦的文化根基，强化中国梦的文化纽带，增强中国梦的文化动力。"增强中国梦的文化软实力，弘扬中华优秀传统文化是基础性工程。"[3]有学者认为，"我们应该从古人那里汲取智慧，从外部世界汲取智慧，让这一切为我所用，为实现中华民族复兴之梦而'用'"[4]。中华文明源远流长的文化传统，包括政治文化传统，为我们实现民族复兴的中国梦提供了极为宝贵而丰富的思想资源和精神资源，"实现中国梦需要集中一切资源，调动一切积极因

---

[1] 李君如：《中国梦与中华民族的社会理想》，载《中国国家博物馆馆刊》，2015年第12期。
[2] 高文兵：《从优秀传统文化中汲取实现中国梦的精神力量》，载《人民日报》，2013年7月22日，第7版。
[3] 颜晓峰：《中华优秀传统文化是实现中国梦的深厚软实力》，载《中国国家博物馆馆刊》，2015年第12期。
[4] 张维为：《中国文化传统与中国梦》，载《中国国家博物馆馆刊》，2015年第12期。

素，而传统文化就是一项主要的资源，也最有利于调动国人的积极因素。但传统文化也有其局限，如果不深入探究其精神实质，一味模仿复古，只会起消极作用。如果不注意创造性转化，也不能适应现代社会的需要"[1]。而且中华优秀传统文化对中华民族意义重大："中华优秀传统文化中的家国情怀，为我们凝聚人心、奋力实现中国梦提供了精神支撑"，"中华优秀传统文化中的自强不息精神，为我们全面深化改革、加快实现中国梦提供了有益借鉴"，"中华优秀传统文化中的和而不同思想，为我们和平发展、早日实现中国梦提供了深刻启示"，"中华优秀传统文化中的以民为本理念，为我们全面建成小康社会、助推实现中国梦提供了动力之源"。[2]

第二，中华优秀传统文化是推进治国理政的重要文化资源。党的十八届三中全会提出，全面深化改革的总目标是"完善和发展中国特色社会主义制度、推进国家治理体系和治理能力现代化"。推进国家治理体系和治理能力现代化，要借鉴人类政治文明的有益成果，这就包括了中华优秀传统文化中的政治文明成果。王蒙教授从"'世界大同''以德治国''中庸之道''水能载舟，亦能覆舟''物极必反，盛极必衰''无为而治''韬光养晦''治大国如烹小鲜'等八个方面挖掘了这些传统智慧中的治国理念，主张将传统中国理想化的、有文化的、深入人心的一套治国理政观念，结合现代法治、监督、民本的政治观念，形成现代中国的政治文明"[3]。有学者认为，"中华优秀传统文化之所以仍然有益于新时代的治国理政，在于其至今仍然影响着当代中国人的民族心性，是当下治国理政所以立基、必当关注的文化土壤，是我们凝聚国魂不能割断的精神血脉，也在于其包含着丰富的为政之理、治吏之道，是国家治

---

[1] 葛剑雄：《中国梦与传统文化》，载《中国国家博物馆馆刊》，2015年第12期。
[2] 景俊海：《中华优秀传统文化是实现中国梦的智慧宝库》，载《求是》，2015年12月。
[3] 王蒙：《中华传统文化中的治国理念》，载《贵州文史丛刊》，2013年第4期。

理体系和治理能力建设应当精心采掘、创造性运用的智慧矿藏"[1],"中国优秀传统思想文化丰富的哲学思想、人文精神、教化思想、道德理念等,可以为人们认识和改造世界提供有益启迪,可以为治国理政提供有益启示,也可以为道德建设提供有益启发。作为新时期的领导干部来说,汲取中国优秀传统文化从政智慧,对于提高思想品质、道德修养、工作能力大有裨益"[2]。另外,一些学者还从治国理政的具体问题着眼,深入挖掘了中华优秀传统文化中的治国理政智慧。

第三,中华优秀传统文化是培育和弘扬社会主义核心价值观的重要文化资源。核心价值观在一定社会的文化中是起中轴作用的,是决定文化性质和方向的最深层次要素,是一个国家的重要稳定器。关于社会主义核心价值观与中华优秀传统文化的关系,以及如何在传承和弘扬中华优秀传统文化中培育和践行社会主义核心价值观,成为学界研究的热点。有学者指出,"社会主义核心价值观不仅是对中国特色社会主义理想信念的集中概括,也是对我们民族历代先贤有关重大价值选择的深刻总结,因而有着广泛的现实基础和深厚的历史渊源,可以说是对中华民族五千多年悠久文明的继承与创新,我们完全可以从中国传统文化中找到理论源头和宝贵资源,从而显示出社会主义核心价值观的中国特色。"[3]有学者认为,"社会主义核心价值观,既深刻反映了社会主义中国的价值理念,更是五千年中华优秀传统文化的传承与发展。以中华优秀传统文化涵养社会主义核心价值观,是明确文化渊源和民族文魄,树立文化自信和价值观自信,走好中国道路和讲好中国故事的必然要

---

[1] 沈壮海、刘水静:《优秀传统文化与新时代的治国理政》,载《中国教育报》,2015年8月7日,第3版。
[2] 孙长来:《中国传统文化从政智慧与领导干部能力的提升》,载《上海党史与党建》,2015年第1期。
[3] 黄钊:《论社会主义核心价值观同中国优秀传统文化资源的亲密关系》,载《思想政治教育研究》,2015年第1期。

求"[1]，而"中华优秀传统文化不仅是社会主义核心价值观的肥沃土壤、思想资源和源头活水，而且也蕴含着社会主义核心价值观的精神要素。培育践行社会主义核心价值观既要求传承和弘扬中华优秀传统文化，更要求对中华优秀传统文化作出创造性转化和创新性发展，促进中华优秀传统文化的当代发展，以达到超越以往的'新'境界、新水平，创造中华文化的新形态、新辉煌"[2]。还有学者认为，传统文化具有不同的表现形态，表现为四种不同的类型，即知识型、价值型、制度型和风俗型。知识型传统为社会主义核心价值观提供了知识与理性支撑；价值型传统则为社会主义核心价值观搭建了"意义"平台，营造了道德理想；制度型传统则建构了富强、独立、统一的国家形象并孕育了民本与爱国意识；风俗型传统则是民族精神的"活化石"，为社会主义核心价值观输送着关于中国的自由、平等、公正等理念。[3]

第四，中华优秀传统文化是提升国家文化软实力的重要文化资源。文化软实力集中体现了一个国家基于文化而具有的凝聚力和生命力，以及由此产生的吸引力和影响力。"软实力"概念的提出者约瑟夫·奈指出："中国古代文化中虽然未提及软实力，但中国人其实早已深谙此道。"[4]他认为："中国的软实力增强很有潜力。""中国有魅力无穷的传统文化，而且如今正逐步打入全球流行文化圈。""中国的软实力上升于己、于世界都有益处。"[5]中国文化软实力研究中心主任张国祚认为，历史上，我们的祖先创造了博大精深的中华文化，在励志修为、道德涵养、品格磨炼、认识世界、经世致用、用兵谋略、内政外交、治国

---

[1] 黄海：《以中华优秀传统文化涵养社会主义核心价值观》，载《光明日报》，2015年10月21日，第13版。
[2] 王泽应：《论承继中华优秀传统文化与践行社会主义核心价值观》，载《伦理学研究》，2015年第1期。
[3] 林国标：《传统文化的四种类型及对社会主义核心价值观的不同影响》，载《湖湘论坛》，2015年第2期。
[4] 〔美〕约瑟夫·奈：《软实力·中文版序》，中信出版社2013年版，马娟娟译，第8页。
[5] 〔美〕约瑟夫·奈：《软实力·中文版序》，中信出版社2013年版，马娟娟译，第10页。

理政等方面，有很多深刻的思想和精辟的论述，这是我国文化软实力建设取之不尽、用之不竭的丰厚资源。这些优秀传统文化一旦被赋予新的时代内涵，并结合外来的先进文化，就会形成超越时空、跨越国度的魅力，成为增强我国文化软实力的独特优势。[1]中华文化对中华民族意义重大："中华文化源远流长、博大精深，是中华民族自强不息、前行不止的强大精神支撑""中华文化富于创造、兼收并蓄，是中华民族自立世界、实现复兴的坚实文化基础""中华文化蓬勃发展、持续建设，是中华民族凝聚力量、共同奋斗的先进思想引领"。[2]提高国家文化软实力，从根本上说，就是大力弘扬和建设中华文化。其实早在古代中国就形成了独特的文化传统——重视文化的积累、传承。中国"古代虽然没有文化软实力的说法，但的确有着重视文化软实力的传统……即使今天国家非常重视文化软实力的提升，但是若不清除近代以来沿袭下来的轻视传统文化的积习流弊，提升文化软实力的目标也就不能很好地实现。传统文化的独特优势，是中国走向光明未来的重要资源。我们应当发掘传统文化资源，使其为我国文化软实力的提升做出应有的贡献"[3]。有学者在谈到如何提高我国的文化软实力时指出，"在信息化和互联网的时代，很难禁止西方不良文化的传播和影响，但只要我们能够真正地继承和发扬中国优秀的传统文化，在新形势下努力推陈出新，不仅可以在这片'沃土'上培植出社会主义核心价值观，而且可以变被动为主动，让中华文化走向世界。"[4]而且，中华优秀传统文化是国家文化软实力的独特优势。这种优势的激发，关键在于发挥中华优秀传统文化的有效性，即发挥中华优秀传统文化的传统美德所具有的文化凝聚力功能、伦

---

[1] 张国祚：《构建平台　加强协同　深化和拓展国家文化软实力研究》，载《光明日报》，2015年11月30日，第15版。
[2] 颜晓峰：《弘扬和建设中华文化是提高国家文化软实力的根本》，载《光明日报》，2015年11月4日，第13版。
[3] 孟宪实：《传统文化：中国文化软实力之源》，载《时事报告》，2007年第4期。
[4] 何忠礼：《发挥优秀传统文化的软实力作用》，载《杭州》，2016年第1期。

理价值观所具有的文化吸引力功能，探索革新观念所具有的文化创造力功能、普遍和谐观念所具有的文化整合力功能、和而不同理念所具有的文化辐射力功能。[1]

第五，中华优秀传统文化对于世界的和平与发展具有重要意义，许多中国学者也非常看好中华文化的前景和世界意义。国学大师钱穆认为："当前世界人类，另外拥有一种优良文化，博大深厚，足以与现代欧西文化抗颜行者，则只有中国。""只有发扬中国文化，不仅为救中国，亦可以救人类，此乃中国人当前一大责任大使命所在。"[2]国学大师季羡林指出："目前流行全世界的西方文化并非历来如此，也绝不可能永远如此，到了21世纪，三十年河西的西方文化将逐步让位于三十年河东的东方文化，人类文化的发展将进入一个新的时期。"[3]他认为由于东西方思维方式的不同，导致到了21世纪"西方形而上学的分析已快走到尽头，而东方的寻求整体的综合必将取而代之"[4]。学者许嘉璐认为，人类要实现自身的永续发展，最重要的是处理好四个关系——身与心、人与人、人与自然、现实和未来的关系。对比其他国家的文化，中华文化能够最恰当地处理好这四种关系，最适合人类生存、发展、繁衍，走向幸福。"中华文化是全世界文化里最富的'矿'，为了中华民族真正能实现几千年前的梦想——大同世界，为全人类的福祉，我们有资格、有义务，把它介绍给世界。"[5]叶小文在《中国文化"走出去"》一文中指出，当今世界人与自然、人与人、人与自我产生了严重的冲突，并由此引发了人类的生态危机、人文危机和精神危机，中国独具魅力的"和"文化，必将为化解人类面临的危机与冲突带来新的智慧。王

---

[1] 林丹：《弘扬中华优秀传统文化增强国家文化软实力的核心内容探析》，载《文化软实力》，2016年第3期。
[2] 钱穆：《中华文化十二讲》，九州出版社2012年版，第93页。
[3] 季羡林：《三十年河东 三十年河西》，当代中国出版社2006年版，第11页。
[4] 季羡林：《三十年河东 三十年河西》，当代中国出版社2006年版，第14页。
[5] 许嘉璐：《中国文化如何影响世界》，载《人民论坛》，2016年第3期。

岳川认为，中国文化是有深刻历史感和人类文明互动的历史文化，是怀有"天下"观念和博大精神的博爱文化。中国有能力在真正的文化整体创新中，拿出巨大的心智和勇气着手解决人类共同面临的精神生态失衡问题，让人类告别战争、瘟疫、罪恶，走向新世纪绿色生态的自然和社会。[1]周思源在《中国文化史论纲》中指出，在未来的岁月中，中国文化对世界的贡献必定是多方面、全方位、多层次的，主要体现在价值观、思维方式和人际（国际、族群）关系准则三个方面。[2]

（二）关于中华优秀传统文化的传承方法

学界普遍认为，从公元1500年左右西方地理大发现开始，中国在世界上已经落伍了。到19世纪中叶，西方的坚船利炮打开了中国大门，西方文化汹涌而入。在西学东渐的浪潮中，胡适曾经说道："新文明之势力，方挟风鼓浪，蔽天而来，叩吾关而窥吾室，以吾数千年之旧文明当之，乃如败叶之遇疾风，无往而不败衄。"[3]可以说，在"数千年未有之大变局"中，"吾数千年之旧文明"遭遇了质疑、批判、抛弃、破坏等悲惨命运，也得到了固守、继承、弘扬和复兴，批判与肯定、抛弃与弘扬激烈争锋，传统文化经受了并正在经受着冰与火的冲击。新中国成立之前，关于中华优秀传统文化的传承发展，曾出现了文化保守论、"中体西用"论、"全盘西化"论等方法主张，但这些主张存在走极端的倾向，所以并没有使中华优秀传统文化得到很好的传承发展。新中国成立后，关于中华优秀传统文化的传承发展，一些学者提出了一些颇有影响的新方法。

第一，抽象继承法。冯友兰在1957年发表了题为《中国哲学遗产的

---

[1] 王岳川：《从"去中国化"到"再中国化"的文化战略——大国文化安全与新世纪中国文化的世界化》，载《贵州社会科学》，2008年第10期。
[2] 周思源：《中国文化史论纲》，海峡文艺出版社2014年版，第235页。
[3] 胡适：《胡适思想录》（9），中国城市出版社2013年版，第64页。

继承问题》的文章,阐述了他在传统文化继承问题上的方法论观点,提出了全面整体地理解和继承中国优秀传统文化的思维方式,他的观点被概括为"抽象继承法"。他指出:"我主张在研究古代哲学的工作中,要把哲学体系中的主要命题,加以分析,找出它的具体意义与抽象意义。如果有可以继承的价值,它的抽象意义是可以继承的,具体意义是不可继承的。在研究古代哲学的工作中,我们如果注重其中命题的抽象意义,就可见可以继承的比较多。如果只注重其具体意义,那可以继承的就比较少,甚至于同现在'毫无共同之处',简直没有什么可以继承。"[1]冯友兰认为抽象继承与批判继承并不矛盾:"批判继承说的是继承要有所选择,于我有利的就继承,于我有害的就抛弃。这说的是继承的对象的问题,说的是继承什么的问题。抽象继承说的是怎样继承的问题。批判继承选择了继承的对象以后,就有个怎么样继承的问题,它讲的是继承的方法。"[2]易中天也主张"抽象继承",他指出对待传统文化不能"全盘继承",不能"具体继承",不能"直接继承",只能"抽象继承"。他认为对待先秦诸子的思想,"我们完全可以把最核心、最带有普遍性的思想,从他们提出这些思想的具体环境和原因中抽离出来,只继承其中的合理部分。这样一种继承,就是'抽象继承'"[3]。

第二,综合创造论。这一著名理论的提出者是张岱年、程宜山,影响较大。早在20世纪30年代中期,张岱年就发表了一系列论文,对"中国文化向何处去""中国向何处去"等问题进行探索,提出了"综合创造论"。20世纪80年代以后,张岱年对其进行了发展完善,于1990年在与程宜山合著出版的《中国文化与文化论争》中明确提出其文化主张是"综合创造论"。他们分析了16世纪以来历次文化论争的正误得失,指出:"我们所说的辩证的综合创造是指:抛弃中西对立、体用二原的僵

---

[1] 冯友兰:《冯友兰经典文存》,上海大学出版社2004年版,第37—38页。
[2] 冯友兰:《三松堂自序》,人民出版社1998年版,第271页。
[3] 易中天:《先秦诸子百家争鸣》,上海文艺出版社2009年版,第243页。

化思维模式,排除盲目的'华夏中心论''欧洲中心论'的干扰,在马克思主义普遍真理的指导下和社会主义原则的基础上,以开放的胸襟、兼容的态度,对古今中外的文化系统的组成要素及结构形式进行科学的分析和审慎的筛选,根据中国社会主义现代化建设的实际需要,发扬民族的主体意识,经过辩证的综合,创造出一种既有民族特色,又充分体现时代精神的高度发达的社会主义新中国文化。"[1]对于综合创造论,方克立将其概括为"古为今用,洋为中用,批判继承,综合创新"[2]。

第三,中马融合论。长期以来,中华优秀传统文化与马克思主义的关系问题是一个争论的焦点。陈先达批评了把马克思主义与中华优秀传统文化对立起来的态度,指出"这种非此即彼、冰炭不同炉的看法,理论上是错误的,实践上是有害的"[3]。他认为"只有继承中国传统优秀文化,马克思主义才能在中国取得胜利"[4]。他指出马克思主义与中国传统文化必须结合,能够结合,"马克思主义与中国传统文化相结合的目的是推进马克思主义中国化,创造当代中国先进文化"[5]。"马克思主义不会也不能取代中国传统文化,而应发挥其特有的世界观和方法论的指导作用,推动中国传统文化与当代社会相适应、与现代文明相协调,既保持民族性又体现时代性。"[6]只有这样,"中国传统文化由于马克思主义的指导而实现符合时代需要的现代性转化,马克思主义由于中国传统文化的滋养而更具中国特色"[7]。另外,有学者认为,马克思主义中国化,首先是民族化。所谓民族化,既要研究民族的现实斗争内容,也要继承民族的传统历史文化,创造民族的特殊形式。马克思主义中国

---

[1] 张岱年、程宜山:《中国文化与文化论争》,人民大学出版社1990年版,第390—391页。
[2] 方克立:《马魂 中体 西用——中国文化发展的现实道路》,人民出版社2015年版,第17页。
[3] 陈先达:《马克思主义和中国传统文化》,人民出版社2015年版,第3页。
[4] 陈先达:《马克思主义和中国传统文化》,人民出版社2015年版,第9页。
[5] 陈先达:《马克思主义和中国传统文化》,人民出版社2015年版,第39页。
[6] 陈先达:《马克思主义和中国传统文化》,人民出版社2015年版,第37页。
[7] 陈先达:《马克思主义和中国传统文化》,人民出版社2015年版,第37页。

化,既需要研究这两个方面,也需要将这两个方面结合好,从而形成具有中同特色、中国作风、中国气派的马克思主义理论,即中国化的马克思主义。[1]

第四,"马魂、中体、西用"论。在理论渊源上,"马魂、中体、西用"论与20世纪30年代张申府的中、西、马"三流合一"思想,以及20世纪80年代张岱年"综合创新论"有直接的思想继承、延伸和发展关系。直接提出"马魂、中体、西用"论的是方克立,他提出了"马学为魂,中学为体,西学为用,三流合一,综合创新"的主张。他解释说:"'马学为魂'即以马克思主义和社会主义的思想体系为指导原则;'中学为体',即以有着数千年历史积淀的自强不息、变化日新、厚德载物、有容乃大的中华民族文化为生命主体、创造主体和接受主体;'西学为用',即以西方文化和其他民族文化中一切积极成果、合理成分为学习、借鉴的对象。"[2]"马魂、中体、西用"论集各家之所长,是目前较有影响的文化主张。

(三)关于中国传统文化的缺点与不足

中国传统文化并非完美无缺。近代以来,许多学者对中国传统文化进行深刻反思,特别是进行了中西对比,指出了中国传统文化的弱点和不足。对传统文化的批判,有的或许显得过激而失之偏颇,但对于我们反思传统文化、传承传统文化是有意义的。下面列举一些著名思想家和学者对中国传统文化缺点的认识。

甲午战争失败之后,严复在《论世变之亟》中指出了中西方文化的区别:"中之人好古而忽今,西之人力今以胜古。中之人以一治一乱、

---

[1] 石仲泉:《马克思主义中国化与传统文化——纪念中国共产党成立90周年》,载《贵阳市委党校学报》,2011年第2期。
[2] 方克立:《马魂 中体 西用——中国文化发展的现实道路》,人民出版社2015年版,第43页。

一盛一衰为天行人事之自然，西之人以日进无疆、既盛不可复衰、既治不可复乱为学术政化之极则。"[1]"中国最重三纲，而西人首明平等；中国亲亲，而西人尚贤；中国以孝治天下，而西人以公治天下；中国尊主，而西人隆民；中国贵一道而同风，而西人喜党居而州处；中国多忌讳，而西人众讥评。"[2]这里实际上指明了中国传统文化的不足，正是这些不足致使中国在近代以来的中西对抗中一败再败。

鲁迅作为新文化运动的巨匠，对中国传统文化进行深入的反省，他认为传统文化是一种"吃人"文化："我翻开历史一查，这历史没有年代，歪歪斜斜的每页上都写着'仁义道德'几个字。我横竖睡不着，仔细看了半夜，才从字缝里看出字来，满本都写着两个字是'吃人'！"[3]鲁迅还说："我看中国书时，总觉得就沉静下去，与实人生离开；读外国书——但除了印度——时，往往就与人生接触，想做点事。"因此他提醒中国青年："我以为要少——或者竟不——看中国书，多看外国书。"[4]鲁迅还在许多作品中深刻批判了中国的国民性问题，他曾指出："中国人的不敢正视各方面，用瞒和骗，造出奇妙的逃路来，而自以为正路。在这路上，就证明著国民性的怯弱，懒惰，而又巧滑。一天一天的满足着，即一天一天的堕落着，但却又觉得日见其光荣。"[5]

梁漱溟在其名著《中国文化要义》中指出，中国文化有"五大病"："一、幼稚——中国文化实是一成熟了的文化，然而形态间又时或显露幼稚。二、老衰——中国文化本来极富生趣，比任何社会有过之无不及；但无奈历史太久，传到后来，生趣渐薄。三、不落实——西洋文化从身体出发，很合于现实。中国文化有些从心发出来，便不免理想多过事实，有不落实之病。四、落于消极亦再没有前途——与其不落

---

[1] 严复:《严复文选》，百花文艺出版社2006年版，第1页。
[2] 严复:《严复文选》，百花文艺出版社2006年版，第3页。
[3] 《鲁迅全集》(第一卷)，人民文学出版社2005年版，第447页。
[4] 《鲁迅全集》(第三卷)，人民文学出版社2005年版，第12页。
[5] 《鲁迅全集》(第一卷)，人民文学出版社2005年版，第254页。

实之病相连者,尚有一病,就是落于消极。五、暧昧而不明爽——以中国文化与其他文化(类如西洋文化)——相对照,令人特有'看不清楚''疑莫能明'之惑。"[1]

张岱年、程宜山认为,中国传统文化中有两个最大的缺点:一个是缺乏实证科学,一个是缺乏民主传统。这两大缺点,对于中国传统文化的整体结构和功能有决定性的影响,中国文化在15世纪以后逐渐落后,主要表现即在此。[2]除此之外,中国传统文化在价值观念和思维方式方面还有四个严重偏向:第一是重理想而轻效用,第二是重协同而轻竞争,第三是重继承而轻创新,第四是重直觉而轻知解。这些严重偏向,对中国传统文化的健康发展,特别是向近代形态的发展起了重大的阻碍作用。[3]

周思源在《中国文化史论纲》中指出,没有绝对优秀、不存在任何缺点的文化。他认为中国传统文化有以下几个弱点:将"圣人"绝对化,向后看,重视继承而忽视创新;推崇中庸之道,忽视竞争与突出,缺乏活性因子;不重视个人的权利与作用,缺乏刚性精神;偏重于浓缩性、整体性和感情,缺乏穷究意识与严密的逻辑思维。[4]

台湾历史学家柏杨在其名作《丑陋的中国人》中对中国传统文化进行了猛烈的批判,认为:"中国传统文化中有一种滤过性病毒,使我们子子孙孙受了感染,到今天都不能治愈。"[5]"中国人的不能团结,中国人的窝里斗,是中国人的劣根性。这不是中国人的质量不够好,而是中国的文化中,有滤过性的病毒,使我们到时候非显现出来不可,使我们的行为不能自我控制!"[6]"中国文化的酱缸,酱缸发臭,使中国人变得

---

[1] 梁漱溟:《中国文化要义》,上海人民出版社2011年版,第270—273页。
[2] 张岱年、程宜山:《中国文化精神》,北京大学出版社2015年版,第217—228页。
[3] 张岱年、程宜山:《中国文化精神》,北京大学出版社2015年版,第237—238页。
[4] 周思源:《中国文化史论纲》,海峡文艺出版社2014年版,第148—151页。
[5] 柏杨:《丑陋的中国人》,人民文学出版社2008年版,第7页。
[6] 柏杨:《丑陋的中国人》,人民文学出版社2008年版,第11页。

丑陋。"[1]

(四)国外学者对传统文化的研究

国外学者对中国传统文化的研究涉猎非常广泛,一些著名学者,如费正清、龙夫威、史景迁、顾立雅、李约瑟、顾彬、马悦然等,都在中国传统文化的相关领域取得了重要的学术成就。许多国外学者认为,中华优秀传统文化不仅对于当代中国有重要意义,而且对于世界的和平与发展同样有着重要的意义,较有代表性的观点有如下几个:

德国哲学家卡尔·雅斯贝斯在《历史的起源与目标》中指出,公元前800年至公元前200年是人类文明的"轴心期",是人类文明精神的重大突破时期。在轴心时代里,各个文明都出现了伟大的精神导师。"在中国,孔子和老子非常活跃,中国所有的哲学流派,包括墨子、庄子、列子和诸子百家,都出现了。"[2]"这个时代产生了直至今天仍是我们思考范围的基本范畴,创立了人类仍赖以存活的世界宗教之源端。"[3]各个文明的精神导师,包括老子和孔子,他们提出的思想原则塑造了不同的文化传统,也一直影响着人类的生活。

英国哲学家罗素在1920年访问中国后写了《中国问题》一书,认为中国传统文化有许多值得西方世界学习地方:"我们要向中国人学习的东西和他们要向我们学习的东西一样多,但我们学习的机会却少得多。"罗素认为,欧洲人的生活方式"要求奋斗、掠夺、无休止的变化,以及不满足与破坏",这在第一次世界大战中表露无遗。因此,罗素认为:"中国人发现了并且已经实践了数个世纪之久的一种生活方式,如

---

[1] 柏杨:《丑陋的中国人》,人民文学出版社2008年版,第20页。
[2] 〔德〕卡尔·雅斯贝斯:《历史的起源与目标》,魏楚雄、俞新天译,华夏出版社1989年版,第8页。
[3] 〔德〕卡尔·雅斯贝斯:《历史的起源与目标》,魏楚雄、俞新天译,华夏出版社1989年版,第9页。

果能够被全世界所接受，则将使全世界得到幸福。"[1]

美国哲学家威尔·杜兰特在《历史中的英雄》一书中指出："中国的文明历史悠久，产生了很多政治家、智者、诗人、艺术家、科学家和圣人，他们留下的文化遗产至今仍在丰富着我们的视野，深化着我们的人性。"[2]他在《历史上最伟大的思想》一书中，列举了人类历史上十位最伟大的思想家，其中孔子名列第一；十位最伟大的诗人，李白名列第五。

英国历史学家汤因比对中华文化有着深入研究，他认为东亚有很多历史遗产，这其中就包括："第一，中华民族的经验。第二，在漫长的中国历史长河中，中华民族逐步培育起来的世界精神。第三，儒教世界观中存在的人道主义。"[3]他针对两次世界大战给人类带来的灾难，以及世界发展中出现的问题指出："世界统一是避免人类集体自杀之路。在这点上，现在各民族中具有最充分准备的，是两千年来培育了独特思维方法的中华民族。"[4]

值得一提的是，何兆武、柳卸林主编的《中国印象：外国名人论中国文化》一书，辑录了62位外国著名学者对中华文化的论述，既有正面赞扬，也有深刻反思，对于我们从旁观者的角度认识中华文化很有益处。另外，红旗出版社出版的《印象中国——43位外国文化名人谈中国文化》一书，辑录了当今世界43位知名学者和各领域要人对中华文化的印象。他们普遍认为，中华文化有着深厚的历史底蕴，随着中国迅速发展以及国际影响力的扩大，中华文化将为人类做出更大贡献。

---

[1] 何兆武、柳卸林主编：《中国印象：外国名人论中国文化》，中国人民大学出版社2011年版，第358页。
[2] 〔美〕威尔·杜兰特：《历史中的英雄》，王琴译，中信出版社2005年版，第8页。
[3] 何兆武、柳卸林主编：《中国印象：外国名人论中国文化》，中国人民大学出版社2011年版，第395页。
[4] 何兆武、柳卸林主编：《中国印象：外国名人论中国文化》，中国人民大学出版社2011年版，第400页。

第二章 传承发展中华优秀传统文化的重大意义

习近平同志指出：中华文明经历了5000多年的历史变迁，但始终一脉相承，积淀着中华民族最深层的精神追求，代表着中华民族独特的精神标识，为中华民族生生不息、发展壮大提供了丰厚滋养。"博大精深的中华优秀传统文化是我们在世界文化激荡中站稳脚跟的根基。"[1]中华优秀传统文化自萌芽产生开始，就是中华民族的丰厚文化滋养，是中华儿女的美丽精神家园，为中华民族不断发展壮大和战胜风险挑战提供了坚强文化支撑。当前，中华优秀传统文化依然具有十分巨大的当代价值，是实现中华民族伟大复兴和全面建成社会主义现代化的宝贵战略文化资源。中共中央办公厅、国务院办公厅印发的《关于实施中华优秀传统文化传承发展工程的意见》指出："实施中华优秀传统文化传承发展工程，是建设社会主义文化强国的重大战略任务，对于传承中华文脉、全面提升人民群众文化素养、维护国家文化安全、增强国家文化软实力、推进国家治理体系和治理能力现代化，具有重要意义。"[2]新时代，传承发展中华优秀传统文化具有重大的历史意义和现实意义。

---

[1] 习近平：《把培育和弘扬社会主义核心价值观作为凝魂聚气强基固本的基础工程》，载《人民日报》，2014年2月26日，第1版。

[2] 《关于实施中华优秀传统文化传承发展工程的意见》，载《人民日报》，2017年1月26日，第6版。

一、增强文化自信的深厚文化根基

近代以来，随着西方列强用坚船利炮打开中国大门，西方先进的工业文明也涌入中国。在中西文化的激烈碰撞交锋中，中国传统文化受到一些人的强烈质疑和猛烈批判，中华民族的文化自信曾大受打击。胡适曾将中国文化与欧洲文化对比，指出："我们所有的，人家也都有；我们所没有的，人家所独有的，人家都比我们强。至于我们所独有的宝贝——骈文、律诗、八股、小脚……又都是使我们抬不起头来的文物制度。"[1]鲁迅甚至在一篇文章中公开提醒中国青年："我以为要少——或者竟不——看中国书，多看外国书。"改革开放以来，西方流行文化和政治思潮在中国广为传播，对中华文化的自信再次产生巨大冲击。

习近平同志指出："文化自信，是更基础、更广泛、更深厚的自信，是更基本、更深沉、更持久的力量。坚定文化自信，是事关国运兴衰、事关文化安全、事关民族精神独立性的大问题。"[2]文化自信是道路自信、理论自信、制度自信的基础，是实现中华民族伟大复兴的根本文化力量。坚定文化自信，对于国家的前途命运，对于中华文化的安全和发展，对于中华民族精神的独立和自由，都具有重大意义。当前，传承发展中华优秀传统文化对于增强民族文化自信具有重大意义。

---

[1] 胡适:《中国文化的反省》，华东师范大学出版社2013年版，第12页。
[2] 习近平:《习近平谈治国理政》（第二卷），外文出版社2017年版，第349页。

（一）中华文化历史悠久、连绵不断

文化史家柳诒徵说："实则吾民族创造之文化，富于弹性，自古迄今，缊缊相属，虽间有盛衰之判，固未尝有中绝之时。"[1]一个民族文化的连续性并非普遍现象，柳诒徵指出："世界开化最早之国，曰巴比伦，曰埃及，曰印度，曰中国。比而观之，中国独寿。"[2]国学大师钱穆也指出："世界上民族最大，文化最久的，只有中国。"[3]实际上，人类历史上曾出现的古老优秀文明最终整体中断的，除了古巴比伦文明、古埃及文明、古印度文明外，还有玛雅文明、提奥提华坎文明、印加文明、阿兹特克文明等，古希腊罗马文明在欧洲中世纪曾一度湮灭无闻，直到文艺复兴才又重现辉煌。与这些中断的古文明相比，中华文明表现出来的连续性确实非常独特。

第一，源远流长，记录详细。考古学发现表明，中华文化早在距今数万年前的旧石器时代就出现了萌芽，是世界上产生最早的文化之一。文字的发明是文化史的标志性事件。马克思认为，人类社会是"由于文字的发明及其应用于文献记录而过渡到文明时代"[4]。在我国，很早就有"仓颉造字"的传说，而中国已知最早的成熟文字是甲骨文。自从中国文字产生之后，我们民族的历史就有了文献记载，民族的文化就被生动详细地记录在各种文献之中，它们与流传下来的各种文物共同见证了中华文化源远流长、绵延不绝的历史进程。

第二，历经曲折，坚忍顽强。中华文化源远流长、绵延不绝的历史并非总是高歌猛进、一帆风顺的，而是经历过许多曲折，甚至一度有中断的危险。第一种危险是来自于内部的文化劫难。秦汉之际，中华文化

---

[1] 柳诒徵：《中国文化史》，中华书局2015年版，第2页。
[2] 柳诒徵：《中国文化史》，中华书局2015年版，第7页。
[3] 钱穆：《中华文化十二讲》，九州出版社2012年版，第57页。
[4] 《马克思恩格斯选集》（第四卷），人民出版社1972年版，第21页。

经历了一场大的劫难。先是秦朝政府"焚书坑儒""及至秦之季世,焚诗书,坑术士,六艺从此缺焉"(《史记·儒林列传》);其后秦末汉初连年战争,造成了大量文献资料、建筑、器物等的毁灭。秦汉之后的历次国内战争,无不造成文化上的劫难。第二种危险来自于外部的异族入侵。西晋之后的五胡乱华、宋朝之后的蒙元南下、明朝之后的清人入关,由于他们来自文化较为落后的北方草原,入主中原之后对中华文化产生了重大冲击。近代以来,西方先进的工业文化侵入中国,对中国自身落后的农耕文化产生巨大冲击,使中华文化再一次遭遇中断的危险。但是,中华文化虽然经历了很多曲折,但由于中华儿女的坚强守护和中华文化的坚韧品质,中华文化最终总能化险为夷、渡过难关。

第三,不断发展,高峰迭起。"江山代有才人出,各领风骚数百年。"(赵翼《论诗五首·其二》)中华文化的连续不是僵化平庸的连续,而是在漫长的历史中不断发展,高峰迭起。以儒学为例,中国古代儒学由先秦孔子、孟子创立之后,虽遭秦朝的打击和汉初的冷落,其后就进入了不断发展、高潮迭起的历程,先后出现了两汉经学、宋明理学、清代朴学等发展高峰。再以文学为例,从《诗经》《楚辞》开始,中国古代文学不断发展进步、开拓创新,创造出了汉赋、六朝骈文、唐诗、宋词、元曲、明清小说等一系列文学高峰,出现了屈原、司马迁、李白、杜甫、韩愈、苏轼、曹雪芹等一批又一批伟大文学家。这种不断发展、高峰迭起的连续性,表现出中华文化巨大的生命活力。

从历史传承的角度看,与当今世界其他著名文化相比,中华文化不仅产生得早,而且连绵不断。习近平同志指出:"埃及、两河、印度三个地方的古代文明后来都中断了,唯有中华文明五千年来一脉相承、从未中断,一直延续到今天。"[1]这种文化上坚韧的连续性,充分说明了中华文化的优越性和先进性。追溯中华文化历史渊源,梳理中华文化历史脉络,探究中华文化历史规律,在中华文化的历史进程中,根植着中

---

[1] 习近平:《领导干部要读点历史》,载《中共党史研究》,2011年第10期。

华民族最深远牢固的文化自信。

(二)中华文化博大精深、成绩辉煌

中华文化不仅历史悠久、连绵不断,而且博大精深、成绩辉煌。习近平同志指出:"在每一个历史时期,中华民族都留下了无数不朽作品。"[1]中华文化产生过璀璨的文化作品,取得了辉煌的文化成就,积累了丰厚的文化遗产,这些都是增强文化自信的重要资源。

第一,文化要素完备。国学大师钱穆认为,一种文化必定由七个要素构成,称为"文化七要素",并指出:"古今中外各地区、各民族一切文化内容,将逃不出这七个要素之配合。"[2]这七个要素分别是:"一、经济。二、政治。三、科学。四、宗教。五、道德。六、文学。七、艺术。"[3]正是这七个文化要素有机组合构成了一个完整的文化系统。以这个标准评价,中国自从有文字记载以来,中华优秀传统文化的这七个要素都已具备。在这七个要素中,中国古代尤其在政治、道德、文学和艺术等方面水平极高、成就极大,从而大幅提升了整个文化系统的品质。

第二,文化成就辉煌。文化自信不是文化自负,文化自信是建立在对本民族文化清醒认识、强烈认同的基础上的。中华优秀传统文化是中华民族增强文化自信的深厚根基,这是因为中华优秀传统文化具有许多世界其他文化无法比拟的先进性和优越性。众所周知,在历史上中华文化曾经创造了辉煌的成就,不仅影响了周边的亚洲国家,而且对世界也有深远的影响。罗伯特·坦普尔在《中国——发现和发明的国度》中列举了中国古代在天文历法、物理、医学、算术、农业、地理和建筑等领

---

[1] 习近平:《习近平谈治国理政》(第二卷),外文出版社2017年版,第350页。
[2] 钱穆:《文化学大义》,九州出版社2012年版,第33页。
[3] 钱穆:《文化学大义》,九州出版社2012年版,第34页。

域一百个"世界第一",这些成果对世界产生了深远影响。他还在《中国,文明的国度》中声称:如果诺贝尔奖在中国的古代已经设立,各项奖项的得主,就会毫无争议地全部都属于中国人。这仅是中国古代在科技领域的成就。实际上,中国古代在哲学、文学和艺术等诸多领域都创造了巨大辉煌。

第三,文化功能强大。恩格斯说:"许多人协作,许多力量结合为一个总的力量,用马克思的话来说,就造成'新的力量',这种力量和它的一个个力量的总和有本质的差别。"[1]中华优秀传统文化作为一个文化系统,其整体功能不是各种文化要素功能的简单相加,而是产生了巨大的"整体效应"。习近平同志指出:"中华民族生生不息绵延发展、饱受挫折又不断浴火重生,都离不开中华文化的有力支撑。"[2]在中华民族的发展壮大过程中,中华优秀传统文化是增强中华儿女民族身份认同的文化标识,是抵抗外敌入侵的精神支柱,是维护我国团结统一的坚强纽带,是推进国家治理的思想源泉,是促进社会稳定有序的道德基础,是滋润人民心灵世界的精神食粮。这种强大的文化功能,直到今天还在发挥着不可替代的作用。

(三)中华文化包容创新、前景光明

中华优秀传统文化能够发展不断、连绵不绝,表现出巨大生命力和创造力,与其内在的包容性密不可分,"和实生物,同则不继"(《国语·郑语》)。文化上的包容性,催生文化的生命力和创新力。中华文化的包容性,使中华文化能够在很长时间内不断发展而又高峰迭起,在世界文明体系中处于领先地位。

---

[1]《马克思恩格斯选集》(第三卷),人民出版社2012年版,第505页。
[2] 习近平:《在中国文联十大、中国作协九大开幕式上的讲话》,载《人民日报》,2016年12月1日,第4页。

第一，对内的包容性。考古学发现，中国境内很多地方都有早期文化遗迹，这说明中华文化是多元发生的，是在融合多种不同文化的基础上形成的，中华文化从一开始就具有很强的包容性。先秦时期，中国出现了诸子百家争鸣的生动局面，儒、墨、道、法、名、阴阳、杂、农、兵等思想流派竞相争鸣，产生了如孔子、孟子、老子、庄子、韩非子、荀子等一批思想文化巨人。先秦诸子百家的思想争鸣，为中华文化的包容发展打下了坚实基础。汉代以来，很多朝代虽然推行"罢黜百家、独尊儒术"政策，但道家、法家、阴阳家，乃至佛学思想并未被绝对"罢黜"，而是继续产生深远影响，甚至产生了儒、释、道深度融合的情况。与思想上的包容性一样，中华文化在文学艺术上也表现出极大包容性。以文学为例，《诗经》开启了中国古代文学的现实主义传统，《楚辞》开启了中国古代文学的浪漫主义传统，这两种风格在文学史上相互激荡，碰撞出无数耀眼的火花。没有这种艺术风格的包容性，就难以出现如李白、杜甫、白居易、曹雪芹等风格各异的文学巨匠。

第二，对外的包容性。自古以来，中华文化对外来文化都有一种兼容并蓄的包容精神。对外的包容性首先表现在对周边少数民族文化的吸纳融合上，梁启超在《饮冰室合集》说道："华夏民族，非一族所成。太古以来，诸族错居，接触交通，各去小异而大同，渐化合以成一族之形，后世所谓诸夏是也。"中华民族的疆域由小而大、人数由少而多，这个过程就是中原"诸夏"在文化上不断融合吸纳周边"蛮夷"文化，化"外"为"内"的过程，这种情况最典型的是东晋和南北朝时期的文化融合。西晋末年，北方少数民族大举入主中原，胡汉文化激荡融合，中原汉文化包容吸纳了来自北方草原的胡文化，"野蛮但充满生气的北族精神，给高雅温文却因束缚于严格传统而冷淡僵硬的中国文化带来了新鲜的空气。"[1]魏晋南北朝时期对外来文化的吸纳融合，为璀璨繁荣的盛唐文化打下基础。对外的包容性还表现在中华文化对佛学的吸纳创新

---

[1] 冯天瑜、何晓明、周积明:《中华文化史》，上海人民出版社2015年版，第370页。

上。中华文化历史上吸纳过许多外来宗教，而对佛学的吸纳创新最为成功。东汉明帝时期佛学开始传入中国，其后在中华大地上开花结果，甚至出现"南朝四百八十寺，多少楼台烟雨中"（杜牧《江南春》）的盛况。佛学的融入，对中国的语言、哲学、文学、建筑、艺术等文化样式产生了深刻影响。

包容性产生生命力和创造性。在当前和未来，中华优秀传统文化依然有着旺盛的生命力和光明的发展前途。对于中华优秀传统文化的前途，国学大师季羡林在《三十年河东 三十年河西》中指出："目前流行全世界的西方文化并非历来如此，也绝不可能永远如此，到了21世纪，三十年河西的西方文化将逐步让位于三十年河东的东方文化，人类文化的发展将进入一个新的时期。"中华优秀传统文化历史悠久、结构完整、连绵不断、成就辉煌、包容创新、富有特色，形成了博大精深、丰富多彩、魅力无限的文化体系。习近平同志指出："中华文化独一无二的理念、智慧、气度、神韵，增添了中国人民和中华民族内心深处的自信和自豪。"[1]传承发展中华优秀传统文化，展现其历史辉煌和发展前景，激活其无限魅力和时代价值，丰富当代人的精神家园，有利于增强我们的文化自信。

---

[1] 习近平：《在中国文联十大、中国作协九大开幕式上的讲话》，载《人民日报》，2016年12月1日，第2版

二、提升人民群众文化素养的丰厚文化滋养

习近平同志指出："实现中华民族伟大复兴，需要物质文明极大发展，也需要精神文明极大发展。"[1]人民群众文化素养的高低，决定着精神文明的程度，也关系着民族振兴、国家富强和人民幸福。文化素养，主要包括哲学素养、历史素养、文艺素养和道德素养等，是现代公民的基本素养。中华优秀传统文化博大精深，是提升人民群众文化素养的丰厚文化滋养。

（一）有利于提升人民群众哲学素养

"哲学"一词源于古希腊文，由"爱"和"智慧"两个单词组成。在古代汉语里，没有"哲学"一词，但"哲"字运用非常广泛。《说文》上说："哲，知也。"《尔雅》上说："哲，智也。""哲"含有知识和智慧的意思。按照字义解释，哲学就是探究真理、使人聪明、给人智慧的学问。冯友兰在《中国哲学简史》给哲学下了定义："我所说的哲学，就是对于人生的有系统的反思的思想。"[2]胡适在《中国哲学史大纲》中称："凡研究人生切要的问题，从根本上着想，要寻一个根本的解决。这种学问，叫作哲学。"[3]马克思曾经说过："任何真正的哲学都是自己时代精神的精华""是文明的活的灵魂。"[4]马克思主义认为，哲学从理论上

---

[1] 习近平：《在中国文联十大、中国作协九大开幕式上的讲话》，载《人民日报》，2016年12月1日，第2版。
[2] 冯友兰：《中国哲学简史》，北京大学出版社2013年版，第2页。
[3] 胡适：《中国哲学史大纲》，商务印书馆2011年版，第1页。
[4] 《马克思恩格斯全集》第一卷，人民出版社1956年版，第121页。

追问人生意义，关怀人类命运，探究世界真理，反思社会现实，追寻理想社会，是人们对人与世界关系的根本看法、根本态度和根本主张，是理论化、系统化的世界观和方法论。在西方社会，哲学有着崇高的地位。德国哲学家黑格尔比喻说：一个有文化的民族如果没有哲学，就像一座装饰得富丽堂皇的庙宇却没有至圣的神像一样。在中国古代，哲学的地位也非常重要。冯友兰指出："哲学在中国文化中所占的地位，历来可以与宗教在其他文化中的地位相比。在中国，哲学与知识分子人人有关。在旧时，一个人只要受教育，就是用哲学发蒙。"[1]

纵观人类发展史，在世界上产生过重大影响的民族，乃至在今天依然产生重要影响的民族，无不是哲学繁荣发达的民族。在现代社会，公民的哲学修养依然是重要的文化修养之一。马克思主义认为，哲学是系统化理论化的世界观和方法论。哲学是世界观，人们对个人、社会和世界的认识无不反映出某种哲学观点，只有系统化理论化的世界观，只有深刻的正确的世界观，才能指导人们正确而深刻地认识个人、社会和世界。哲学又是方法论，人们生活、工作中无不需要正确的方法论。毛泽东同志指出："我们的任务是过河，但是没有桥或没有船就不能过。不解决桥或船的问题，过河就是一句空话。不解决方法问题，任务也只是瞎说一顿。"[2]哲学就是人生必不可少的"桥"和"船"，因此可以说，哲学修养关系到个人的胸怀境界、人生方向和工作方法。

在中华优秀传统文化中，中国古代哲学占据核心地位。中国古代哲学凝聚了中华民族发展过程中的伟大智慧和不朽精神，是中华文化精神的结晶。中国传统的宗教、史学、文学、艺术、教育、风俗、科学等，都受到中国古代哲学的深刻影响。时至今日，中国人对人生、社会和宇宙的看法，还深受传统哲学的影响。中国古代哲学博大精深，"其中影响最大的，有四大思想资源和思想传统，即原始儒家、原始道家、中国

---

[1] 冯友兰：《中国哲学简史》，北京大学出版社2013年版，第1页。
[2] 《毛泽东选集》（第一卷），人民出版社1991年版，第139页。

佛学和宋明理学。"[1]原始儒学的代表人物有孔子、曾子、子思、孟子、荀子等，代表著作有《诗》《书》《礼》《易》《春秋》《论语》《孟子》《荀子》等，核心理念有"仁""义""礼""中庸"等。原始儒学思想是中国古代影响最大的哲学思想。原始道家的代表人物是老子和庄子，代表著作有《老子》《庄子》，核心理念有"道""德""无为"等。印度佛教传入中国，中国人融入儒家、道家和魏晋玄学思想，产生了中国化的佛学哲学，主要流派有天台宗、华严宗和禅宗等。宋明理学以儒学为主干，融入道家和佛学思想，建立了以理气论、心性论为中心的道德形而上学体系。宋明理学大致分为程朱理学和陆王心学两个阶段，"程朱理学"的代表人物是朱熹，其核心理念是"天理"说和"格物致知"论；"陆王心学"的代表人物是王阳明，其核心理念是"心即理""心外无物""致良知""知行合一"等。程朱理学在南宋以后成为长期居于统治地位的官方哲学，陆王心学在明中期以后影响深远。

中国古代哲学得到了世界的认可。德国哲学家卡尔·雅斯贝斯在《历史的起源与目标》中指出，公元前800年至公元前200年是人类文明的"轴心期"，是人类文明精神的重大突破时期。在这个重要时期，中国为世界奉献了重要的思想源泉，为人类做出了突出的文化贡献："在中国，孔子和老子非常活跃，中国所有的哲学流派，包括墨子、庄子、列子和诸子百家，都出现了。"[2]"这个时代产生了直至今天仍是我们思考范围的基本范畴，创立了人类仍赖以存活的世界宗教之源端。"[3]英国哲学家罗素认为，欧洲人的生活方式"要求奋斗、掠夺、无休止的变化，以及不满足与破坏"，"中国人发现了并且已经实践了数个世纪之久

---

[1] 张岱年、方克立：《中国文化概论》（修订版），北京师范大学出版社2004年版，第245页。
[2] 〔德〕卡尔·雅斯贝斯：《历史的起源与目标》，魏楚雄、俞新天译，华夏出版社1989年版，第8页。
[3] 〔德〕卡尔·雅斯贝斯：《历史的起源与目标》，魏楚雄、俞新天译，华夏出版社1989年版，第9页。

的一种生活方式，如果它能够被全世界所接受，则将使全世界得到幸福"。1988年全球75位诺贝尔奖获得者在法国巴黎发表宣言："如果人类要在21世纪生存下去，必须回到2500年前去汲取孔子的智慧。"[1]传承发展中国古代哲学，不仅有利于提高中国人民的哲学修养，而且有利于提高世界其他国家人民的哲学修养。

（二）有利于提升人民群众历史素养

马克思恩格斯说："我们仅仅知道一门唯一的科学，即历史科学。"[2]习近平同志指出："历史是一面镜子，鉴古知今，学史明智。重视历史、研究历史、借鉴历史是中华民族5000多年文明史的一个优良传统。"[3]历史素养是现代公民基本的人文素养之一，其内涵主要包括对基本历史知识的掌握，对历史人物事件的评价，对历史发展规律的理解，对历史经验教训的汲取，以及对历史发展趋势的预测。提高人民群众历史素养，对于人们树立正确历史观，对于增强全民族凝聚力向心力，对于提升全民族文化素养，乃至对于推进国家治理体系和治理能力现代化，都具有重大意义。

中华民族历史悠久，注重历史记载，历史资源极为丰富。梁启超在《中国历史研究法》中说："中国于各种学问中，惟史学为最发达；史学在世界各国中，惟中国为最发达。"国学大师钱穆认为："中国为世界上历史最完备之国家。"[4]他还指出，中国历史有三个特点：一是"悠久"，从黄帝传说到今天有近5000年的历史；二是"无间断"，特别是有文字

---

[1] 转引自陈湘安：《文化法则与文明定律：中华文明复兴的千年机遇》，中国友谊出版公司2013年版，第318页。
[2] 《马克思恩格斯选集》（第一卷），人民出版社2012年版，第146页。
[3] 习近平：《总结历史经验揭示历史规律把握历史趋势　加快构建中国特色历史学学科体系学术体系话语体系》，载《人民日报》，2019年1月4日，第1版。
[4] 钱穆：《国史大纲》，商务印书馆1996年版，第1页。

记载以来中间没有历史记载的空白；三是"详密"，史书题材非常多。中国历史"悠久""无间断""详密"等特点，决定了中国具有极为非丰富的历史资源，主要包括海量的历史典籍、深刻的历史经验和优良的史学传统。

第一，海量的历史典籍。中国古代历史典籍汗牛充栋，无人能统计具体数量。唐代史学家刘知几把中国丰富的历史典籍进行分类，以编年体和纪传体史书为正史，另外还有"偏记小说"十品，即偏记、小录、逸事、琐言、郡书、家史、别传、杂记、地理书、都邑簿。《四库全书总目》把"史"分为十五类，即正史、编年、纪事本末、别史、诏令奏议、传记、史抄、载记、时令、地理、职官、政书、目录、史评。总之，中国历史典籍数量极为庞大，类别非常丰富。影响较大的历史典籍包括：纪传体正史有二十五种，如《史记》《汉书》《后汉书》《三国志》等，称为"二十五史"；编年史有《春秋》《左传》《资治通鉴》等；纪事本末体史书有《通鉴纪事本末》《圣武记》等；别史有《通志》《续通志》等；政书有《通典》《文献通考》等；学术史有《明儒学案》《清代学术概论》等；杂史有《国语》《战国策》等；史评有《史通》《文史通义》等。这些史书记录了中华民族历经磨难、成长壮大的过程，是中华民族的宝贵财富。

第二，深刻的历史经验。习近平同志指出："在漫长的历史进程中，中华民族创造了独树一帜的灿烂文化，积累了丰富的治国理政经验，其中既包括升平之世社会发展进步的成功经验，也有衰乱之世社会动荡的深刻教训。"[1]中国历史上，"文景之治""贞观之治""开元盛世""康乾盛世"等时代社会稳定、经济发展、文化繁荣的成功经验，秦隋二世而亡、汉唐盛极而衰、魏晋南北朝分裂动荡、两宋文武失衡、明清闭关锁国的深刻教训，都详细记录在各种史书中。另外，中国古代在制度建

---

[1] 习近平：《牢记历史经验历史教训历史警示 为国家治理能力现代化提供有益借鉴》，载《人民日报》，2014年10月14日，第1版。

设、经济发展、变法改革、反腐倡廉、选人用人、修身立德、民族融合、对外交往、国防建设、军事斗争等方面，都积累了极为丰富的历史经验教训。

第三，优良的史学传统。中国古代史学悠久、成绩突出，也形成了良好的史学传统。一是求实的历史记录操守。早在先秦时期，秉笔直书、实事求是就成为史学家的学术操守和崇高美德。《左传》记载有齐国大史、南史氏秉笔直书的事："大史书曰'崔杼弑其君'，崔子杀之。其弟嗣书而死者二，其弟又书，乃舍之。南史氏闻大史尽死，执简以往，闻既书矣，乃还。"（《左传·襄公二十五年》）这件事成为历史美谈。文天祥非常赞扬这种秉笔直书的节操："时穷节乃见，一一垂丹青。在齐太史简，在晋董狐笔。"（文天祥《正气歌》）二是宽广的历史研究视野。中国古代著名的史学家及其著作，一般都有非常宽广的历史视野。司马迁在撰写《史记》时就明确提出"亦欲以究天人之际，通古今之变，成一家之言"（司马迁《报任安书》）。《汉书》虽为断代史，但也具有恢宏气象，刘知几称赞它"究西都之首末，穷刘氏之废兴，包举一代，撰成一书。言皆精炼，事甚该密"（刘知几《史通·六家》）。三是致用的历史研究目标。中国古代史学一个重要目标就是"以史为鉴"。孟子论及孔子作《春秋》时说："世衰道微，邪说暴行有作，臣弑其君者有之，子弑其父者有之。孔子惧，作《春秋》。"（《孟子·滕文公下》）孔子作《春秋》的目的就是以史为鉴、警诫后人。宋代司马光编写《资治通鉴》，他说此书"删削冗长，举撮机要，专取关国家盛衰，系生民休戚，善可为法，恶可为戒者，为编年一书，使先后有伦，精粗不杂"（司马光《进资治通鉴表》），宋神宗认为此书"鉴于往事，有资于治道"，所以定名为《资治通鉴》。《资治通鉴》写作的目的就是总结历史经验教训，供统治者借鉴使用。

习近平同志指出："历史是一个民族、一个国家形成、发展及其盛衰兴亡的真实记录，是前人的'百科全书'，即前人各种知识、经验和智慧的总汇。"[1]中华民族丰富的历史资源具有巨大的当代价值,是人民群众提高历史素养的基本材料。人民群众通过阅读中国古代历史典籍,研究中国古代历史资源,可以掌握中华民族生生不息、发展壮大的基本历程,可以汲取历史经验教训,也可从历史中领悟人生智慧、增强思维能力,更好地提高个人境界、推动社会发展。

(三)有利于提升人民群众文艺素养

鲁迅认为,文学艺术可以"美善吾人之性情,崇大吾人之思想"[2]。他还指出:"文艺是国民精神所发的火光,同时也是引导国民精神的前途的灯火。"[3]朱光潜说:"凡是第一流的艺术作品大半没有道德目的而有道德影响,荷马史诗、希腊悲剧以及中国第一流的抒情诗都可以为证。它们或是安慰情感,或是启发性灵,或是洗涤胸襟,或是表现对于人生的深广关照。一个人在真正欣赏过它们以后,与在未读它们以前,思想气质不能是完全一样的。"[4]朱光潜所说的"思想气质"发生的变化,就是人文艺素养的提升。中国传统文艺作品,特别是朱光潜所说的"第一流的艺术作品",可以净化人的心灵、陶冶人的情操、提高人的品位,从而提升人的文艺素养。

在中华优秀传统文化中,文学艺术作品数量大、水平高,是中华民族足以为傲的艺术瑰宝。在文学方面,中国古代文学取得了巨大成就。王国维说:"凡一代有一代之文学:楚之骚,汉之赋,六代之骈语,唐之诗,宋之词,元之曲,皆所谓一代之文学也,而后世莫能继焉者也。"[5]诚如斯言,至今流传下来的《诗经》、《楚辞》、汉赋、唐诗、宋

---

[1] 习近平:《领导干部要读点历史》,载《中共党史研究》,2011年第10期。
[2] 《鲁迅全集》(第一卷),人民文学出版社2005年版,第71页。
[3] 《鲁迅全集》(第一卷),人民文学出版社2005年版,第254页。
[4] 《朱光潜全集》(第一卷),安徽教育出版社1992年版,第319页。
[5] 王国维:《宋元戏曲史·自序》,中华书局2010年版,第1页。

词、元曲、明清小说等众多文学精品，在思想性和艺术性上都达到了世界顶级水平。屈原、陶渊明、李白、杜甫、白居易、苏轼等人的古典诗歌，《水浒传》《三国演义》《西游记》《红楼梦》《儒林外史》等古典小说，不仅影响了中国，也影响了世界。另外，《孟子》《庄子》等先秦诸子作品，《左传》《史记》《资治通鉴》等历史作品，也都具有很高的文学价值。从原始彩陶、青铜纹饰到明清时期的书法绘画，中国在艺术方面也取得了辉煌的成就，如王羲之、颜真卿、柳公权、张旭、苏轼、黄庭坚、董其昌等人的书法，阎立本、王维、黄公望、倪瓒、文徵明、唐寅等人的画作，关汉卿、王实甫、马致远、白朴、汤显祖等人的戏剧，是中国古代艺术作品的优秀代表。

中国古代文学艺术具有高超的艺术水平。中国古人对文学艺术极其重视，甚至将其作为"经国之大业，不朽之盛事"（《典论·论文》）。因为重视，所以在创作态度上精益求精。唐代诗人贾岛作诗反复"推敲"，称自己作诗"两句三年得，一吟双泪流"（贾岛《题诗后》）。清代小说家曹雪芹"披阅十载，增删五次"，创作出"字字看来皆是血"的旷世杰作《红楼梦》。正是由于这种对文艺创作的极端重视和精益求精的态度，中国古代在文艺创作上取得了巨大成就，艺术水准颇高。中国古代文学艺术具有提升人民群众文艺素养的功能。首先，欣赏传统文艺可以提高人的审美品位。中国传统文艺作品数量多、质量高，欣赏传统文艺作品，对于文艺创造者来说，可以提高创造美的能力，从而创造出更好的作品；对于普通人来说，可以提高欣赏能力，从而获得更多的审美体验。其次，欣赏传统文艺可以提高人的精神认知。我们可以从经典中汲取营养，性情也可能会受到感染，从粗俗而变得雅致，从野蛮而变得文明，实现精神上的蜕变。

（四）有利于提升人民群众道德素养

道德是人们共同生活及其行为的准则与规范，是社会文明和个人修养的基本标志。习近平同志指出："国无德不兴，人无德不立。一个民族、一个人能不能把握自己，很大程度上取决于道德价值。"[1]对于国家来说，道德水平的高低，很大程度上决定了国家的文明程度，进而影响着国家的发展和形象。对个人来说，道德是言行举止的规范，代表着个人形象，影响着个人发展。因此，道德素养是现代社会公民的必备素养。在中华优秀传统文化中，中华传统美德内容非常丰富，是今天提高人民群众道德修养的宝贵资源。

第一，中华传统美德。习近平同志指出："中华传统美德是中华文化精髓，蕴含着丰富的思想道德资源。"[2]中华民族是一个崇尚道德的民族，伦理道德在传统文化中占据至高无上地位。《左传》提出了"三不朽"说，即"太上有立德，其次有立功，其次有立言，虽久不废，此之谓不朽"（《左传·襄公二十四年》），把"立德"放在"三不朽"的首位。孔子说："为政以德，譬如北辰，居其所而众星共之"（《论语·为政》），把"德"放在"为政"的中心位置。孟子认为"人之有道也，饱食、暖衣、逸居而无教，则近于禽兽"（《孟子·滕文公上》），把道德教化视为人与动物的根本区别。正因为如此重视道德，所以中国古人提出和形成了内容丰富、体系完备的道德规范，如儒家提出的仁、义、忠、诚、孝、悌、慈、敬等，以及后来形成的"三纲""五常""三从""四德"等。这些传统道德规范中虽然有很多糟粕，但主流是中华民族的传统美德。中华传统美德内涵丰富，"亲亲而仁民，仁民而爱物"的仁爱精神，"富贵不能淫，贫贱不能移，威武不能屈"的高贵人格，"天下兴亡，匹夫

---

[1]《习近平关于社会主义文化建设论述摘编》，中央文献出版社2017年版，第139页。
[2]《习近平谈治国理政》，外文出版社2014年版，第164页。

有责"的爱国情怀,"君子坦荡荡"的个人修养,"己所不欲,勿施于人"的处事原则,都是中华传统美德的生动写照。有学者将中华传统美德概括为十项:仁爱孝悌、谦和好礼、诚信知报、精忠爱国、克己奉公、修己慎独、见利思义、勤俭廉正、笃实宽厚、勇毅力行。[1]这些传统美德是中华优秀传统文化的精髓,有着深远的历史积淀和深厚的民意基础,是中国老百姓几千年来认可、赞同、习惯了的道德规范,它们在古代曾发挥过重要作用,在今天依然具有重要价值和强大生命力。

第二,传统美德典范。榜样的力量是无穷的。我国历来重视榜样教育,把一些道德典范作为"见贤思齐"的榜样,培养人的品格,引导人的行为。中国古代经典《三字经》善于用道德典范进行道德教育,把"香九龄,能温席""融四岁,能让梨""如囊萤,如映雪"等优秀榜样或优秀事迹作为儿童效仿学习的对象。《二十四孝》用二十四个孝子的孝亲故事,培育孩子的孝心孝行,这些孝子也成为古代人民群众耳熟能详、赞扬学习的道德模范。用今天的道德标准来衡量,中国古代树立的许多"忠臣""孝子""烈女"已经失去了作为榜样的价值。但在中国历史上,许多践行中华传统美德的典范的高尚品格和崇高行为具有永不褪色的价值。以"爱国"为例,屈原、霍去病、苏武、花木兰、范仲淹、岳飞、文天祥、于谦、袁崇焕、林则徐、邓世昌等人的爱国精神和爱国事迹依然可以成为今天爱国主义教育的典范。在道德榜样的高尚人格和事迹中,什么是真善美、什么是假恶丑,什么值得肯定赞扬、什么需要反对否定,什么应该做、什么不该做、应该怎样做,都生动具体地显现出来。

第三,传统德育方法。中华民族自古以来就非常重视道德教育,积累了非常丰富的德教理论和实践经验,探索了许多行之有效的德教方法,对于今天的道德建设具有很好的启发意义。一是循序渐进。中国古人已经认识到,人的道德教育是一个循序渐进的过程,不能一蹴而就。

---

[1] 张岱年、方克立:《中国文化概论》(修订版),北京师范大学出版社2004年版,第212—218页。

古人注重道德教育的阶段性和连续性,儿童道德教育从简单的《三字经》《弟子规》开始,随着年龄的成长逐渐转入"四书五经"的道德教育,有一个循序渐进、逐渐深入的过程。二是循循善诱。《论语》上说:"夫子循循然善诱人,博我以文,约我以礼。"(《论语·子罕》)循循善诱的教育方法不仅注重教育的次序,更注重教育的效果。"善诱"强调教育的启发性和趣味性,用深入浅出、寓教于乐教育方法,把枯燥深奥的道德规范变成受教育者爱学乐学的生动内容。三是家庭教育。习近平同志指出:"中华民族自古以来就重视家庭、重视亲情。家和万事兴、天伦之乐、尊老爱幼、贤妻良母、相夫教子、勤俭持家等,都体现了中国人的这种观念。"[1]中国人非常重视家庭教育,把家教作为道德教育的重要手段。中国古代留下了许多家训,其中有诸葛亮的《诫子书》、颜之推的《颜氏家训》、司马光的《温公家范》、朱柏庐的《朱子家训》、曾国藩的《家书》等作品都极大影响了中国历代的家庭教育。

改革开放以来,我国在取得巨大物质成就的同时,精神文明建设相对滞后。一些领域道德失范、诚信缺失情况严重,拜金主义、享乐主义、以权谋私、见利忘义、损人利己的社会风气也时有冒头。邓小平同志指出:"不加强精神文明的建设,物质文明的建设也要受破坏,走弯路。光靠物质条件,我们的革命和建设都不可能胜利。"[2]习近平同志强调:"中华民族在长期实践中培育和形成了独特的思想理念和道德规范,有崇仁爱、重民本、守诚信、讲辩证、尚和合、求大同等思想,有自强不息、敬业乐群、扶正扬善、扶危济困、见义勇为、孝老爱亲等传统美德。中华优秀传统文化中很多思想理念和道德规范,不论过去还是现在,都有其永不褪色的价值。"[3]中华民族历史上形成的宝贵的传统美德、道德典范和德育经验,对于提升人民群众的道德修养,依然能够发挥巨大作用。

---

[1] 习近平:《在2015年春节团拜会上的讲话》,载《人民日报》,2015年2月18日,第2版。
[2] 《邓小平文选》(第三卷),人民出版社1993年版,第144页。
[3] 《习近平关于社会主义文化建设论述摘编》,中央文献出版社2017年版,第144页。

三、增强国家文化软实力的丰富文化资源

"软实力"是美国学者约瑟夫·奈最先提出的概念,是指"一种依靠吸引力,而非通过威逼或利诱的手段来达到目标的能力"[1]。此概念一经提出,就引起了世界各国的高度重视,并对各国的政策制定产生了深远影响。当今世界各国在综合国力竞争中,越来越重视文化软实力的作用。文化软实力体现为一个国家基于文化而产生的内部的凝聚力和对外的影响力。增强国家文化软实力,与增强国家经济、军事硬实力一样,是实现中华民族伟大复兴的必要条件。我国也非常重视增强国家文化软实力,习近平同志强调:"提高国家文化软实力,关系'两个一百年'奋斗目标和中华民族伟大复兴中国梦的实现。"[2]中华优秀传统文化源远流长、博大精深,是中华民族的"根"和"魂",是中华民族几千年来生生不息、不断发展的智慧基础和精神动力,也是当前增强我国文化软实力最深厚的文化资源。

(一)有利于增强中华民族内部的凝聚力

民族有凝聚力,才能保持民族团结、维持国家统一,危难来临才能同舟共济,遇到问题才能共同解决。中华民族自古以来有着强大的凝聚力,这是中华民族始终屹立于世界民族之林的重要原因。习近平同志指出:"中华民族有着5000多年的悠久历史和灿烂文化,而且中华文明从远古一直延续发展到今天。为什么中华民族能够在几千年的

---

[1] 〔美〕约瑟夫·奈:《软实力·前言》,中信出版社2013年版,马娟娟译,第7页。
[2] 《习近平谈治国理政》,外文出版社2014年版,第160页。

历史长河中顽强生存和不断发展呢？很重要的一个原因，是我们民族有一脉相承的精神追求、精神特质、精神脉络。"[1]弘扬中华优秀传统文化，作用巨大：

第一，增强民族文化认同。一个民族只有对自己民族和国家的历史、现状和未来有着充分的认识和赞同，才能真正激发人民对自己民族和国家产生强烈的认同感，才能由此产生强大的民族凝聚力。当前，在世界文化西强东弱的总体形势下，在经济全球化的浪潮中，一些人对中华优秀传统文化、对中华民族的认同感不强，这无疑不利于民族凝聚力的加强和巩固。要知道，文化之于民族，就像血脉之于人一样具有独特性和重要性。中华优秀传统文化是中华民族的血脉基因，是中华民族之所以成为中华民族的精神标识。弘扬中华优秀传统文化，可以不断强化中华儿女对中华优秀传统文化独特性、重要性的认同，不断强化中华儿女对中华民族辉煌历史和中华文明辉煌成就的认同，不断增强中华儿女对中华民族的归属感、尊严感和荣誉感，从而产生强大的民族凝聚力。

第二，强化民族团结统一。美国学者斯塔夫里阿诺斯在《全球通史》中提出了一个值得深思的问题："中国为什么会拥有世界上最古老、连续不断的文明？"[2]中华文明确实是世界上唯一的既古老悠久，又连续不断的文明，究其原因，无疑是中华优秀传统文化发挥了维系中华民族团结统一的坚强精神纽带作用。我国是一个有着众多民族、广袤土地的大家庭，中华优秀传统文化作为坚强的精神纽带把个人、民族与国家的命运紧紧连为一体，使中华民族始终能够团结统一、不断壮大。当前，弘扬中华优秀传统文化，特别是弘扬中华优秀传统文化中爱国主义、团结统一的伟大民族精神，有利于增强中华民族的向心力，强化民族团结统一力量。

---

[1] 习近平：《从小积极培育和践行社会主义核心价值观——在北京市海淀区民族小学主持召开座谈会时的讲话》，载《人民日报》，2014年5月31日，第2版。
[2] 〔美〕斯塔夫里阿诺斯：《全球通史——1500年以后的世界》，上海社会科学出版社1999年版，吴象婴、梁赤民译，第67页。

第三，汇聚民族精神力量。历史上，"中国像一个巨大的立方体，在排山倒海的浪潮中，它会倾覆，但在浪潮退去后仍顽强地矗立在那里，以另一面正视世界，永不消失、永不沉没。"[1]中华民族几千年来，历经许多磨难，战胜很多强敌，始终能够矗立不倒，是因为中华优秀传统文化在其中发挥了重要作用。每当强敌入寇，中华优秀传统文化中的爱国主义精神，就成为中华民族抗击侵略者金戈铁马的精神长城。面对国家发展的难题，爱国主义成为中华儿女攻坚克难的精神利器。实现中国梦必须凝聚中国力量，需要全体中华儿女同心同德、群策群力。弘扬中华优秀传统文化有利于中华儿女树立大局意识，把个人价值追求融入对国家富强、民族振兴和人民幸福的价值追求之中，凝聚发展共识，树立共同理想，汇聚共同力量，为实现中华民族伟大复兴的中国梦这个共同目标而共同奋斗。

（二）有利于增强中华文化对外的影响力

当今中国前所未有地靠近世界舞台中心，然而，比起中国在世界上的政治影响力和经济影响力，中国文化影响力相对较弱。英国前首相撒切尔夫人说："中国的廉价商品充斥了世界的每一个角落，但中国却没有具有国际影响力的思想和学说。"[2]她的这一说法未必客观，但从一定程度上说明了中国对世界文化的影响还不够强。习近平同志指出："古往今来，中华民族之所以在世界有地位、有影响，不是靠穷兵黩武，不是靠对外扩张，而是靠中华文化的强大感召力和吸引力。"[3]当前，要成为真正的世界强国，必须传承发展中华优秀传统文化，提升中华文化对外的影响力。

---

[1] 柏杨:《中国人史纲》，人民文学出版社2011年版，第41页。
[2] 陈湘安:《文化法则与文明定律：中华文明复兴的千年机遇》，中国友谊出版公司2013版，第6页。
[3] 习近平:《在文艺工作座谈会上的讲话》，人民出版社2014年版，第3页。

第一，贡献中华文化智慧。习近平同志强调："我们不仅要让世界知道'舌尖上的中国'，还要让世界知道'学术中的中国''理论中的中国''哲学社会科学中的中国'，让世界知道'发展中的中国''开放中的中国''为人类文明作贡献的中国'。"[1]当今世界，虽然和平与发展的世界大势没变，但充斥着冲突与动荡，霸权主义、强权政治横行，局部战争、地区冲突不断，恐怖主义、社会问题泛滥，资源匮乏、环境破坏严重。这些问题的产生，表现出了人类在利益驱使下的自私自利，以及盲目逐利的愚昧，这是西方文化中"丛林法则""霸道思想"生出的恶果，解决这些问题必须把目光转向东方智慧。1988年，全球75位诺贝尔奖获得者在法国巴黎发表宣言：如果人类要在21世纪生存下去，必须回到2500年前去汲取孔子的智慧。在国与国、民族与民族之间的关系上，孔子提出的"己所不欲，勿施于人"被西方视为"黄金法则""人类行为的伟大法则"。一些外国的领导人表示："孔子和儒学不仅对中国历史发展产生了巨大作用和重要影响，而且对世界历史发展和人类文明进步也产生了积极作用和深远影响；儒家思想和儒学文化不仅在历史上产生过积极作用，对于解决当今世界共同面临的许多问题和难题，仍能提供智慧、启示、借鉴。"[2]解决世界上存在的众多问题，中华文化可以大有作为。

第二，展现中华文化魅力。英国前首相丘吉尔有这样一句名言：我宁愿失去一个印度，也不肯失去一个莎士比亚。莎士比亚的戏剧不仅提升了英国的人文精神，而且影响了整个世界。在中华优秀传统文化中，唐诗宋词元曲等诗歌作品、四大名著等小说作品，就其思想性和艺术性而言，并不比起莎士比亚戏剧逊色。2012年，中国文学家莫言因"魔幻现实主义融合了民间故事、历史与当代社会"获得诺贝尔文学奖，向世

---

[1] 习近平：《在哲学社会科学工作座谈会上的讲话》，人民出版社2016版，第17页。
[2] 习近平：《在纪念孔子诞辰2565周年国际学术研讨会暨国际儒学联合会第五届会员大会开幕会上的讲话》，载《人民日报》，2014年9月24日，第1版。

界展现了中国文学的风采。2015年,中国科学家屠呦呦因受中医启发发现青蒿素,"挽救了全球特别是发展中国家的数百万人的生命",获得诺贝尔生理学或医学奖,向世界展示了中医文化的风采。中华优秀传统文化中有许多具有魅力的精品,如文学、中医、建筑、绘画、书法、音乐、饮食、服饰等方面的作品,都可以提升中华文化的国际影响力。

四、推进国家治理体系和治理能力现代化的有益文化借鉴

习近平同志指出:"要治理好今天的中国,需要对我国历史和传统文化有深入了解,也需要对我国古代治国理政的探索和智慧进行积极总结。"[1]中国历史悠久,积累了丰富的历史经验,形成了鲜明的发展理念,产生了丰富的治国理政智慧,这其中的优秀部分至今仍具有巨大价值,能够为今天中国的发展提供有益的借鉴启发。

(一)提供历史经验借鉴

"以史为镜,可以知兴替。"(《旧唐书·魏徵传》)古今中外的政治家和思想家都非常重视从历史中汲取治国理政的经验教训。马克思恩格斯说:我们仅仅知道一门唯一的科学,即历史科学。鲁迅曾指出:"历史上都写着中国的灵魂,指示着将来的命运。"[2]习近平同志也指出:"治理国家和社会,今天遇到的很多事情都可以在历史上找到影子,历史上发生过的很多事情也都可以作为今天的镜鉴。"[3]中华民族历史悠久,在漫长的历史进程中,积累了丰富的历史经验教训,可资当代借鉴。

第一,借鉴成功经验。中国历史上创造过很多值得称道的盛世,如汉朝的"文景之治""汉武盛世",唐朝的"贞观之治""开元盛世",明

---

[1] 习近平:《牢记历史经验历史教训历史警示 为国家治理能力现代化提供有益借鉴》,载《人民日报》,2014年10月14日,第1版。
[2] 《鲁迅全集》(第三卷),人民文学出版社2005年版,第17页。
[3] 习近平:《牢记历史经验历史教训历史警示 为国家治理能力现代化提供有益借鉴》,载《人民日报》,2014年10月14日,第1版。

朝的"永乐盛世""仁宣之治",清朝的"康乾盛世"等。这些时代,国家能够保持长期的社会稳定、政治清明、经济发展、百姓安居、民族和谐、文化繁荣,因此成为后世借鉴成功经验的典范。实际上,历史上的这些盛世,其成功经验是类似的,这些成功经验对于今天的治国理政依然有着重要的借鉴价值。以"贞观之治"为例,《贞观政要》记载,当时社会"商旅野次,无复盗贼,囹圄常空。马牛布野,外户不闭。又频致丰稔,米斗三四钱"(《贞观政要·论政体》)。"贞观之治"的成功经验主要有以下几点:

一是以民为本,致力治国安邦。贞观之初,摆在唐太宗君臣面前的是一个内忧外患的局势。《贞观政要·论政体》中记载:"太宗自即位之始,霜旱为灾,米谷踊贵,突厥侵扰,州县骚然。"在国内,隋唐之交的兵灾战祸还没有平复,"玄武门之变"又造成了严重的政局动荡。就在此时,突厥铁骑突然来袭,直抵与长安一水之隔的渭水便桥,唐王朝只得签下城下之盟。在这千钧一发的紧急时刻,唐太宗君臣深入思考和探讨了使国家转危为安、转弱为强的治国之道。他们认为:"治国犹如栽树,本根不摇,则枝叶茂荣。"(《贞观政要·论政体》)那么,什么是治国的"本根"呢?是"民",这样的认识是唐太宗君臣从历史的深刻教训中得来的。从远处说,夏桀、商纣等无道昏君不顾民生疾苦,穷奢极欲,倒行逆施,导致身死国灭。从近处说,隋炀帝"宫中美女珍玩,无院不满。炀帝意犹不足,征求无已,兼东西征讨,穷兵黩武,百姓不堪,遂致亡灭"。基于这些历史教训,唐太宗认识到:"凡事皆须务本。国以人为本,人以衣食为本,凡营衣食,以不失时为本。"(《贞观政要·论务农》)"为君之道,必须先存百姓,若损百姓以奉其身,犹割股以啖腹,腹饱而身毙。"(《贞观政要·论君道》)魏征也屡次提醒唐太宗:"君,舟也;人,水也。水能载舟,亦能覆舟。"(《贞观政要·论政体》)民安则国安,民富则国富,民强则国强,以民为本就抓住了治国安邦的关键,找到了富国强军的捷径。正是由于唐太宗君臣有这样的深刻认识，唐王朝这艘巨轮才驶上正确的航道，向前飞速前进。贞观年间的一系列政策，都秉着以民为本的精神来制定和执行。经过几年的励精图治，一个古昔未有的天下大治局面出现了。

二是任贤纳谏，共图天下大治。"亲贤臣远小人，此先汉所以兴隆也；亲小人远贤臣，此后汉所以倾颓也。"（诸葛亮《出师表》）善于借鉴历史经验又极为推崇诸葛亮的唐太宗一定对这一历史教训感同身受，所以他一再强调"为政之要，惟在得人，用非其才，必难致治"（《贞观政要·崇儒学》）、"致安之本，惟在得人"（《贞观政要·论择官》）。《贞观政要·论任贤》中分别介绍了唐太宗最为信任的八位贤臣：房玄龄、杜如晦、魏征、王珪、李靖、虞世南、李勣和马周。正是以这八位贤臣为代表的人才集团，各显神通，勠力同心，造就了"贞观之治"。其实，唐太宗与大臣们的治国理念并不总是一致，有时甚至截然相反。为了更好治理国家，唐太宗不仅积极"求谏"，而且虚心"纳谏"。唐太宗认为"人欲自照，必须明镜；主欲知过，必藉忠臣"，他常"思正人匡谏，欲令耳目外通，下无怨滞"，希望能够"闻谏诤，知政教得失"。（《贞观政要·论求谏》）因此，唐太宗广开言路，鼓励谏言，并采取一些重要措施来保证言路畅通。例如，他健全了封驳制度，甚至诏令宰相入阁议事时谏官列席，以便谏官对军国大政充分发表意见。当然，"求谏"是否真诚，关键看能否虚心"纳谏"。虽然贞观初期与后期唐太宗在纳谏态度上有所变化，但总的看来还算能从谏如流。唐太宗在"求谏""纳谏"中纠正错误，匡正时弊，总是能做出最合理的决策。贞观年间，经济社会取得了长足进步，国家富强，人民安居。对此，历史学家范文澜指出："纳谏和用人是唐太宗取得政治成就的两个主要原因。"[1] 所谓"贞观之治"，从某种意义上说就是"任贤""纳谏"致治。

三是修德遵法，促成安定和谐。隋末唐初，国内战火不息，盗匪横行，社会一片混乱，全国户数减少竟达2/3。唐太宗执政之后，数年之

---

[1] 范文澜：《中国通史》（第三卷），人民出版社2014年版，第121页。

间社会变得安定和谐，秩序井然，欣欣向荣。贞观四年，国家治安良好，全国判处死刑的囚犯全年才二十九人。政府也非常清廉，腐败很少。这种安定和谐局面的形成，与唐太宗注重修德遵法是分不开的。贞观年间，大臣魏征上疏唐太宗："思国之安者，必积其德义。"唐太宗君臣非常看重道德的作用，认为只有修德行义、净化风气，社会才能长治久安。《贞观政要》第五卷、第六卷以"修德"为主题，包括"仁义""忠义""孝友""公平""诚信""俭约""谦让""慎所好""慎言语""杜谗邪"等篇章，翔实记录了唐太宗君臣在修德方面的言行和思考。《贞观政要》中《论刑法》《论赦令》等篇专门探讨了法治问题，这里面有一些深刻的观点。一是主张刑赏要适度。魏征认为："刑赏之本，在乎劝善而惩恶""刑滥，则小人道长；赏谬，则君子道消"（《贞观政要·论刑法》），只有刑赏适度才能效果更好。唐太宗主张对死刑重罪必须慎之又慎，认为"死者不可再生，用法务在宽简"，他一再下诏"凡有死刑，虽令即决，皆须五覆奏"。（《贞观政要·论刑法》）二是主张执法要公平。张蕴古主张"大明无偏照，至公无私亲"，得到唐太宗的认可和践行。三是主张法令要简约。唐太宗认为"国家法令，惟须简约"（《贞观政要·论赦令》），法令只有简约明确才能保证有效执行。如果法令烦琐，标准繁多，执法者就难有明确执法标准，就会生出很多徇私枉法的事，"若欲出罪即引轻条，若欲入罪即引重条"，就必然导致"人心多惑，奸诈益生"（《贞观政要·论赦令》），最后使法律失去正面的作用。修德和遵法是贞观年间社会治理层面的两种重要理念，两者如车之两轮、鸟之双翼，相互配合，相得益彰，共同促进了贞观年间社会安定和谐的局面。

　　四是崇文尚学，推动持续发展。魏晋南北朝时期在选官制度上实行九品中正制，只重门第，不重德才，甚至形成了"上品无寒门，下品无士族"的局面。在思想文化方面，知识分子沉浸在空洞的玄学清谈之中，追求迁就句式、堆砌辞藻的文风，这种"文化中衰"的局面直到贞观年间才有了焕然一新的改变。贞观年间，唐太宗非常看重有学识的人才,摒弃了魏晋南北朝只重门第的选官标准,把学业优劣作为选人用人的主要标准。贞观年间,政府规定只要通晓《礼记》《左传》等经典中一门的就可以入仕做官,很多儒士因学业优异被提拔任用。另外,从隋朝开始的科举作为一种选官的制度,到唐太宗时固定下来,成为选人用人的主要方法。唐朝建立了优待学子和重视学习的国家制度。贞观之初,唐太宗就设置了弘文馆,精心挑选天下通晓儒学的人士兼任弘文馆学士,供给五品官员才能享用的饮食。贞观二年,唐太宗下诏在国子监里建立孔庙,尊孔子为先圣、颜子为先师。国子监增盖学舍四百多间,国子学、太学、四门学、广文馆也增加了学生名额,书学、算学分别设置博士和学生。由于政府的鼓励,全国各地数以千计的儒生蜂拥而来,吐蕃和高昌以及高丽、新罗等国的首领,也派遣子弟来长安请求入学,在全国形成了崇文尚学的热烈氛围。唐太宗还组织编写国家标准教材。贞观四年,唐太宗认为《诗》《书》《礼》《易》《春秋》等儒家经典离成书年代太远,章句繁杂,文字错讹很多,文义也多被误解,因此就令前中书侍郎颜师古和国子祭酒孔颖达等人考定注疏"五经"。最终,形成了多达一百八十卷的《五经正义》,交付国子监作为标准教材使用。这部教材成为当时学习和考试的标准教材,对整个唐代乃至后代都产生了重大影响。贞观年间这种崇文尚学的制度和风气不仅对"贞观之治"和"开元盛世"奠定了文化基础,而且也为有唐一代乃至宋元明清的持续发展奠定了文化基础。

第二,汲取失败教训。成功经验固然值得借鉴,失败教训更是值得汲取,恩格斯深刻指出:"要获取明确的理论认识,最好的道路就是从本身的错误中学习,'吃一堑,长一智'。"[1]纵观中国历史,有些朝代"其兴也勃焉,其亡也忽焉",比如秦隋;有些朝代盛世之后逐渐衰弱,比如汉唐;有些朝代文武失衡,比如宋代;有些朝代闭关自守,比如明清。总的来说,它们的失败有某些共性的教训,尤其值得后世

---

[1]《马克思恩格斯选集》(第四卷),人民出版社2012年版,第586页。

引以为戒。

其一，国家繁重的赋税徭役导致民不聊生。秦朝建立后修筑长城、阿房宫、骊山陵寝，大量征调戍卒守边，结果导致陈胜吴广揭竿而起，百姓应者云集。隋炀帝营建东都洛阳、开发大运河，在各地大修宫殿苑囿、三次征伐高丽，致使"天下死于役"，造成民变蜂起。

其二，统治阶层的腐化导致执政能力下降。一个王朝建立之初，其统治阶层往往能够励精图治，而承平已久，统治阶层就逐渐腐化堕落，执政能力严重下降，导致国家政治腐败，社会矛盾激化。唐玄宗晚年怠慢朝政、宠信奸臣，统治阶层也腐化堕落，引发"安史之乱"。明末万历皇帝、天启皇帝贪图享乐，甚至长期不理朝政，致使明朝民生凋敝、日薄西山。

其三，武备废弛严重而无法抵御外部入侵。清代初期八旗铁骑所向披靡，但长期安逸"忘战"，武备废弛，到了晚清不仅法纪不严、作风不良，而且兵制僵化、武器落后，战斗力很弱，在与西方列强的抗衡中屡战屡败。

以上的这些深刻的历史教训依然值得今天借鉴。

（二）提供发展理念启示

中华民族在长期的发展过程中，形成了极具民族特色、极为深刻博大的发展理念，对中华民族的发展壮大产生过极其重要的影响和作用，对于今天的治国理政仍具有重要启发意义。以下几个发展理念，尤其具有启发意义。

第一，"民惟邦本"的理念。"重民本"是中国古代治国理政思想的精华。在《尚书·五子之歌》中，就记载了夏禹"民惟邦本，本固邦宁"的民本思想。总的来看，中国古代民本思想有以下几个层面内容：其一，把民心向背视为国家兴亡的关键。《左传》上说："国将兴，听于民；

将亡,听于神。"(《左传·庄公三十二年》)《管子》也认为:"政之所兴在顺民心,政之所废在逆民心。"(《管子·牧民》)其二,把造福民众作为国家施政的重点。孔子主张:"节用而爱人,使民以时。"(《论语·学而》)孟子主张实行"仁政",要"省刑罚,薄税敛",以达到"老者衣帛食肉,黎民不饥不寒"(《孟子·梁惠王上》)的目标。其三,把弱势群体作为国家关照的对象。从《礼记》"鳏寡孤独废疾者皆有所养"(《礼记·礼运》)的社会理想,到孟子对"天下之穷民而无告者"(《孟子·梁惠王下》)的特别关注,再到杜甫"安得广厦千万间,大庇天下寒士俱欢颜"(杜甫《茅屋为秋风所破歌》)的人文情怀,无不表现出对社会弱势群体的重点关照。虽然,历史上"重民本"的思想并不总能得到执行和贯彻,"民为贵,社稷次之,君为轻"(《孟子·尽心下》)的主张也往往流于口号,但这一思想毕竟得到了广泛认同,产生了积极影响。今天,我们既要从"民惟邦本"的理念中汲取思想精华,又要有所创新发展,在治国理政实践中坚持以人民为中心的发展思想,多谋民生之利,多解民生之忧,消除贫困现象,实现共同富裕。

第二,"德法合治"的理念。在如何治理国家的问题上,中国古代长期存在"德治"与"法治"之争,这是先秦儒家和法家思想争论的焦点之一。儒家主张以"德"治国,孔子说:"为政以德,譬如北辰,居其所而众星共之。"(《论语·为政》)他还说:"道之以政,齐之以刑,民免而无耻;道之以德,齐之以礼,有耻且格。"(《论语·为政》)孔子认为,在治国问题上,"法"仅能治标,而"德"才能治本,应该把"德"作为治国理政的核心理念。对此,法家持反对态度,主张以"法"治国,韩非子说:"国无常强,无常弱。奉法者强则国强,奉法者弱则国弱。"(《韩非子·有度》)他认为国家只有依"法"而治,才能变得强盛,因此主张"明王峭其法而严其刑"(《韩非子·五蠹》)"不务德而务法"(《韩非子·显学》)。以"德"治国还是以"法"治国的争论在历史上深入而持久,但在历史实践中,德法合治实际上成为许多升平之世的治国原则。文景之治、贞观之治都是"霸王道杂之"(《汉书·元帝纪》),既注重"德"治,又注重"法"治,"德"与"法"有效结合。实际上,"德"治和"法"治是辩证统一的关系。"夫礼禁未然之前,法施已然之后;法之所为用者易见,而礼之所为禁者难知。"(《史记·太史公自序》)"法"是硬性规定,督促人"不敢做"坏事;"德"是柔性倡导,教化人"不愿做"坏事。没有"德"治,"法"治将难堪重负;没有"法"治,"德"治将失去保障。"德法合治"的理念启示我们,在治国理政中要处理好"法"治与"德"治的关系,既要推进全面依法治国,也应注重道德建设,打牢依法治国的道德基础。

第三,"法古革新"的理念。中国古代,伴随"德"与"法"之争的,还有"古"与"新"之争。所谓"古"与"新"之争,就是在治国理政上的"法古"与"革新"之争。"法古"者认为:"遵先王之法而过者,未之有也。"(《孟子·离娄上》)他们主张:"利不百,不变法;功不十,不易器。法古无过,循礼无邪。"(《史记·商君列传》)而"革新"者则认为:"圣人不期修古,不法常可,论世之事,因为之备。"(《韩非子·五蠹》)因而主张:"苟日新,日日新,又日新。"(《礼记·大学》)在历史上,"古"与"新"之争不断,商鞅变法、胡服骑射、王安石变法、戊戌变法等历次变法都交织着这两种思想的斗争。在商鞅变法、胡服骑射中"革新"理念占了上风,从而使秦国、赵国迅速变成军事强国。在王安石变法、戊戌变法中,"法古"思想占了上风,结果两次改革都最终失败,北宋王朝和清王朝也积弊难除、积重难返,最终走上了王朝覆灭之路。总的来说,在中国历史上"法古"理念总是强于"革新"理念,这一情况一直持续到晚清。实际上,"法古""革新"与"古""新"一样,也是辩证统一的。"法古"和"革新"不可偏废,好的传统要继承,坏的传统要革新。近代以来,"法古"派抱残守缺,阻碍了历史发展。而一些激进的"革新"派主张革除一切传统、"全盘西化",甚至要抛弃汉字,这也不利于历史发展。"法古革新"的理念启示我们,在治国理政中要处理好"法古"和"革新"的关系,既要勇于改革创新,又要坚守优良传统,善于从优良传统中汲取改革创新的智慧和营养。

(三)提供治国理政智慧

中国古代积累了很多治国理政智慧,虽然这些智慧主要是在封建专制制度下形成的,其中一些封建糟粕已经被历史证明具有巨大的危害性,但其中的很多优秀内容对今天的治国理政具有启发意义。下面列举三点加以分析。

第一,选人用人智慧。中国古代在选人用人方面积累了很多智慧,主要有以下几点。一是把人才视为国家强弱的关键。东汉王充在《论衡·效力》中评论战国人才时说:"六国之时,贤才之臣,入楚楚重,出齐齐轻,为赵赵完,叛魏魏丧。"战国时期,商鞅、苏秦、张仪、范雎、乐毅和李斯等人才的去留,很大程度上决定了一国的兴衰。所以,后世历代统治者都非常重视人才的选用。二是把德才作为选人用人的标准。古代在选人用人时,把德和才作为重要的选择标准。在乱世,"才"往往是第一标准,比如春秋战国时期的吴起、苏秦和张仪等人,品德一般但才华出众。在治世,"德"比"才"更受重视,如汉武帝"举贤良方正直言极谏者","贤良""方正""孝廉"等品德成为选拔的首要标准。北宋司马光主张:"取士之道,当以德行为先。"(《续资治通鉴·宋纪七十九》)当然,选人用人的最高标准是德才兼备,唐代魏徵就主张:"才行俱兼,始可任用。"(《贞观政要·论择官》)三是把制度作为选人用人的方式。在选拔人才的制度上,先秦主要采用"世卿世禄"制度,汉代以后逐渐采用"察举"制,魏晋南北朝采用"九品中正制",这些制度都有一定局限性。到了隋唐,开始实行科举制度,唐太宗认为这种制度使"天下英雄入吾彀中矣"(《唐摭言·述进士》)。今天,选人用人依然是治国理政的重要内容,上述这些选人用人智慧依然具有借鉴意义。

第二，反腐倡廉智慧。我国古代积累了优秀的廉政文化，既有提倡廉洁的优秀思想，也有惩治贪腐的实践经验，是我们今天推进反腐倡廉建设的宝贵资源。一方面，注重廉政理念灌输。中国古代廉政理念内容丰富，主要有以下几点：一是"公而不私"。《礼记》上说："大道之行也，天下为公，选贤与能，讲信修睦。故人不独亲其亲，不独子其子。"（《礼记·礼运》）强调为官从政要有公心，要爱民惠民。二是"正而不偏"。孔子说："其身正，不令而行；其不正，虽令不从。"（《论语·子路》）为官者只有从自身做起，才能以上率下、政令畅通。三是"清而不浊"。《广雅》上说："廉，清也。"清清白白做官，是廉政的题中应有之义。四是"俭而不奢"。《左传》上说："俭，德之共也；侈，恶之大也。"（《左传·庄公二十四年》）生活奢侈的官员，很难做到廉洁从政。通过上述廉政理念的灌输，能够在一定程度上防止腐败。另一方面，建立反腐促廉机制。为了实现廉政，中国古人还设计了一套行之有效的制度。据《周礼》记载，中国早在周代便设有治贪促廉的监察官，秦汉以来历朝历代都设有相应的监察机构，形成了较为完备的监察制度。这些监察机构独立性强、地位崇高、权力巨大，虽有很大局限，但在一定程度上对各级官员形成震慑，减少了贪腐行为，促进了政治清明。当前，我国反腐倡廉有了相当成效，但反腐形势依然严峻。借鉴古代反腐倡廉智慧，有利于筑牢拒腐防变的思想道德防线，加强反腐倡廉制度建设，提高拒腐防变能力。

第三，为官从政智慧。中国历史上积累了很多为官从政的智慧，其中也不乏对今天有启发意义的智慧。一是修身为本。儒家经典《大学》强调："物格而后知至，知至而后意诚，意诚而后心正，心正而后身修，身修而后家齐，家齐而后国治，国治而后天下平。"（《礼记·大学》）"格物""致知""诚意""正心"这些都属于"修身"范畴，它们是"齐家""治国""平天下"的基础。"修身"包括知识的学习、才能的修炼，更重要的是道德的修炼。二是忠于职守。孔子说："陈力就列，不能者止。"

(《论语·季氏》)又说:"不在其位,不谋其政。"(《论语·泰伯》)这就是强调为官从政要忠于职守,既不能"缺位",也不能"越位"。汉文帝时期丞相陈平"不知钱谷之数",受到后世赞赏;蜀汉丞相诸葛亮事无巨细、亲力亲为,遭后世訾议。原因就是陈平能够忠于职守不"越位",而诸葛亮则"越位"太多。三是谦虚谨慎。《左传》记载了有名的"正考父鼎铭",上面说:"一命而偻,再命而伛,三命而俯,循墙而走,亦莫余敢侮"(《左传·昭公七年》),这段话赞赏正考父官职虽然步步上升,但态度却愈加谦虚谨慎。老子说:"知足不辱,知止不殆,可以长久。"(《道德经》第四十四章)历史上很多为官从政者因谦虚谨慎而善始善终,因骄奢淫逸而身败名裂。中国古代为官从政智慧内容非常丰富,上面仅列举了几个要点,这些智慧所体现出的正能量,与现代政治文明的要求并不相悖,具有永恒的借鉴价值。

五、推动世界和平发展的宝贵文化智慧

习近平同志指出:"中华文化既是历史的、也是当代的,既是民族的、也是世界的。"[1]中华优秀传统文化既属于中国,也属于世界;既具有中国价值,也具有世界价值,"中华民族有着深厚文化传统,形成了富有特色的思想体系,体现了中国人几千年来积累的知识智慧和理性思辨"[2]。当今世界人类面临许多突出难题,经济增长乏力、地区发展不均、局部战争不断、恐怖主义肆虐、生态环境恶化等问题严重威胁着世界的和平与发展,中华优秀传统文化中的知识智慧和理性思辨有助于这些问题的解决。

(一)以和为贵的发展理念

在如何实现发展的问题上,世界历史上曾出现过两种相反的发展理念:"争"的发展理念与"和"的发展理念。历史上,许多国家和民族通过"争"的方式实现富强,特别是15世纪以来,一些西方国家通过掠夺、战争的方式谋求国家发展,给人类带来了深重灾难。当今世界,局部战争不断,地区冲突频发,世界大战的危险仍在,其根源是一些国家和民族根深蒂固的"争"的发展理念。同时,人与人之"争"、人与自然之"争",造成了个人主义恶性膨胀、生态环境破坏严重等人类发展难题。

而中国古人则选择了以和为贵的发展理念。《论语》上说:"礼之用,和为贵。先王之道,斯为美,小大由之。"(《论语·学而》)《周礼》上

---

[1]《习近平谈治国理政》(第二卷),外文出版社2017年版,第352页。
[2]《习近平谈治国理政》(第二卷),外文出版社2017年版,第340页。

也说:"以和邦国,以统百官,以谐万民。"(《周礼·天官·大宰》)"和"在中华优秀传统文化中占有重要地位,以和为贵的发展理念,包括两个方面:一是对内追求和谐发展,包括追求人与自身和谐、人与人和谐、人与社会和谐以及人与自然和谐。中国古人强调:"和也者,天下之达道也。""致中和,天地位焉,万物育焉。"(《礼记·中庸》)"不违农时,谷不可胜食也;数罟不入洿池,鱼鳖不可胜食也;斧斤以时入山林,材木不可胜用也。"(《孟子·梁惠王上》)这些都可以反映出中国古代追求和谐的思想。二是对外追求和平发展,习近平同志指出:"中华民族历来是一个爱好和平的民族,爱好和平在儒家思想中也有很深的渊源。中国人自古就推崇'协和万邦''亲仁善邻,国之宝也''四海之内皆兄弟也''远亲不如近邻''亲望亲好,邻望邻好''国虽大,好战必亡'等和平思想。爱好和平的思想深深嵌入了中华民族的精神世界,今天依然是中国处理国际关系的基本理念。"[1]中国古代在谋求国家发展、处理国际关系时主张采取和平方式。中国古人认为"以力服人者,非心服也,力不赡也;以德服人者,中心悦而诚服也"(《孟子·公孙丑上》),提倡"远人不服,则修文德以来之"(《论语·季氏》)。汉唐通过"和亲"加强与邻邦的友好关系,明代郑和七下西洋对沿途国家秋毫无犯,都充分说明了中华民族以和为贵的发展理念。

中国以和为贵的发展理念得到了世界一些著名学者的认可和重视,英国哲学家罗素认为,欧洲人的生活方式"要求奋斗、掠夺、无休止的变化,以及不满足与破坏",而"中国人发现了并且已经实践了数个世纪之久的一种生活方式,如果能够被全世界所接受,则将使全世界得到幸福"。当今世界科学技术越来越发达,武器装备也越来越先进,战争已是人类不能承受之重,中国以和为贵的发展理念正是解决冲突、消弭战火、预防战争的思想良方。

---

[1] 习近平:《在纪念孔子诞辰2565周年国际学术研讨会暨国际儒学联合会第五届会员大会开幕会上的讲话》,载《人民日报》,2014年9月24日,第2版。

(二)公平正义的价值追求

西方有句名言:"没有永远的朋友,只有永恒的利益。"这句话被西方人奉为处理人际关系、国际关系的圭臬。历史学家司马迁说:"利诚乱之始也。"(《史记·孟子荀卿列传》)唯利是图的价值追求,是人类历史上许多问题产生的重要原因。当今世界,诸如恐怖主义、局部战争、贫富不均、生态破坏等问题,都可以视为唯利是图价值追求的结果。解决这些难题,必须转变唯利是图的价值追求。中华优秀传统文化中公平正义的价值追求,正确处理了"利益"与"公平""正义"的关系,在解决当前人类难题方面给予重要启发。

在追求正义方面,中华民族表现出先义后利、义利兼顾的价值取向。关于"义"和"利"的关系问题,孟子曾与战国时期魏国的梁惠王有过一场著名的对话:

> 孟子见梁惠王。王曰:"叟不远千里而来,亦将有以利吾国乎?"孟子对曰:"王何必曰利?亦有仁义而已矣。王曰'何以利吾国'?大夫曰'何以利吾家'?士庶人曰'何以利吾身'?上下交征利,而国危矣。万乘之国,弑其君者,必千乘之家;千乘之国,弑其君者,必百乘之家。万取千焉,千取百焉,不为不多矣。苟为后义而先利,不夺不餍。未有仁而遗其亲者也,未有义而后其君者也。王亦曰仁义而已矣,何必曰利?"(《孟子·梁惠王上》)

对于这段对话,司马迁曾评价说:"余读孟子书,至梁惠王问'何以利吾国',未尝不废书而叹也。曰:嗟乎!利诚乱之始也。夫子罕言利,常防其源也。故曰:'放于利而行,多怨'。自天子以至于庶人,好利之弊,何以异哉?"(《史记·孟子荀卿列传》)可见,司马迁认同孟

子关于"义"和"利"的思想。另外,史书记载,孟子曾与孔子的孙子子思也有过一场关于"义"和"利"的对话:

> 初,孟子师子思,尝问牧民之道何先。子思曰:"先利之。"孟子曰:"君子所以教民,亦仁义而已矣,何必利?"子思曰:"仁义固所以利之也。上不仁则下不得其所,上不义则下乐为诈也,此为不利大矣。故《易》曰:'利者,义之和也。'又曰:'利用安身,以崇德也。'此皆利之大者也。"(《资治通鉴·周纪二》)

对于子思和孟子的观点,司马光认为:"子思、孟子之言,一也。夫唯仁者为知仁义之为利,不仁者不知也,故孟子对梁王直以仁义而不及利者,所与言之人异故也。"(《资治通鉴·周纪二》)可见,司马光也认同子思和孟子关于"义"和"利"的思想。从孟子的上述两段对话以及其他思想家、史学家关于"义"和"利"的论述中,我们可以看出中国古代的义利观:一是反对见利忘义。孔子说:"不义而富且贵,于我如浮云。"(《论语·述而》)荀子说:"先义而后利者荣,先利而后义者辱。"(《荀子·荣辱》)他们都反对见利忘义,主张见利思义。二是主张以义为利。《左传》上说:"义,利之本也。"(《左传·昭公十年》)《大学》中也有:"国不以利为利,以义为利也。"(《礼记·大学》)把"义"看作最大的"利"、最根本的"利"。三是提倡义利兼顾。清代颜元批评"义"与"利"分裂对立的偏见,提出了"正其谊以谋其利,明其道而计其功"(《四书正误》卷一)的命题,将"义"与"利"有机统一起来。

在追求公平方面,中华民族主张公而不私、正而不偏。中国古代对"公"和"正"非常重视,甚至把它们上升到关系国家兴亡的高度。关于"公",荀子说:"公生明,偏生暗。"(《荀子·不苟》)苏轼说:"治国莫先于公。"(《司马温公行状》)程颢、程颐也强调:"一心可以丧邦,一心可以兴邦,只在公私之间尔。"(《二程集·河南程氏遗书·卷第十一》)关于"正",孔子说:"政者,正也。"(《论语·颜渊》)"其身正,不令而行;其不正,虽令不从。"(《论语·子路》)孟子也说:"行有不得者,皆反求诸己,其身正而天下归之。"(《孟子·离娄上》)中国古代对"公正"的追求,鲜明体现在"大同"社会理想中。《礼记·礼运》记载:"大道之行也,天下为公。选贤与能,讲信修睦,故人不独亲其亲,不独子其子,使老有所终,壮有所用,幼有所长,鳏寡孤独废疾者,皆有所养。""大同"社会是一个百姓丰衣足食、安居乐业的社会,更是一个人人平等、公平正义的社会。

追求公平正义并不否定利益,而是正当处理"公平"与"利益"、"正义"与"利益"的关系,从而"兴天下之利,除天下之害"(《墨子·非攻下》)。近年来,在处理国际关系问题上,习近平同志多次强调要践行"正确义利观":"要找到利益的共同点和交汇点,坚持正确义利观,有原则、讲情谊、讲道义,多向发展中国家提供力所能及的帮助。"[1]"中国坚持国家不分大小、强弱、贫富一律平等,秉持公道、伸张正义,反对以大欺小、以强凌弱、以富压贫。"[2]"正确义利观"正是中华优秀传统文化中的重要内容,对当代人类正确处理"义"与"利"关系,解决人类难题都具有重要的启示意义。

(三)辩证综合的思维方式

国学大师季羡林认为,几百年来西方文化产生了许多问题,如环境污染、生态破坏、人口爆炸、疾病丛生、资源匮乏等,如果这些问题得不到纠正,人类将岌岌可危。他指出:"弊端产生的根源,与西方文化的分析的思维方式有紧密联系。"[3]"西方形而上学的分析已快走到尽

---

[1] 《习近平谈治国理政》,外文出版社2014年版,第299页。
[2] 《习近平谈治国理政》,外文出版社2014年版,第306页。
[3] 季羡林:《三十年河东 三十年河西》,当代中国出版社2006年版,第27页。

头,而东方寻求整体的综合必将取而代之。"[1]许多学者认同这种看法,认为中国注重辩证综合的思维方式有利于解决人类面临的许多难题。

中西思维方式各有特点。一般认为,西方注重逻辑分析,中国更注重辩证综合,表现为重整体、讲辩证、尚体悟的思维特点。逻辑分析的方法对人类文明,特别是科技文明做出了巨大贡献,并仍是当代最重要的思维方式之一。老子主张:"有无相生,难易相成,长短相形,高下相倾,音声相和,前后相随。"(《道德经》第二章)孔子主张"欲速则不达""过犹不及"。《左传》也提出:"宽以济猛,猛以济宽,政是以和。"(《左传·昭公二十年》)这些都体现了中国古代深刻的辩证思维。中国辩证综合的思维方式虽然被认为是中国明清以来科技落后的重要原因,但在解决当代人类难题方面也有一定优势。一是注重从整体看局部,把万事万物看成紧密联系的整体,从而主张从局部现象观察整体问题、从整体角度解决局部问题。二是注重以辩证促平衡,认为万事万物都体现着对立统一,只有辩证对待这些对立统一,不走极端,才能保持平衡、达到和谐。比如针对生态环境问题,《吕氏春秋·义赏》上说:"竭泽而渔,岂不获得?而明年无鱼;焚薮而田,岂不获得?而明年无兽。"这就是把眼前利益和长远利益辩证统一起来,以辩证的方式促进平衡。现代人类以"竭泽而渔""焚薮而田"的方式消耗地球资源,必然造成生态环境的破坏。

当代人类遇到的一些难题,如恐怖主义愈演愈烈、贫富差距持续拉大、生态环境严重破坏等问题,其产生的原因非常复杂,如果用中国辩证综合的思维方式,有利于找出合理的解决方案。比如针对恐怖主义,"9·11恐怖袭击事件"之后,西方国家主要通过加强安保措施、打击恐怖主义策源地等方法来解决恐怖主义问题。但从效果看,近年来美国、英国、法国等欧美国家恐怖袭击事件层出不穷,给西方世界带来极大麻烦。如果用中国辩证综合的思维方式看,西方国家解决恐怖主义问题的

---

[1] 季羡林:《三十年河东 三十年河西》,当代中国出版社2006年版,第14页。

方法犹如"扬汤止沸",治标不治本。恐怖主义产生的深层原因是民族间的利益冲突和文化冲突,根本上源于不合理不公平的国际秩序。不解决利益冲突和文化冲突,不建立合理公平的国际秩序,恐怖主义就无法解决。中华优秀传统文化中辩证综合的思维方式,对于解决当今世界诸如恐怖主义之类的许多难题,能够提供很好的方法论启示。

第三章　传承发展中华优秀传统文化的经验教训

习近平同志指出:"不忘历史才能开辟未来,善于继承才能善于创新。优秀传统文化是一个国家、一个民族传承和发展的根本,如果丢掉了,就割断了精神命脉。"[1]古今中外各民族,都会遇到传统文化的传承发展问题。这一问题处理是否得当,不仅会影响传统文化的命运,甚至会影响民族的兴衰。传承传统文化的成败,主要取决于能否恰当处理文化上的三种关系:主次关系、古今关系和内外关系。所谓主次关系,是从系统性角度看,文化上的主导与多元关系。在文化系统中,主导文化要素与多元文化要素应地位恰当、组合合理。所谓古今关系,是从时代性角度看文化上的传统与时代关系。时代文化应取材于传统文化,传统文化也须发展为时代文化。所谓内外关系,是从民族性角度看,文化上的本来与外来关系。文化发展应立足本来,汲取外来。历史告诉我们,这三种关系处理得好,传统文化就发扬光大;反之,就没落式微。下面主要从这三种关系的处理方面,分析传承发展中华优秀传统文化的经验教训。

---

[1] 习近平:《在纪念孔子诞辰2565周年国际学术研讨会暨国际儒学联合会第五届会员大会开幕会上的讲话》,载《人民日报》,2014年9月24日,第2版。

一、传承发展中华优秀传统文化的历史经验

中华优秀传统文化在发展过程中，从简单质朴的文化样式发展为博大精深文化体系，从黄河长江流域的中国文化发展为享誉全球的世界文化，历经许多曲折，也取得了辉煌成就。在这一过程中，中国历代先祖传承发展中华优秀传统文化的成功经验值得今天认真总结和借鉴。

（一）尊重和守护是传统文化传承发展的先决条件

中华文化几千年来绵延不绝、生生不息，是中华民族始终尊重传统和守护文脉的结果。魏文帝曹丕在《典论·论文》中指出："盖文章经国之大业，不朽之盛事。"这里说的虽是文章，但也可充分表明中国古代对文化事业的重视。中国古代对传统文化的尊重和守护方面，有以下成功经验。

1.重视传统文化精髓的教育

中华民族自古重视传统文化教育。根据历史文献记载，中国古代教育的起源，可以追溯到夏以前，传说中的伏羲、神农、黄帝、尧和舜等人，都十分重视教育。夏商周以来，教育逐渐发达，孟子说："夏曰校，殷曰序，周曰庠，学则三代共之，皆所以明人伦也。"（《孟子·滕文公上》）从夏商周时代起，我国就有国家学校"学"和地方学校"校""序""庠"等，用以教育民众，达到"明人伦"的目的。春秋时期，私学开始盛行。当时创建私学最成功的是孔子，相传他"以诗书礼乐教，弟子盖三千焉，身通六艺者七十有二人"（司马迁《史记·孔子

世家》)。私学的勃兴，使更多下层民众能够享受教育、研究学术。应该说，春秋战国时期的诸子百家争鸣与私学的兴起有着紧密的联系。

秦汉以来，政府设有太学、国子监，民间设有私塾、书院。但不论官学还是私学，不论政府开办的学校还是民间开办的学校，传统文化总是作为教学的主要内容。据记载，周的官学教授"六艺"，即礼、乐、射、御、书、数。礼是周公创制的古礼，乐是流传下来的古乐，都是传统文化。孔子收徒讲学，传授"六经"，即《易》《书》《诗》《礼》《乐》《春秋》。孔子说："不学诗，无以言。""不学礼，无以立。"（《论语·季氏》）可见对传统教育的重视。汉武帝"独尊儒术"，在长安建"太学"，设五经博士，专门讲授儒家的五种经典《诗》《书》《礼》《易》《春秋》。魏晋以来，历代政府或设太学，或设国子监，均把儒家经典作为主要教学内容。除了政府教育机构，我国古代民间还盛行私塾，以《三字经》《百家姓》《千家诗》《千字文》《古文观止》和"四书五经"等书籍为主要教学内容。

近代以来，中国传统教育受到西方新式教育的冲击，特别是20世纪之后，科举制度废除，中国传统文化在教育中的地位逐渐降低，在教学中的比重也逐渐减小。与此同时，中国传统文化的传承发展也遇到巨大的困难。回顾五千年的中华文明史，由于中国古代始终重视传统文化教育，所以灿烂辉煌的中华文化能够生生不息、发展壮大，在今天具有不朽的魅力和价值，"中国古代的学校教育、社会教育、家庭教育、百工技艺教育是中国古代各种文化薪火相传、继往开来的保证，没有中国古代教育，中国古代的物质文明和精神文明是难以创造、延续和发展的。"[1]可以说，教育上的尊重和守护，使传统文化，特别是优秀传统文化得到长久的传承和弘扬。

---

[1] 张岱年、方立克：《中国文化概论》（修订版），北京师范大学出版社2004年版，第143页。

2.热衷传统文化经典的编纂

古代文化传播手段有限,传统文化容易丢失或消亡。中国历史上经过多次文化劫难,有些文化作品甚至永久遗失了。但中华文化能够传承不绝,与古人重视和热衷于编纂文化经典密不可分。

一是史书的编纂。中华民族是具有深刻的历史意识的民族,自汉字产生之后,中国历史上就出现了众多历史学家,产生了丰富的历史典籍,形成了完备的修史制度。梁启超在《中国历史研究法》中说:中国于各种学问中,惟史学为最发达;史学在世界各国中,惟中国为最发达。中国从先秦开始就注重编纂历史书籍,产生了《春秋》《左传》《国语》等优秀史书。《春秋》是我国古代第一部编年体史书,它的出现具有划时代的意义。汉代司马迁编纂《史记》,从传说中的黄帝开始,一直写到汉武帝元狩元年(公元前122年),叙述了我国三千年左右的历史。全书有本纪十二篇、表十篇、书八篇、世家三十篇、列传七十篇,共一百三十篇,约五十二万六千五百字。《史记》规模巨大,体系完备,而且对此后的纪传体史书影响很深,历朝正史皆采用这种体裁撰写,被鲁迅先生誉为"史家之绝唱,无韵之离骚"[1]。《汉书》,由我国东汉时期的历史学家班固编撰,是中国第一部纪传体断代史,是继《史记》之后我国古代又一部重要史书,与《史记》《后汉书》《三国志》并称为"前四史"。《春秋》《左传》《史记》《汉书》等历史著作,具有巨大的史学价值和文学价值,开创了我国良好的国史编纂传统。其后,历朝历代都比较注重编纂史书,还出现了《史通》《通典》《资治通鉴》《通志》《文献通考》等重要史书。这些优秀史书,使传统文化得到了很好的保存和传承。

二是文集的编纂。中华文明历史悠久,从文字诞生以来,中国古代文学、史学、哲学等高峰迭起,成就辉煌。中国古代注重编纂各种各样

---

[1]《鲁迅全集》(第九卷),人民文学出版社2005年版,第435页。

文集，尤其注重编纂各种文学和哲学著作。先秦时期，儒家有"六艺"之说，即儒学"六经"《易》《书》《诗》《礼》《乐》《春秋》，据说是孔子整理的，它们是先秦文献的精华，至今具有巨大思想和艺术价值。除《乐》失传外，其他五种文集成为先秦乃至秦汉以来中国古代重要的经典。在文学方面，《诗经》是中国古代最早的一部诗歌总集，搜集了公元前11世纪至公元前6世纪的古代诗歌三百零五首，分《风》《雅》《颂》三部分。《诗经》是中华文化的瑰宝，也是全人类重要的文化遗产。楚辞是屈原创作的一种新诗体，也是中国文学史上第一部浪漫主义诗歌总集。"楚辞"的名称，西汉初期已有之，至刘向乃编辑成集，东汉王逸作章句，全书以屈原作品为主。《楚辞》作为国学经典，是与《诗经》齐名的集部作品，是中国古代文学的两大源头之一。梁启超说："吾以为凡为中国人者，须获有欣赏《楚辞》之能力，乃为不虚生此国。"[1]秦汉以来，各种文学集子层出不穷，如《陶渊明集》《李太白集》《杜工部集》《苏东坡集》等，都影响巨大。在哲学思想方面，先秦时期，《论语》《孟子》《老子》《庄子》《墨子》《韩非子》《孙子兵法》等诸子的作品星光璀璨。汉朝立《诗》《书》《易》《礼》《春秋》于学官，称为"五经"。唐朝加《周礼》《仪礼》《公羊》《谷梁》为"九经"，后又加《孝经》《论语》《尔雅》为"十二经"，宋朝又增加《孟子》，合成"十三经"。"十三经"作为儒家文化的经典，其地位之尊崇，影响之深广，是其他任何典籍所无法比拟的。南宋朱熹取《礼记》中的《中庸》《大学》两篇文章单独成书，与记录孔子言行的《论语》、记录孟轲言行的《孟子》合为"四书"。宋元以后，"四书"成为学校官定教科书和科举考试必读书，对古代汉族教育产生了极大的影响。另外，还有《全唐诗》《全宋词》《唐诗三百首》《宋词三百首》《元曲三百首》《古文观止》等经典文集，在后世流传极广。

三是类书和丛书的编纂。中国古代政府注重大型类书和丛书的编纂，《昭明文选》《永乐大典》《四库全书》是其中的代表作。《昭明文选》

---

[1] 梁启超：《读书指南》，新世界出版社2012年版，第138页。

是现存的最早一部汉族诗文总集,由南朝梁武帝的长子萧统组织文人共同编选。它选录了先秦至南朝梁代八九百年间、一百多个作者、七百余篇各种体裁的文学作品,大致划分为赋、诗、杂文三大类,又分为赋、诗、骚、七、诏、册、令、教等三十八小类。作为一部汉族文学作品的精粹选本,具有很高的历史价值和资料价值。《永乐大典》编撰于明朝永乐年间,初名《文献大成》,是中国百科全书式的文献集。全书两万两千九百三十七卷(目录占六十卷),一万一千零九十五册,约三亿七千万字,汇集了古今图书七八千种,显示了中国古代科学文化的光辉成就,《不列颠百科全书》在"百科全书"条目中称中国明代类书《永乐大典》为"世界有史以来最大的百科全书"。《四库全书》是在清朝乾隆皇帝的主持下,由纪昀等三百六十多位高官、学者编撰,三千八百多人抄写,耗时十三年编成。丛书分经、史、子、集四部,故名四库,共有三千五百多种书,七万九千卷,三万六千册,约八亿字,基本上囊括了中国古代所有图书,故称"全书"。《四库全书》保存了中国历代大量文献。所据底本中,有很多是珍贵善本,如宋元刻本或旧抄本;还有不少是失传很久的书籍,在修书时被重新发现;也有的是从古书中辑录出来的佚书,如从永乐大典中辑出的书有三百八十五种。《四库全书》的编纂,无论在古籍整理方法上,还是在辑佚、校勘、目录学等方面,都给后来的学术界以巨大的影响。这种政府编纂的大型丛书,对民族传统文化的传承极为重要。

3.注重传统文化人才的选拔

在中国古代,选官制度虽几经变化,但传统文化一直是选官的重要标准。先秦选官采用"世袭制",官职根据血缘关系世袭,但出类拔萃的官员也往往深谙传统礼乐文化。据《左传》《国语》等史书记载,尧、舜、禹、汤、文、武、周公等人的思想、留下的文化典籍都为当时统治者所重视。孔子说:"诵诗三百,授之以政,不达;使于四方,不能专对；虽多，亦奚以为。"(《论语·子路》)可看出当时官场对《诗经》等典籍的重视。《史记·孔子世家》记载："孔子以诗书礼乐教，弟子盖三千焉，身通六艺者七十有二人。"可见孔子是以传统文化教授弟子，而弟子大多学习成才，成为当时列国重视的人才。战国时期，有文化有才能的士阶层崛起，逐渐取代世袭贵族的地位。汉代选官采用"察举制"，选拔德才兼备者任官，特别选拔"秀才"和"孝廉"，所推举者是能够躬行传统美德、具有治国能力的人才，对传统文化的掌握情况是选取的重要标准。

隋唐以来，选官实行"科举制"，开始通过考试选拔官吏，儒家经义成为重要考试内容。宋真宗赵恒在《励学》中说"书中自有黄金屋""书中自有颜如玉""男儿欲遂平生志，五经勤向窗前读"。他鼓励人们通过读书获取功名，而读书也强调要读"五经"等传统文化经典。明清之后，科举制度更为完备，考试内容限定在"四书五经"以内，阐释解读必须参照朱熹的《四书集注》，这种情况一直延续到清末科举制度废除。在中国历史上，将对传统文化的掌握情况作为选拔官吏的重要标准，对传统文化的传承影响巨大。

中国古代之所以对传统文化如此尊重和守护，是因为古人始终认为传统文化是国家长治久安、社会和谐有序、文脉传承发展的精神基础。后人在传统文化中学习治国理政的智慧，培养为人处世的品质，汲取文艺创作的营养，乃至获得实现人生价值的资本。这些动机都激励着人们尊重和守护传统文化，传统文化也因此得到更好的传承。

（二）争鸣和交融是传统文化传承发展的重要动力

唯物辩证法认为，矛盾是事物发展的源泉和动力，也是事物保持活力的内在依据。文化作为由诸多文化要素有机构成的系统，其活力源于系统内部诸要素之间、系统与系统之间的矛盾运动。这种矛盾运动既表现为文化争鸣，即文化上对立的一面；又表现为文化交融，即文化上统一的一面。一种文化就是在不断的争鸣与交融中，保持着向前发展的动力和活力。中华文化几千年来生生不息，始终保持生机活力，正是由于传统文化的广泛争鸣与深度交融。

1.广泛的文化争鸣

所谓文化争鸣，是指不同文化形态间相互对立、相互排斥的过程。在中华文化发展史上，文化争鸣是广泛而持久的。

一是主次文化争鸣。纵观中华文化史，儒家文化居于主导地位，其他文化居于次要地位。但这种主导地位的确立，是经过长期的争鸣实现的。孔子创立儒家思想之后，就一直受到其他思想的挑战。这些挑战来自先秦墨家、道家、法家等思想和自秦汉以来佛学思想及其他思想。通过一次又一次与墨、法、道、释和其他思想的争鸣，儒家思想逐渐丰富和完善，成为中华民族古代社会的主导意识形态。习近平同志指出："儒家思想和中国历史上存在的其他学说既对立又统一，既相互竞争又相互借鉴，虽然儒家思想长期居于主导地位，但始终和其他学说处于和而不同的局面之中。"[1]

二是内外文化争鸣。中华文化从古至今，经历一个由小到大、由弱到强的过程，在这个过程中，中华文化内部系统与外部文化系统不断争鸣，在争鸣中逐渐发展壮大。最初，中华文化主要繁荣于黄河两岸的中原地区，在与周边其他民族和地区文化的争鸣中不断扩大影响。随着中华民族疆域的扩大和世界文化交流的推进，中华文化与世界其他文化，特别是印度文化、伊斯兰文化和西方文化也产生了广泛争鸣。

三是古今文化争鸣。中华文化发展过程中，还一直进行着古今争鸣。中华民族自强不息的精神和革故鼎新的理念，决定了文化上发生古

---

[1] 习近平：《在纪念孔子诞辰2565周年国际学术研讨会暨国际儒学联合会第五届会员大会开幕会上的讲话》，载《人民日报》，2014年9月24日，第2版。

今争鸣的必然性。在思想领域，孔子的儒家思想产生以后，后起的墨子、庄子、韩非子等思想家对孔子儒家思想进行了猛烈批判。在儒家思想内部，孔子之后，孟子、荀子、董仲舒、朱熹、王阳明等思想家也对儒家思想做了不同于前人的阐释。在文学领域，唐诗、宋词、元曲、明清小说等文学样式先后出现，产生了许多优秀作品。通过文化上的广泛争鸣，传统文化始终保持着发展的活力。

2. 深度的文化交融

所谓文化交融，是指文化上的融合和统一。文化争鸣是文化"异"的一面，文化交融是文化"同"的一面。文化争鸣的过程，往往也是文化的交融过程。

一是主次文化交融。儒家思想在传统文化中虽处于主导地位，但儒家思想也一直与其他思想进行着深度交融。先秦时期，儒、墨、道、法等诸子百家思想既广泛争鸣，又深度融合。《汉书·艺文志》评价诸子百家，"其言虽殊，辟犹水火，相灭亦相生也。仁之与义，敬之与和，相反而皆相成也"，说的正是诸子百家思想深度交融的一面。秦汉以来，"儒学在发展过程中，大量地吸收了佛教、道教的营养，不断充实自己的内容，完善自己的形式，从而保持了自己蓬勃的生命力。"[1]儒家思想与道家思想、佛学思想深度交融，甚至一度出现儒、释、道三教合流的文化现象。

二是内外文化交融。中华文化发展的过程，也是中华文化内部系统与外部文化系统不断深度融合的过程，张岱年认为："中国文化的主体和核心——华夏文化是在华、戎、狄、夷等部族的融合中诞生出来的。"[2]汉代佛教传入中国，魏晋南北朝之际北方少数民族文化大量传入中国，与中原地区的华夏文化产生激烈碰撞和融合。对中华文化来

---

[1] 冯天瑜、何晓明、周积明：《中华文化史》，上海人民出版社2015年版，第319页。
[2] 张岱年、程宜山：《中国文化精神》，北京大学出版社2015年版，第129页。

说，这既是一次冲击，也是一次机遇："野蛮但充满生气的北族精神，给高雅温文却因束缚于严格传统而冷淡僵硬的中国文化带来了新鲜空气。"内外文化的深度交融，给中华文化输入了新鲜血液。

三是古今文化交融。文化上的古今交融，表现为历史上某些时期文化上融合古今的现象。以古代文学为例，虽然一时代有一时代的文学，但后人的文学创作经常自觉地融合古今，纠正时弊，创造出新的文学作品，唐诗、宋词、元曲、唐宋散文、明清小说，每一代新的文学形式，都在融合古今。以《红楼梦》为例，它是创作于清代的章回体长篇小说，它在思想上融合前代儒、释、道等各家思想，文体上融合了前代诗歌、散文、戏曲等各种文体，艺术上借鉴了前代《西厢记》《金瓶梅》等文学经典，成为中国古代文学的集大成者。传统文化的深度交融，使它可以不断地博采各家之长，保持长久的生机活力。

文化争鸣与文化交融相互促进，文化争鸣使不同文化彰显出各自的特点，为文化交融提供前提；文化交融使不同文化相互吸收精华，为文化争鸣提供保障。在中华文化发展过程中，文化争鸣也促使传统文化系统始终保持发展的张力。文化交融则经常给传统文化系统输入来自于外部的、时代的新鲜血液，使传统文化经常以新的面貌获得发展。文化争鸣与文化交融共同使传统文化保持生机活力。

（三）继承和创新是传统文化传承发展的基本方式

传统文化"传"下去，有两种基本方式：一是保持原样地"传"下去，二是有所创新地"传"下去。也就是说，传统文化的持续传承，是通过文化继承和文化创新两种基本方式实现的。文化继承，侧重于"继"，是把传统文化特别是优秀传统文化"继"下来、"传"下去。文化创新，侧重于"新"，是通过对传统文化的创新发展，使传统文化以"新"面貌"传"下去。文化继承和文化创新是相辅相成的，没有文化继承，文化创新就缺少根本和源泉；没有文化创新，文化继承就失去了生机和活力。

1.继承传统文化

传统文化需要继承，是因为传统文化中一些核心内容，是该文化系统的基因和标志，如果改变或丢弃，这种文化就会发生性质变化，甚至有中断消亡的危险。中华文化在发展过程中，非常注重文化继承，特别是对传统文化中的核心内容根本性继承。中华文化的关键人物孔子，说他自己是"述而不作，信而好古"（《论语·述而》）。朱熹解释说："述，传旧而已；作，则创始也。"（《论语集注·述而》）也就是说，孔子对传统文化主要采用的是一种"继"下来、"传"下去的方式。孔子晚年整理修订六经，对《诗》《书》《礼》《乐》《易》《春秋》做了大量"述"的工作，对中华文化产生了深远影响。秦汉以来，知识分子对传统文化"述"的工作可谓持之以恒，汉代、唐代、清代的知识分子尤其重视文化典籍的整理和修订，也正因为如此，中国先秦乃至后世历代的重要文化典籍，才能够原汁原味地保存至今。不仅是文化典籍，中华民族对传统文化中的民族精神、治国理念、传统美德、文学艺术、历史经验、思维方式、语言文字、民俗节日、饮食服饰等，都进行了一以贯之的继承。例如，热爱祖国、自强不息等民族精神，"民为贵""为政以德"等治国理念，仁爱、诚信等传统美德，春节、端午、中秋等民族节日，这些都被很好地继承了下来。传统文化的继承，既使中华文化绵延不绝，也给中华民族带来深厚的文化营养和持久的文化动力。

2.创新传统文化

与文化继承相结合，文化创新也是传统文化持续传承的重要方式。在传统文化传承过程中，完全保持原样地继承几乎是不可能的。传统文化需要创新，因为时代一直在"变"，文化必须因时而变、推陈出新，否则就难以为继。以儒家思想为例，作为中华文化中处主导地位的思想，其本身的传承，也是继承和创新相结合的过程。张岱年指出："儒家既不是什么纯而又纯、铁板一块，在一切问题上都始终一贯的系统，也不是毫无脉络可寻的仅仅在名义上统一的一盘散沙，而是一个既有相对稳定结构，又有丰富复杂内容的在历史进程中不断演化的系统。"[1]儒家思想创立之后，随即就受到来自墨家、道家、法家等思想的挑战，秦汉以来又受到道教、佛教等思想的挑战。儒家思想为了生存和发展，进行了一系列创新。战国时期的孟子和荀子，汉代的董仲舒，宋代的"二程"和朱熹，明代的王阳明，都对前代儒学思想进行了创新性的阐释和发展，儒学也先后经历了先秦儒学、两汉经学、宋明理学、陆王心学、清代朴学等不同发展阶段。习近平同志指出："儒家思想和中国历史上存在的其他学说都是与时迁移、应物变化的，都是顺应中国社会发展和时代前进的要求而不断发展更新的，因而具有长久的生命力。"[2]传统文化的创新，不仅发生在思想领域，而且发生在语言文字、文学艺术、伦理道德、制度礼仪等其他文化领域，中国古代的语言、文学、书法、绘画、建筑、戏曲、制度等，都出现了不同程度的创新。这种持续的文化创新，使中华文化得到了更好的传承。

总结来说，传统文化的传承，首先，需要后人对传统文化的尊重和守护，通过态度上的尊重和行动上的守护，使传统文化绵延不绝。其次，也需要人们在传承传统文化过程中，注重文化的争鸣和交融，保持传统文化的生机和活力。再次，人们只有既注重继承，也注重创新，两者有机结合，才能使传统文化得到持续传承。

---

[1] 张岱年、程宜山：《中国文化精神》，北京大学出版社2015年版，第112页。
[2] 习近平：《在纪念孔子诞辰2565周年国际学术研讨会暨国际儒学联合会第五届会员大会开幕会上的讲话》，载《人民日报》，2014年9月24日，第2版。

二、传承发展中华优秀传统文化的历史教训

中华优秀传统文化在发展过程中,保持持续发展、取得辉煌成就的同时,也经历过许多坎坷曲折,甚至遭遇过巨大危机,其中有许多深刻教训值得总结和汲取。

(一)文化结构失衡产生文化危机

从文化系统性角度看,一种文化是由诸多文化要素组合而成的有机体。其中,文化要素有主次之分,如果主次文化要素地位恰当、组合合理,文化就有活力;反之,就会导致文化结构失衡,进而导致文化僵化。文化结构失衡,有时是因为过于强调主导文化要素,而损害其他文化要素;有时则是因为主导文化要素地位缺失,从而丧失了文化的根本和灵魂。这两种情况,都会致使传统文化在传承时出现严重问题。

1.文化独尊造成的文化危机

在一定历史时期,确定一种稳定的主导文化,既利于社会发展,也利于文化发展。但这种主导文化的确立,不应以排斥其他文化为基础。文化上的独尊,乃至文化上的专制,往往会对文化的发展造成严重伤害。在中国历史上,文化独尊甚至文化专制时有发生,而其危害也是深远而巨大的。

秦帝国建立后,文化上实行独尊和专制,尊崇法家思想为唯一合法思想,甚至实行"焚书坑儒"的文化政策,既极大破坏了中华文化,也对秦帝国造成致命伤害。秦朝建立后,博士齐人淳于越反对当时实行

的"郡县制",要求根据古制,分封子弟。丞相李斯加以驳斥,并主张禁止百姓以古非今,以私学诽谤朝政。李斯建议:"臣请史官非秦记皆烧之。非博士官所职,天下敢有藏诗、书、百家语者,悉诣守、尉杂烧之。有敢偶语诗书者弃市。以古非今者族。吏见知不举者与同罪。令下三十日不烧,黥为城旦。所不去者,医药卜筮种树之书。若欲有学法令,以吏为师。"(《史记·秦始皇本纪》)秦始皇采纳了他的意见,实行"焚书"政策。秦始皇又"使御史悉案问诸生,诸生传相告引,乃自除犯禁者四百六十余人,皆坑之咸阳,使天下知之,以惩后"(《史记·秦始皇本纪》),这就是著名的"坑儒"。秦朝推行"焚书坑儒"的文化政策,造成严重后果,"及至秦之季世,焚诗书,坑术士,六艺从此缺焉"(《史记·儒林列传》)。

秦灭汉兴,黄老学说盛极一时。到汉武帝时,儒学还是兴盛。董仲舒向汉武帝建议:"今师异道,人异论,百家殊方,指意不同,是以上亡以持一统;法制数变,下不知所守。臣愚以为诸不在六艺之科孔子之术者,皆绝其道,勿使并进。邪辟之说灭息,然后统纪可一而法度可明,民知所从矣。"(《汉书·董仲舒传》)汉武帝采纳了他意见,史书记载:"自武帝初立,魏其、武安侯为相而隆儒矣。及仲舒对策,推明孔氏,抑黜百家。"(《汉书·董仲舒传》)汉武帝实行"罢黜百家,表章《六经》"(《汉书·武帝纪》)的文化政策,确立了儒家思想的主导地位。但此后儒学也并未成为绝对排斥其他学说唯一思想,汉宣帝曾告诫太子:"汉家自有制度,本以霸王道杂之,奈何纯任德教,用周政乎!且俗儒不达时宜,好是古非今,使人眩于名实,不知所守,何足委任?"(《汉书·元帝纪》)因此,在很长一段时间里,儒家思想与其他多元文化争鸣交融,主导文化与多元文化相得益彰,保持了文化的长期繁荣。

明清以来,在所有思想中独尊儒家思想,在儒家思想中又独尊程朱理学,使主导文化地位越来突出,其他文化地位越来越降低,从而使中华文化发展进入狭窄而僵化的境地。在明代,一些反思批判儒学、反思批判程朱理学的思想家，如何心隐、李贽等被斥为"异端"，甚至被迫害致死。在清代，文化上实行专制，且大兴"文字狱"。"文字狱"历朝都有，汉朝杨恽因《报孙会宗书》被杀，三国嵇康因《与山巨源绝交书》被杀。但"文字狱"在明清，尤其是清朝初年最为残酷暴虐，其中较著名的有康熙年间的"庄廷鑨之狱""戴名世之狱"，雍正年间的"吕留良曾静之狱"，乾隆年间的"胡中藻之狱"等。清代皇帝大施文字狱，目的在于压制汉族人的民族独立反抗意识，树立清朝统治者的权威，制造"避席畏闻文字狱"的恐怖氛围，导致文化上"万马齐喑"，思想文化变得越发僵化落后。对于清朝实行的文化专制现象，鲁迅评论说："文字狱不过是消极的一方面，积极的一面，则如《钦定四库全书》，于汉人的著作，无不加以取舍，所取的书，凡有涉及金元之处者，又大抵加以修改，作为定本。此外，对于'七经'、'二十四史'、《通鉴》、文士的诗文、和尚的语录，也都不肯放过，不是鉴定，便是评选，文苑中实在没有不被蹂躏的处所了。"[1]

中国历史上，文化的发展呈现这样一种现象，即主导文化被恰当定位的时候，文化比较繁荣，如先秦文化和唐宋文化；主导文化被过度强调的时候，文化发展比较僵化，如秦代文化和明清文化。总之，中国历史上文化独尊乃至文化专制造成的文化伤害是巨大的。

2.文化迷失造成的文化危机

在相当长时间内，中华文化以儒家思想为主导，主导文化与多元文化相得益彰，文化上取得了巨大成就。但也有一个历史现象值得注意，就是当儒家思想的主导地位受到猛烈冲击和严重削弱时，中华文化的发展也会出现动荡，甚至出现文化迷失现象。文化迷失是文化失去根本和灵魂，不利于文化的发展。

西汉"独尊儒术"以来，儒家思想主导地位第一次受到严重冲击，

---

[1]《鲁迅全集》(第六卷)，人民文学出版社2005年版，第59页。

这源于魏晋南北朝之后的佛教盛行。佛教从汉代传入中国，经过长期发展，在南北朝盛极一时。据《洛阳伽蓝记》记载，仅北魏都城洛阳，佛寺就多达一千三百多座。南朝佛教也非常盛行，唐代杜牧曾用"南朝四百八十寺，多少楼台烟雨中"（杜牧《江南春》）来形容当时的盛况。南朝梁武帝萧衍建国初期重视儒家思想，但老年后从儒家转向了佛家，还几次入寺庙做了和尚，当住持讲经书，佛学因此大盛。史书描写当时佛教繁荣的盛况："都下佛寺五百余所，穷极宏丽。僧尼十余万，资产丰沃。所在郡县，不可胜言。道人又有白徒，尼则皆畜养女，皆不贯人籍，天下户口几亡其半。"（《南史·郭祖深传》）唐朝佛教也非常盛行。唐宪宗元和年间，宪宗亲迎佛骨，以示对佛教的尊崇。韩愈描写了当时的情况，民众"焚顶烧指，百十为群，解衣散钱，自朝至暮，转相仿效，惟恐后时，老少奔波，弃其业次"（韩愈《论佛骨表》）。韩愈上书谏止，结果被贬为潮州刺史。佛教的盛行，虽然给中华文化注入新鲜血液，但它危及了儒家思想的主导地位，造成了严重的文化迷失，甚至危及了国家政权的稳固，以致发生了"三武一宗灭佛"的文化悲剧。

儒家思想主导地位第二次受到严重冲击源于近代以来的西学东渐。近代以来，西方列强用坚船利炮敲开中国大门，西方文化汹涌而入。在中西文化激烈碰撞中，儒家思想的历史作用受到质疑和批判，其主导地位也受到挑战和削弱。因此在很长一段时间内，中华文化缺乏一种稳定的主导文化，这就造成了文化上的迷失。迷失表现为文化发展上的一系列极端观点和现象，如"全盘西化""打倒孔家店""废除汉字"等。胡适针对当时中国面临的文化问题，率先提出了"全盘西化"的主张，在当时影响很大。他指出："数百年来自由选择自由拒绝世界文化的阶段已经过去了，目前是必须要我们在两个中间挑选一个。"[1]"所以我主张全盘的西化，一心一意地走上世界化的路。"[2]蒋廷黼也指出："近百年

---

[1] 胡适:《还他一个"不过如此"：谈国故与文明》，新世界出版社2013年版，第226页。
[2] 胡适:《中国文化的反省》，华东师范大学出版社2013年版，第310页。

的中华民族根本只有一个问题,那就是:中国人能近代化吗?能赶上西洋人吗?能利用科学和机械吗?能废除我们家族和家乡观念而组织一个近代的民族国家吗?"[1]解答这个问题,必须"全盘西化":"半新半旧是不中用的。换句话说:我国到了近代要图生存非全盘接受西洋文化不可。"[2]鲁迅甚至提醒中国青年:"我以为要少——或者竟不——看中国书,多看外国书。"这些现在看来非常极端的观点,都是旧的主导文化崩塌、新的主导文化缺位造成的迷失现象。近代以来的文化迷失现象,对传统文化造成了巨大伤害。

文化独尊和文化迷失,是文化结构失衡的两个极端。前者过度强调主导文化地位,窒息了多元文化的发展,最终也伤害了主导文化自身。后者削弱否定主导文化地位,使多元文化发展失去了根本和灵魂,从而对文化造成伤害。中华文化史上的文化独尊和文化迷失现象,给我们传承传统文化以深刻启示。

(二)文化关系失当导致文化落后

文化既有时代性,又有民族性。因此,不同文化之间既存在古今关系,即传统与时代的关系;又存在内外关系,即本来与外来的关系。传统文化既是一种"古"文化,也是一种"内"文化,传承传统文化必然要处理文化的古今关系和内外关系。这个两种关系处理得当,文化就能发展;反之,文化就会落后。在中国文化史上,文化上保守和排外的偏见往往导致文化的落后。

1.文化保守导致的文化落后

对传统文化的尊重与守护,是中华文脉连绵不绝的重要原因。但在

---

[1] 蒋廷黻:《中国近代史》,中华书局2016年版,第2页。
[2] 蒋廷黻:《中国近代史》,中华书局2016年版,第61页。

处理传统与时代的关系时，如果过分强调传统、忽略时代，在文化上过于保守，就容易造成文化的落后。中国历史上出现过多次大的古今之争，而当文化保守派抱残守缺、顽固守旧时，就会阻碍文化的进步和社会的进步。战国初期，秦孝公任用商鞅变法图强，不仅在政治、经济和军事领域进行深刻变革，更是在思想文化领域进行革故鼎新。商鞅变法伊始就受到文化保守势力的反对，反对者声称："圣人不易民而教，知者不变法而治。""法古无过，循礼无邪。"（《史记·商君列传》）商鞅变法虽然艰难推进，但商鞅本人却遭到保守势力的迫害。商鞅变法之后，历代推行变法或新政总会受到文化保守势力的阻碍，如北魏孝文帝改革、王安石变法、张居正改革等。

文化古今之争最为激烈、文化保守势力最为顽固的情况发生在近代。鸦片战争之后，传统文化受到近代文化的强烈冲击，也就是"古"文化受到了"今"文化的冲击。一方面，一些有识之士认为落后的传统文化必须代之以先进的近代文化，不如此中国就不能进步。另一方面，一些传统文化的保守者，以保卫传统文化为己任，认为丢弃传统文化就会亡国灭种。在洋务运动中，洋务派要推行天文算学教育，当时理学领袖倭仁就强烈反对："窃闻立国之道，尚礼义不尚权谋；根本之图在人心，不在技艺。今求之一艺之末而又奉夷人为师，无论夷人诡谲，未必传其精巧，即使教者诚教，学者诚学，所成就者不过术数之士。古今来未闻有恃术数而能起衰振弱者也。"在戊戌变法过程中，保守派指斥维新派败坏祖宗之法和中国伦常："变夷之议，始于言技，继之以言政，益之以言教，而君臣父子夫妇之纲，荡然尽矣。"[1]极端的文化保守态度阻碍了中国文化的进步和社会的进步。鲁迅说："可惜中国太难改变了，即使搬动一张桌子，改装一个火炉，几乎也要血；而且即使有了血，也未必一定能搬动，能改装。不是很大的鞭子打在

---

[1] 转引自陈旭麓：《近代中国社会的新陈代谢》，中国人民大学出版社2012年版，第177页。

背上，中国自己是不肯动弹的。"[1]在这种激烈的古今之争、顽固的文化守旧中，洋务运动、戊戌变法、辛亥革命相继失败，中国的近代化之路障碍重重。文化的古今之争，有厚古薄今、厚今薄古两种倾向，它们都不利于文化进步，但厚古薄今的文化保守倾向在中国文化史上产生的负面影响尤其巨大。

2.文化排外导致的文化落后

从起源看，中华文化是中原华夏文化和周边各民族文化乃至世界其他文化长期争鸣交融的产物，但在相当长时间里，华夏文化处于领先和主导地位。华夏民族对自身文化非常自信和自豪，《左传》上说："裔不谋夏，夷不乱华。"孔颖达对此解释说："中国有礼仪之大，故称夏；有服章之美，谓之华。"（《春秋左传正义·定公十年》）相反，华夏民族对"夷狄"文化非常鄙视。孔子说："夷狄之有君，不如诸夏之亡也。"（《论语·八佾》）孟子说："吾闻用夏变夷者，未闻变于夷者也。"（《孟子·滕文公上》）基于此，中国古代就有了所谓的"夷夏之辨"。冯友兰认为："在传统上，中国人与外人即'夷狄'的区别，其意义着重在文化上，不在种族上。"[2]可见"夷夏之辨"不是一种种族歧视，而是一种文化歧视，它认为"华夏"文化与"夷狄"文化之间存在优劣差别，应防止用"夷"变"夏"。孔子、孟子都是"夷夏之辨"支持者，视"披发左衽""南蛮𫚖舌"的夷狄文化为低等文化。虽然有"夷夏之辨"，中华文化依然具有较强的包容性，特别是汉唐时期大量吸收了周边少数民族的文化和世界其他文化。但也有一些时期，人们对"夷夏之辨"极为敏感，甚至盲目排外。

明末清初，西方文化随利玛窦、汤若望、南怀仁等传教士传入中国，中国获得了一次学习西方、赶上西方的绝佳机会。但以杨光先为代

---

[1]《鲁迅全集》（第一卷），人民文学出版社2005年版，第171页。
[2] 冯友兰：《中国哲学简史》，北京大学出版社2013年，第305页。

表的中国士大夫，严守"夷夏之辨"，拒斥西方文化。在拒斥西洋历法时，杨光先说："宁可使中夏无好历法，不可使中夏有西洋人。"（杨光先《日食天象验》）中国严守"夷夏之辨"，关闭了内外文化交流的大门。鸦片战争之后，西方用武力打开中国大门，西方文化再次传入中国。中国知识阶层的许多人仍不识时务、盲目排外，阻挠"师夷长技以制夷"的洋务运动，阻挠"救亡图存"的戊戌变法，使中国的近代化步伐极为艰难。与此同时，西方列强的侵略激起了中国人民的强烈愤慨和奋起抵抗。在反抗列强侵略过程中，文化上的排外情绪被大大激化了。19世纪和20世纪之交，中国爆发了阻止帝国主义瓜分中国的义和团运动。在义和团运动中，"深沉的爱国主义情感是同植根于自然经济的保守意识连在一起，抵御外侮的强烈愿望是同陈旧的天朝观念和华夷之见连在一起的"[1]。义和团"最恶洋货，如洋灯，洋磁盆，见即怒不可遏，必毁而后快""闲游市中，见有售洋货者，或紧衣窄袖者，或物仿洋式，或上有洋字者，皆毁物杀人"[2]。这种不分青红皂白的排外情绪，也酿成了历史的苦果，至今值得回味和反思。历史证明，近代的文化排外不仅没有使传统文化得到很好的传承和弘扬，反而使传统文化更加落后和僵化。

古今之争是文化时代性的争论，夷夏之辨是文化民族性的争论，但这二者又经常交织一起。例如，在近代文化争论中，中国自身的传统文化既是一种"古"文化，也是一种"夏"文化；而西方文化既是一种"今"文化，也是一种"夷"文化。因此，在中国近代，传统文化与西方文化的冲突，既是古今之争，也是夷夏之辨。但不管怎样，在文化古今之争和夷夏之辨的区分中，极端保守和盲目排外的偏见，必然会造成文化的落后。

---

[1] 陈旭麓：《近代中国社会的新陈代谢》，中国人民大学出版社2012年版，第193页。
[2] 陈旭麓：《近代中国社会的新陈代谢》，中国人民大学出版社2012年版，第188页。

（三）文化定位失度造成文化破坏

文化独尊或文化迷失，文化保守或文化排外，反映了人们对传统文化作用的定位失度。毋庸置疑，传统文化有其正面作用，也有其负面危害，但对其作用和危害都应理性认识、恰当定位，如果定位失度，就会产生文化走极端的倾向。如果过度夸大传统文化的作用，就会产生厚古薄今、盲目排外的倾向；相反，如果过度贬低传统文化的作用，就会滑向厚今薄古、崇洋媚外的极端。同样，对传统文化危害的定位失度，同样会对传统文化造成破坏。

1.传统文化作用的定位失度

传统文化有重要作用，这是毫无疑问的，也是被历史反复证明的。但传统文化到底有多大作用，却时常成为人们争论的焦点，而夸大或贬低传统文化作用的情况时有发生。夸大或贬低的失度，往往会破坏传统文化。特别是近代以来，在古今文化、中西文化的冲突中，这种失度表现得尤其明显。

在夸大传统文化作用方面，晚清时期的士大夫普遍具有这种倾向。他们饱读传统经典、深明孔孟之道，认为只有传统文化才能使中国在千年变局中化险为夷。以洋务运动为例，保守派高呼"立国之道，尚礼仪不尚权谋；根本之图在人心，不在技艺"，认为只有传统文化才能救国。洋务运动推动者，虽然也认为"以忠信为甲胄、礼义为干橹"不切实际，应该"师夷长技以制夷"，但"他们觉得中国的政治制度及立国精神是至善至美，无须学西洋的"[1]，也是明显夸大了传统文化的作用。虽程度有所不同，但洋务运动的支持者和反对者都夸大了传统文化的作用，这场运动的失败就在所难免了。

---

[1] 蒋廷黻：《中国近代史》，中华书局2016年版，第62页。

在贬低传统文化作用方面，清末民初的知识分子的表现更为典型。鸦片战争之后中国在军事上一败再败，洋务运动、戊戌变法、辛亥革命等救国图存运动无一成功，这就使当时的知识分子将反思批判的矛头对准了传统文化。当时的许多知识分子普遍认为，传统文化已经失去了富国强兵、治国安民的作用，要使中国走出困境非引入西方文化不可，"全盘西化""打倒孔家店""废除汉字"的主张一时甚嚣尘上。当时对传统文化的反思和批判自有进步意义，但这种贬低传统文化作用的倾向，使得传统文化的地位一降再降。

2.传统文化危害的定位失度

明清以来，传统文化阻碍社会进步，产生巨大危害，这是毋庸置疑的。但对传统文化的危害如何定位，近代以来也出现了不小偏差。夸大危害的有之，忽视危害的亦有之，这两种倾向都对传统文化造成了破坏。

在夸大传统文化危害方面，五四时期的知识分子表现得最为激烈。在新文化运动中，一些知识分子向传统文化发动了猛烈攻击。易白沙指出："孔子尊君权，漫无限制，易演成独夫专制之弊。孔子讲学不许问难，易演成思想专制之弊。"[1] 吴虞指出："孔二先生的礼教讲到极点，就是非杀人吃人不成功，真是惨酷极了。"[2] 钱玄同提出："欲废孔学，不可不先废汉文。"[3] 当时的知识分子之所以把矛头对准孔子，是因为他们认为孔子代表了传统文化，"打倒孔家店"就意味着打倒传统文化。今天看来，他们显然严重夸大了传统文化的危害。他们的偏颇在于以偏概全，把小的危害夸大，从而全盘否定传统文化。如果彻底否定了孔子，废除了汉字，中华文化也就失去了根本和灵魂。

---

[1] 冯天瑜、何晓明、周积明：《中华文化史》，上海人民出版社2015年版，第700页。
[2] 冯天瑜、何晓明、周积明：《中华文化史》，上海人民出版社2015年版，第701页。
[3] 冯天瑜、何晓明、周积明：《中华文化史》，上海人民出版社2015年版，第703页。

与夸大传统文化危害相反，也有一些忽视传统文化危害的现象。20世纪80年代以来，中国经济实现腾飞和综合国力得以提升，但在经济提升的同时出现了道德滑坡现象，许多人逐渐忽视了传统文化给中国近代发展所造成的障碍，认为传统文化特别是传统道德可以解决中国当代的许多问题。近几年，社会上甚至一度流行"女德班"之类的培训机构。

传统文化到底有多大作用、什么作用，有多大危害、什么危害，是一个值得认真对待问题。对其准确认识、恰当定位，既有利于发挥传统的文化作用，也有利于规避传统文化弊端。反之，如果认识模糊、定位失度，就会对传统文化造成破坏。

前事不忘，后事之师。中华文化五千年跌宕起伏的历史，给后人留下许多经验和教训。在实现中华民族伟大复兴的新的视野下，要实现中华优秀传统文化的当代价值，需要我们认真总结和汲取历史经验教训。

第四章　传承发展中华优秀传统文化的历史条件

在人类文化史上，文化是通过有升有降的波浪式发展向前推进的。钱穆指出："任何一种文化都由曲线前进，有时上升，有时下降，只看历史上各时期之治乱兴衰，便可见其文化进退升沉之大概。"[1]就各民族的传统文化来说，有的传统文化实现了复兴，有的传统文化消泯无闻，其原因往往与其所面对的历史环境相关，"文运同国运相牵，文脉同国脉相连"[2]，近代以来，西方列强用坚船利炮打开中国大门，中国被卷入世界现代化大潮，中华文化也不可避免地走上了现代化之路。中华优秀传统文化传承发展的过程，也是中华文化逐步实现现代化的过程，而这个过程与中华民族的现代化过程同频共振。在中国现代化的历史进程中，内忧外患接连不断，中西文化激烈交锋，中华文化向现代化艰难转型，中华优秀传统文化的传承发展过程也曲折坎坷。当前，世界多极化、经济全球化深入发展，文化多样化、社会信息化持续推进，传承发展中华优秀传统文化既面临难得的时代机遇，也面临巨大的现实挑战。

---

[1]　钱穆：《中华文化十二讲》，九州出版社2012年版，第71页。
[2]　习近平：《在中国文联十大、中国作协九大开幕式上的讲话》，载《人民日报》，2016年12月1日，第2版。

一、传承发展中华优秀传统文化的近代历程

现代化理论研究的著名学者罗荣渠认为,世界各国的现代化进程有两种类型:一种是内源的现代化,一种是外源或外诱的现代化。外源的现代化"是在国际环境影响下,社会受外部冲击而引起内部的思想和政治变革并进而推动经济变革的道路"[1]。中国的现代化之路,是在鸦片战争之后列强坚船利炮的逼迫下开启的,是在内忧外患的交织中推进的,中华文化的现代化也是在西方文化的冲击下艰难起步的。"大体而言,一个国家(社会)的历史与文化传统愈是深厚,愈是自成体系,现代化变革遇到的阻力就愈大,传统与变革的冲突就愈剧烈,在变革过程中出现的延误、扭曲与变异性也愈加突出。"[2] 从鸦片战争到中国特色的社会主义,中华文化的现代化在延误、扭曲与变异中前进,中华优秀传统文化的传承发展也经历了艰难转型、狂飙突进、探索前进和创新发展四个阶段。

(一)艰难转型

从鸦片战争到五四运动,是中华优秀传统文化传承发展的第一阶段。19世纪中叶,西方的坚船利炮打开了中国大门,西方文化汹涌而入。在西学东渐的浪潮中,中华文化遇到了强劲挑战,胡适曾形容中华文化如"败叶之遇疾风,无往而不败衄"。可以说,在"数千年未有之大变局"中,中华文化开始走上现代化道路,但这条道路从一开始就显

---

[1] 罗荣渠:《现代化新论》,商务印书馆2004年版,第131页。
[2] 罗荣渠:《现代化新论》,商务印书馆2004年版,第531页。

得异常艰难。

清末，一些有识之士开始"开眼看世界"，主张"师夷长技"，学习西方先进文化。1840年鸦片战争轰开了中国的大门，给中华民族带来深重灾难和屈辱的同时，也为中国走向现代化开启了一扇窗，使国人得以认识和接触西方先进工业文明。最早"开眼看世界"的是林则徐、魏源等开明之士。为了"洞悉夷情"，林则徐在鸦片战争前后令人翻译英国商人主办的《广州周报》《广州纪事报》等刊物，翻译西方作品《世界地理大全》《各国律例》，编成《四洲志》，开始了解西方文化。魏源完成了五十卷本的《海国图志》，承认西方物质文明的先进性，表现出学习西方、赶超西方的开放胸襟。其后，中国大规模"师夷长技"，开展了轰轰烈烈的"洋务运动"。19世纪末康有为、梁启超等人又发动了"戊戌变法"，不断推动中华文化的现代化转型。

在这一阶段，对于如何处理中西文化关系的问题，出现了"中体西用"的主张："夫中西学问，本自互有得失，为华人计，宜以中学为体，西学为用。"[1]著名的洋务派张之洞在《劝学》中对"中学为体，西学为用"的思想做了解释、论证，他主张："新旧兼学，'四书五经'、中国史事、政书、地图为旧学；西政、西艺、西史为新学，旧学为体，新学为用。"虽然这种主张出现在19世纪末，但它是19世纪后半期的时代思潮，当时的各派知识分子，差不多都赞成此论或受其影响。对于"中体西用"的出现，历史学家陈旭麓指出："那个时候的中国，天下滔滔，多的是泥古而顽梗的士人，在封建主义充斥的天地里，欲破启锢闭，引入若干资本主义文化，除了'中体西用'还不可能提出另一种更好的宗旨。"[2]由于这种主张并没有使中国传统文化脱胎换骨，也没有因此抵挡住西方列强的武力和思想的入侵，因此从一开始就受到质疑。但在林则徐、魏源、曾国藩、张之洞、康有为、梁启超、严复、孙中山等有识

---

[1] 张岱年、程宜山：《中国文化精神》，北京大学出版社2015年版，第247页。
[2] 陈旭麓：《近代中国社会的新陈代谢》，中国人民大学出版社2012年版，第114页。

之士的不断推动下，中国的现代化缓慢推进，文化现代化也艰难地向前推进。

在有识之士大力推动现代化之际，文化的现代化之路遭到了文化保守论者的顽强阻碍。文化保守论的主张古已有之。早在清初，因为历法问题就引起了中外文化之争，当时有人主张："宁可使中夏无好历法，不可使中夏有西洋人。"（杨光先《日食天象验》）鸦片战争之后，中国在外力的压迫下，一批开明士大夫主张"师夷长技"，学习西方先进科技乃至思想文化，发起了"洋务运动"，但学习西方的主张随即遭到顽固派的强烈反对和批判。例如，洋务派要推行天文算学教育，当时理学领袖倭仁就反对说："窃闻立国之道，尚礼义不尚权谋；根本之图在人心，不在技艺。今求之一艺之末而又奉夷人为师，无论夷人诡谲，未必传其精巧，即使教者诚教，学者诚学，所成就者不过术数之士。古今来未闻有恃术数而能起衰振弱者也。"[1]郭嵩焘出使英法，大学者王闿运写对联讽刺他："出乎其类，拔乎其萃，不容于尧舜之世。未能事人，焉能事鬼，何必去父母之邦。"[2]洋务运动代表人物李鸿章批评说："中国士大夫沉浸于章句小楷之积习，武夫悍卒又多粗蠢而不加细心，以致用非所学，学非所用。无事则斥外国之利器为奇技淫巧，以为不必学，有事则惊外国之利器为变怪神奇，以为不能学。"[3]"无事袖手谈心性，临危一死报君王。"在中国现代化的历程中，文化保守主义者的主张成为文化现代化的强大障碍。

（二）狂飙突进

从五四运动到新中国的成立，是中华优秀传统文化传承发展的第二

---

[1] 蒋廷黻：《中国近代史》，中华书局2016年版，第65页。
[2] 蒋廷黻：《中国近代史》，中华书局2016年版，第67页。
[3] 蒋廷黻：《中国近代史》，中华书局2016年版，第56页。

个阶段。梁启超曾将近代中国学习西方文化的进程分为三期:"第一期,先从器物上感觉不足","第二期,是从制度上感觉不足","第三期,便是从文化根本上感觉不足"。[1]鸦片战争以后,中国先后发动了"洋务运动""太平天国运动""戊戌变法"等民族救亡图存运动,但都先后失败了。辛亥革命推翻了帝制,但中国并没有实现独立和富强,国家更加分裂动荡。这一连串的失败,使中国人认识到只有"器物上"和"制度上"的现代化远远不够,还必须推进文化上的"现代化"。1915年陈独秀创办《新青年》,1919年北京青年学生发动了"五四运动",文化上的狂飙突进成为时代特征。陈独秀在《"新青年"罪案之答辩书》中赞颂德先生(民主)和赛先生(科学),主张用民主取代专制,用科学扫荡迷信。在这一时期,民主和科学成为最鲜明的时代口号,以孔子为代表的传统文化成为批判的对象。鲁迅借"狂人"之口批判传统文化:"我翻开历史一查,这历史没有年代,歪歪斜斜的每页上都写着'仁义道德'几个字。我横竖睡不着,仔细看了半夜,才从字缝里看出字来,满本都写着两个字是'吃人'!"他还指出:"没有冲破一切传统思想和手法的闯将,中国是不会有真的新文艺的。"[2]李大钊也指出:"余谓孔子为数千年前之残骸枯骨。""余谓孔子为历代帝王专制之护符。"[3]"打倒孔家店"实质上是对中国几千年的传统的意识形态和思想体系的空前批判和否定。

不破不立,破旧迎新。在知识界"打倒孔家店"的同时,"全盘西化"的主张也被提了出来,较早提出这一主张的代表人物是胡适。胡适在1929年上海出版的《基督教年鉴》上发表的《今日中国的文化冲突》一文中,明确提出了"全盘西化"和"充分现代化"的口号。对于当时中国所面临的文化问题,他认为中国必须在中西文化中做出选择:"数百年来自由选择自由拒绝世界文化的阶段已经过去了,目前是必须要我们

---

[1] 梁启超:《梁启超文集》,北京燕山出版社1997年版,第450—451页。
[2] 《鲁迅全集》(第一卷),人民文学出版社2005年版,第255页。
[3] 《李大钊文集》(上),人民出版社1984年版,第263、264页。

在两个中间挑选一个。"[1]而他认为中国最佳选择就是"全盘西化":所以我主张全盘的西化,一心一意地走上世界化的路。蒋廷黻也是"全盘西化"论者,他在《中国近代史》中提出了有名的"蒋廷黻之问":"近百年的中华民族根本只有一个问题,那就是:中国人能近代化吗?能赶上西洋人吗?能利用科学和机械吗?能废除我们家族和家乡观念而组织一个近代的民族国家吗?"[2]"半新半旧是不中用的。换句话说:我们到了近代要图生存非全盘接受西洋文化不可。"[3]历史证明,"全盘西化"并不能真正使中华优秀传统文化实现现代化。毛泽东同志曾经评价"全盘西化"的主张说:"所谓'全盘西化'的主张,乃是一种错误的观点。形式主义地吸收外国的东西,在中国过去是吃过大亏的。"[4]

新文化运动,"第一次全面地、猛烈地、直接地抨击了孔子和传统道德,第一次大规模地、公开地激烈地反对传统文艺,强调必须以口头语言(白话)来进行创作。""这在中国数千年的文化史上是划时代的。如此激烈否定传统、追求全盘西化,在近现代世界史上也是极为少见的。"[5]而新文化运动的那些主将,又都是贯通中西的饱学之士,表面上高举"打倒孔家店"的反传统旗帜,实质上却无法离开他们立足的中华文化。以鲁迅为例,鲁迅在"五四"时期以其入木三分的现代小说和横扫千军的杂文,对传统文化特别是传统道德进行了激烈的批判。然而,他从未对中华民族失去信心,不仅深入研究中华文化,创作了《中国小说史略》《汉文学史纲要》等学术作品;而且如中华民族历史上那些敢于担当的民族英雄一样,担当起了民族振兴的重任,这无疑是民族精神在现代的延续。一些学者评价鲁迅说:"感受他的人生整体,让我们感到他不仅没有离开中华文化,而且还体现了中华文化的精髓和魂

---

[1] 胡适:《还他一个"不过如此":谈国故与文明》,新世界出版社2013年版,第226页。
[2] 蒋廷黻:《中国近代史》,中华书局2016年版,第2页。
[3] 蒋廷黻:《中国近代史》,中华书局2016年版,第61页。
[4] 《毛泽东选集》(第二卷),人民出版社1991年版,第707页。
[5] 李泽厚:《中国思想史论》,安徽文艺出版社1999年版,第824页。

魄。"[1]不仅仅是鲁迅,"五四那些急进反传统的人恰恰是深受儒家和传统影响的人,他们才是传统的真正继承者。"[2]

在这一阶段,中华优秀传统文化现代化的步伐大大加快,封建礼教思想受到深刻批判,民主和科学的思想得以弘扬。特别是十月革命后马克思主义传入中国,早期共产党人和一些先进知识分子开始用马克思主义分析中华优秀传统文化,为中华文化的现代化之路找到了新的思想武器。

(三)探索前进

从新中国的成立到改革开放前这段时期,是中华优秀传统文化传承发展的第三个阶段。1949年,新中国建立了。百年屈辱和失败一扫而尽,民族自信力和民族凝聚力空前强大,这些都转化为民族振兴和现代化的伟大动力。中国的现代化开始有了相对和平稳定的内外环境,人们对中华优秀传统文化的认识也更为深化。

早在新中国成立前,中国共产党人关于中华优秀传统文化的传承发展问题就有比较清醒和深刻的认识。毛泽东同志在《中国共产党在民族战争中的地位》中指出:"我们这个民族有数千年的历史,有它的特点,有它的许多珍贵品。对于这些,我们还是小学生。今天的中国是历史的中国的一个发展;我们是马克思主义的历史主义者,我们不应当割断历史。从孔夫子到孙中山,我们应当给以总结,承继这一份珍贵的遗产。"[3]对于如何"承继",毛泽东同志在《新民主主义论》中指出:"清理古代文化的发展过程,剔除其封建性的糟粕,吸收其民主性的精

---

[1] 李泽厚、刘再复:《彷徨无地后又站立于大地——鲁迅为什么无与伦比》,载《鲁迅研究月刊》,2011年,第2期。

[2] 李泽厚、刘再复:《彷徨无地后又站立于大地——鲁迅为什么无与伦比》,载《鲁迅研究月刊》,2011年,第2期。

[3] 《毛泽东选集》(第二卷),人民出版社1991年版,第533—534页。

华,是发展民族新文化提高民族自信心的必要条件;但是决不能无批判地兼收并蓄。"[1]毛泽东同志还在《论联合政府》中指出:"对于中国古代文化,同样,既不是一概排斥,也不是盲目搬用,而是批判地接收它,以利于推进中国的新文化。"[2]毛泽东同志的这些关于传统文化的思想,为中华优秀传统文化的传承发展指明了正确方向。

新中国成立后,毛泽东同志多次提到要利用传统文化,他指出:"对中国的文化遗产,应当充分地利用,批判地利用。"[3]毛泽东同志还提出:"古为今用,洋为中用。"[4]在毛泽东思想的指导下,新中国开始了改造旧文化和建设新文化的文化工作。在意识形态方面,儒家思想曾在中国古代长期占据主导地位。新中国成立后,儒家思想的一整套政治伦理、价值观念、道德规范与新民主主义社会、社会主义社会不相适应,因而必然要受到批判和改造,马克思主义取代儒家思想成为中国社会的指导思想。在文学艺术方面,对传统的戏剧、美术等民间文学艺术形式进行了改造。毛泽东同志在1956年指出:"艺术的基本原理有其共同性,但表现形式要多样化,要有民族形式和民族风格。"[5]1950年成立了中国民间文艺研究会,民族艺术遗产得到整理、保护和发展,民间艺人和民间艺术在新中国得到应有的地位和发展。在语言文字方面,为了推动文化的普及和发展,新中国大力推动语言文字的现代化。1956年《汉字简化方案》通过,全国报刊开始实行横排,使用简化汉字。1956年国务院发布《关于推广普通话的指示》,向全国推广普通话。对于文化古籍,毛泽东同志强调要逐步进行整理出版,他认为:"至于充分利用文化遗产,我们现在还没有做到。中国古典著作多得很,现在是分门

---

[1] 《毛泽东选集》(第二卷),人民出版社1991年版,第707—708页。
[2] 《毛泽东选集》(第三卷),人民出版社1991年版,第1083页。
[3] 《毛泽东文集》(第八卷),人民出版社1999年版,第225页。
[4] 《毛泽东文艺论集》,中央文献出版社2002年版,第227页。
[5] 《毛泽东文艺论集》,中央文献出版社2002年版,第146页。

别类地在整理，用现代科学观点逐步整理出来，重新出版。"[1]在这个时期，我国对许多重要文化古籍进行了重新标点、校对和出版。在历史文物和古迹方面，新中国成立后，文化部设立文物局作为文物保护和管理的专门机构，中国科学院成立考古研究所，负责全国的重大考古挖掘和考古研究。对历史文物和古籍的保护，使长期战乱之后的中国迅速摆脱文物管理的混乱状态，中华文化的瑰宝也因此得以延续和传承。

20世纪60年代中期，在"无产阶级专政下继续革命的理论"的指导下，极"左"思潮泛滥，最终爆发了"文化大革命"。"文革"时期，文化建设受到严重冲击，文物古迹遭到严重破坏，中华优秀传统文化也受到一些人的猛烈批判和粗暴对待，甚至在"破四旧"和"批林批孔"运动中遭到彻底否定，中华优秀传统文化的现代化在曲折中艰难前进。

（四）创新发展

改革开放以来的这一时期，是中华优秀传统文化传承发展的第四个阶段。党的十一届三中全会以后，我们党总结历史经验，及时纠正"文革"期间错误的文化政策，促进了文化大发展大繁荣，中华优秀传统文化当代价值得到充分认识，文化现代化步伐加快。改革开放初期，邓小平同志指出，对待传统文化"要运用马克思列宁主义、毛泽东思想，对于封建主义遗毒的表现，进行具体的准确的如实的分析""要划清文化遗产中民主性精华同封建性糟粕的界限"，而不能"不加分析地把什么都说成是封建主义"。[2]江泽民同志指出："必须继承和发扬民族优秀传统文化而又充分体现社会主义时代精神，立足本国而又充分吸收世界文化优秀成果，不允许搞民族虚无主义和全盘西化。"[3]胡锦涛同志也强

---

[1]《毛泽东文集》（第八卷），人民出版社1999年版，第225页。
[2]《邓小平文选》（第二卷），人民出版社2012年版，第335页。
[3]《江泽民文选》（第一卷），人民出版社2006年版，第158页。

调指出:"要全面认识祖国传统文化,取其精华,去其糟粕,使之与当代社会相适应、与现代文明相协调,保持民族性,体现时代性。"[1]

党的十八大以来,习近平同志对中华优秀传统文化的传承发展极为重视、多次强调,他指出:中华文明经历了五千多年的历史变迁,但始终一脉相承,积淀着中华民族最深层的精神追求,代表着中华民族独特的精神标识,为中华民族生生不息、发展壮大提供了丰厚滋养。"中华文明源远流长,蕴育了中华民族的宝贵精神品格,培育了中国人民的崇高价值追求。自强不息、厚德载物的思想,支撑着中华民族生生不息、薪火相传,今天依然是我们推进改革开放和社会主义现代化建设的强大精神力量。"[2]在这些重要思想的指导下,中国掀起了继承和弘扬中华优秀传统文化的新高潮。一大批以中华优秀传统文化为素材的书籍、影视作品和电视节目等作品,受到人民群众的广泛好评。

改革开放以来,国家还先后出台了一些积极的文化政策推动中华优秀传统文化的传承发展。特别是几年来,国家密集出台了一系列重要的积极的文化政策,为中华优秀传统文化的传承发展提供了有利的政策支持。如《关于实施中华优秀传统文化传承发展工程的意见》《关于培育和践行社会主义核心价值观的意见》《关于进一步把社会主义核心价值观融入法治建设的指导意见》《关于支持戏曲传承发展的若干政策》《中共中央关于繁荣发展社会主义文艺的意见》《国家"十三五"时期文化发展改革规划纲要》《完善中华优秀传统文化教育指导纲要》《关于加快构建现代公共文化服务体系的意见》等,有力推动了中华优秀传统文化的传承发展。经过四十年的创新发展,中华优秀传统文化的地位日益重要,成为坚定中国特色社会主义文化自信的文化根基,成为增强国家文化软实力的文化资源,成为助推中华民族伟大复兴的文化力量。

---

[1]《十七大以来重要文献选编》(上),中央文献出版社2009年版,第27页。
[2] 习近平:《为实现中国梦凝聚有力道德支撑》,载《人民日报》,2013年9月27日,第1版。

二、传承发展中华优秀传统文化的时代机遇

文化的传承发展离不开适当的文化条件。文化条件越适宜、越充分，文化传承发展就越顺利、越有成效。从历史上看，文化传承发展的条件主要包括四个方面：文化环境、文化基础、文化需求和文化政策。从这四个方面看，中华优秀传统文化目前面临着难得机遇。

（一）文化环境持续改善

传承发展中华优秀传统文化需要一定的文化环境，这既包括一定的国际环境，也包括一定的国内环境。目前，从国际看，和平与发展仍是时代主题，中国处于相对和平的发展环境；从国内看，政治局势稳定，经济发展势头良好，综合国力不断增强，人民收入持续提高。这些良好的文化环境，为传承发展中华优秀传统文化提供了难得的机遇。

第一，和平稳定的发展环境。近代以来，中华优秀传统文化之所以受到一些人的质疑、批判，甚至抛弃，与国家发展环境的日益严峻密切相关。鸦片战争以后的百年间，中国受到西方列强的多次侵略，在抵御西方列强武装侵略和文化冲击的过程中总体处于弱势，甚至面临亡国灭种的危险。在这种情况下，中华优秀传统文化开始受到一些人的质疑，人们把国家的贫穷落后归咎于中国的传统文化，试图通过批判传统、抛弃传统来救亡图存。因此，在这段时间内，中华优秀传统文化处于十分恶劣的发展环境。改革开放以来，和平与发展成为时代的主题。从外部说，中国基本上处于一个相对和平的外部发展环境，没有大的战争威胁；从内部说，中国国内政局稳定，经济社会持续发展。这种和平稳定

的发展环境，使先前传统文化受质疑、受批判的环境基础被削弱了，人们能够比较平和理性地回顾和反思近代以来中国的历史进程，回顾和反思传统文化的历史功过和发展前途。可以说，目前中国和平稳定的发展环境，有利于中华优秀传统文化的传承发展。

第二，不断增强的综合国力。文化发展有内在规律，其中一个重要表现就是"趋炎附势"。所谓文化上的"趋炎附势"，是指文化往往易于"攀附"繁荣富强的国家。在中国古代，繁荣富强的时代往往文化上也比较繁荣，比如汉唐盛世。在西方，古希腊、古罗马强盛时期，文化繁荣发展并辐射至周边国家，但到衰亡时期，文化也随之衰弱。文艺复兴时期，文化比较繁荣的意大利、西班牙、英国等国家，这些国家也是当时世界上的经济强国。目前，世界上影响力较大的一些文化，如欧美文化、日韩文化，无不是相对富强的国家的文化。近代以来，中国贫穷落后，传统文化式微，中国文化的世界影响力也比较弱。改革开放以来，中国逐渐走上繁荣富强的快车道。目前，中国的 GDP 稳居世界第二位，经济发展势头良好，综合国力和国际影响力不断提升。在这种情况下，我们的文化自信逐渐增强。在世界上，中国文化，特别是中华优秀传统文化的影响力逐渐增强，孔子学院遍布全球，中国传统哲学、传统文艺等优秀文化走向世界，影响越来越大。

第三，日益优越的物质条件。恩格斯指出："人们首先必须吃、喝、住、穿，然后才能从事政治、科学、艺术、宗教等等。"[1]春秋时期管子也指出："仓廪实而知礼节，衣食足而知荣辱。"(《管子·牧民》)物质条件是文化繁荣与发展的重要基础。2019年，我国国内生产总值逼近100万亿元，人均国内生产总值已经超过1万美元。日益优越的物质条件，为中华优秀传统文化的传承发展提供了优越的物质条件。在国家层面，雄厚的物质基础可以使国家在中华优秀传统文化传承发展方面，特别是优秀传统文化的发掘、整理、保护和宣传等方面，投入更多的人

---

[1]《马克思恩格斯选集》(第三卷)，人民出版社2012年版，第1002页。

力物力。在个人层面，随着收入水平的提高，人们在满足衣食住行等物质需要的同时，可以将更多的财力投入到精神消费领域。近年来，人们在文化旅游、影视、文学艺术等文化领域的消费越来越高，对中华优秀传统文化的投入和消费也在随之增多。

（二）文化基础深厚牢固

人民群众是中华优秀传统文化的创造者和传承者，是否具有深厚的文化基础，特别是文化传承发展的民意基础，是一种文化能否传承下去的内在根据。中华优秀传统文化几千年来不断传承发展，始终有着深厚的民意基础。当前，我国民众对中华优秀传统文化表现出极大的热情和喜爱，这是我们传承发展中华优秀传统文化的重要利好条件。

第一，文化基因根深蒂固。基因是决定生命特征的根本因素，文化基因是决定文化特征与活力的根本因素。中华优秀传统文化蕴含着中华民族优秀的文化基因，它们是中华民族的基本标识，也是中华民族生存发展的文化基础。习近平同志指出："中华民族世世代代在生产生活中形成和传承的世界观、人生观、价值观、审美观等，其中最核心的内容已经成为中华民族最基本的文化基因。这些最基本的文化基因，是中华民族和中国人民在修齐治平、尊时守位、知常达变、开物成务、建功立业过程中逐渐形成的有别于其他民族的独特标识。"[1]几千年来，中国文化发生了很大变化，但这种变化是形变而神不变、外变而内不变，具有很强的稳定性，有着根深蒂固的文化基因。一是价值取向稳定。如热爱国家、注重集体的价值取向，仁民爱物、尊老爱幼的价值取向，先义后利、义利兼顾的价值取向，爱好和平、勤劳节俭的价值取向，等等，依然是今天人们所肯定和秉持的。二是思维方式稳定。与世界其他民族

---

[1] 习近平:《在纪念孔子诞辰2565周年国际学术研讨会暨国际儒学联合会第五届会员大会开幕会上的讲话》，载《人民日报》，2014年9月24日，第2版。

相比，中华民族有独特的思维方式，比如重整体、讲辩证、尚体悟等。语言是思维的工具，汉字和汉语的稳定性，使我们民族的思维方式能够长期保持稳定。三是审美习惯稳定。中华民族对文学艺术有着自己的审美习惯，这种审美习惯具有强大的惯性和稳定性，这使得中国人对自己传统文学艺术的喜爱经久不衰。中华民族独特的价值取向、思维方式、审美习惯等，是中华民族文化基因的主要组成部分，它们的稳定性是传统文化具有深厚民意基础的根源。

第二，文化脉络连绵不绝。中华优秀传统文化的发展具有连续性，虽历经曲折，但坚忍顽强。近代以来，中华优秀传统文化受到西方文化的强烈冲击，也受到国内某些人的强烈质疑和和猛烈批判。辛亥革命后，封建帝制宣告终结，作为封建帝制指导思想的儒家思想也被拉下神坛，不再占据文化上的主导地位。新中国成立以来，社会主义文化蓬勃发展，人民群众的精神面貌日新月异。但是，中华优秀传统文化作为中华文化的文化基因，其文化脉络连绵不绝。特别是在民间，民众自发地传承着中华优秀传统文化的文脉。在伦理道德方面，孝敬父母、尊老爱幼、尊师重教、诚信友善等传统美德被人民群众自发传承，涌现了一批又一批新时期的道德楷模。在文学艺术方面，以《三国演义》《水浒传》《西游记》《红楼梦》为代表的蕴含中国传统文化的作品，以书籍、评书、影视、绘画等各种形式在民间广为流传。在节日民俗方面，春节、清明节、端午节、中秋节等中国传统节日生命力依旧顽强，与其相关的贴春联、祭祖、赛龙舟、吃粽子、吃月饼等民俗文化依然繁荣。从这些方面可以看出，中华优秀传统文化的文脉没有断绝，而是在民间顽强地延续着。

第三，文化热情不断高涨。20世纪80年代以来，民众对中华优秀传统文化的热情不断高涨，表现之一是传统文化中的经典书籍持续热销。优秀传统文化书籍是各大书店的畅销书，成为人们阅读最多的图书种类之一。注释解读这些经典书籍的图书也非常畅销，杨伯峻的《论语译注》2016年的销售量就高达45万册[1]。表现之二是源于传统文化的影视作品深受喜爱。随着影视技术的进步，中华优秀传统文化中的不少经典作品被拍摄成影视作品，成为观众喜闻乐见的精神大餐。有数据显示，六小龄童版的《西游记》已经重播了3000多次，观看人数超过60亿，成为世界上重播率和收视率最高的电视剧。[2]表现之三是传统文化类的电视节目影响广泛。新世纪以来，传统文化类的电视节目成为收视率高、影响广泛的文化节目。《百家讲坛》从2001年开播以来，成为传播中华优秀传统文化的重要阵地。近年来，《中国汉字听写大会》《中国成语大会》《中国诗词大会》《中华好诗词》等传统文化类的电视节目，也有较高收视率，深受民众喜爱。

（三）文化需求不断增大

近代以来，在救亡图存的大背景下，一些人曾掀起了学习西方、批判传统的热潮，中华优秀传统文化面临着被抛弃、无用途的尴尬局面。改革开放以来，特别是进入21世纪以来，中国和世界的发展出现了许多新情况，产生了许多新问题，人们试图从历史和传统中寻求解决时代问题的经验和智慧，这就对中华优秀传统文化产生了巨大的现实需求，也为中华优秀传统文化提供了广阔的用武之地。

第一，人民群众有巨大的文化需要。人民群众需要文化，特别是随着物质生活水平的提高，人们的文化需要也越来越强烈、越来越多元。我国目前依然处于社会主义初级阶段，文化建设虽然取得巨大成绩，但与人民群众的巨大文化需要之间，仍然存在着供不应求或供非所需的矛盾。在文学艺术领域，"存在着有数量缺质量、有'高原'缺'高峰'的现象，存在着抄袭模仿、千篇一律的问题，存在着机械化生产、快餐式

---

[1]《读者直奔国学原著，惊了专家》，载《北京日报》，2017年2月17日，第12版。
[2] 侯睿哲：《六小龄童的猴王幽默》，载《喜剧世界》，2016年第4期。

消费的问题。在有些作品中，有的调侃崇高、扭曲经典、颠覆历史，丑化人民群众和英雄人物；有的是非不分、善恶不辨、以丑为美，过度渲染社会阴暗面；有的搜奇猎艳、一味媚俗、低级趣味，把作品当作追逐利益的'摇钱树'，当作感官刺激的'摇头丸'；有的胡编乱写、粗制滥造、牵强附会，制造了一些文化'垃圾'；有的追求奢华、过度包装、炫富摆阔，形式大于内容；还有的热衷于所谓'为艺术而艺术'，只写一己悲欢、杯水风波，脱离大众、脱离现实"。[1]在哲学社会科学领域，"面对新形势新要求，我国哲学社会科学领域还存在一些亟待解决的问题。比如，哲学社会科学发展战略还不十分明确，学科体系、学术体系、话语体系建设水平总体不高，学术原创能力还不强；哲学社会科学训练培养教育体系不健全，学术评价体系不够科学，管理体制和运行机制还不完善；人才队伍总体素质亟待提高，学风方面问题还比较突出；等等。总的看，我国哲学社会科学还处于有数量缺质量、有专家缺大师的状况，作用没有充分发挥出来"。[2]由于中国当代文化的供应无法满足人民群众日益增长的文化需求，在一定程度造成了欧美文化、日韩文化乘虚而入、鸠占鹊巢。外国文化虽然也能满足人民群众的部分文化需求，但因语言文字、风俗习惯、审美心理等方面的差异，不可能替代中国文化的作用。与此同时，外国文化中的一些糟粕也随之而来，对中华文化建设产生了不良影响。在这种情况下，中华优秀传统文化就有了广阔的用武之地，其优秀的文化资源有的可以直接满足人民群众的文化需要，有的可以通过创造性转化、创新性发展满足人民群众的文化需要。

第二，经济社会发展需要坚强的文化支撑。发展是世界各国共同的价值追求，是人类幸福的根本保障。当前，世界和中国都面临许多发展问题。从国内看，我国经济社会发展面临着不少困难和挑战。党的十九大报告指出："发展不平衡不充分的一些突出问题尚未解决，发展质量

---

[1] 习近平:《在文艺工作座谈会上的讲话》，人民出版社2014年版，第9页。
[2] 习近平:《在哲学社会科学工作座谈会上的讲话》，人民出版社2016年版，第7页。

和效益还不高，创新能力不够强，实体经济水平有待提高，生态环境保护任重道远；民生领域还有不少短板，脱贫攻坚任务艰巨，城乡区域发展和收入分配差距依然较大，群众在就业、教育、医疗、居住、养老等方面面临不少难题；社会文明水平尚需提高；社会矛盾和问题交织叠加，全面依法治国任务依然繁重，国家治理体系和治理能力有待加强；意识形态领域斗争依然复杂，国家安全面临新情况；一些改革部署和重大政策措施需要进一步落实；党的建设方面还存在不少薄弱环节。"[1]从国际上说，虽然和平与发展依然是时代主题，但人类也面临许多发展难题。"世界面临的不稳定性不确定性突出，世界经济增长动能不足，贫富分化日益严重，地区热点问题此起彼伏，恐怖主义、网络安全、重大传染性疾病、气候变化等非传统安全威胁持续蔓延，人类面临许多共同挑战。"[2]习近平同志指出："世界上伟大的哲学社会科学成果都是在回答和解决人与社会面临的重大问题中创造出来的。"[3]中华优秀传统文化博大精深，包含着几千年来中华民族应对内忧外患、解决各种问题的理论与实践、经验与教训，其中的一些思想与智慧对于今天我们解决时代发展问题依然具有深刻启发。国内国际发展面临的突出问题，为中华优秀传统文化提供了广阔用武之地。

（四）文化政策积极有力

一种文化的命运，与国家的文化政策息息相关。历史上，秦朝的"焚书坑儒"政策，使先秦文化遭到重大打击；汉朝实行"罢黜百家，独尊儒术"政策，把儒家思想尊为占主导地位的意识形态。辛亥革命以

---

[1] 习近平：《决胜全面建成小康社会 夺取新时代中国特色社会主义伟大胜利——在中国共产党第十九次全国代表大会上的报告》，人民出版社2017年版，第9页。
[2] 习近平：《决胜全面建成小康社会 夺取新时代中国特色社会主义伟大胜利——在中国共产党第十九次全国代表大会上的报告》，人民出版社2017年版，第58页。
[3] 习近平：《在哲学社会科学工作座谈会上的讲话》，人民出版社2016年版，第12页。

后，西方文化在中国大行其道，儒家思想跌下神坛。新中国成立后，毛泽东同志多次强调应传承传统文化的优秀成分。改革开放以来，中华优秀传统文化逐渐受到重视，国家先后出台了一些积极的文化政策，有力促进了中华优秀传统文化的传承发展。党的十八大以来，习近平同志高度重视中华优秀传统文化的当代价值，将其作为治国理政的重要战略资源来保护和运用。近几年来，国家密集出台了一系列重要的积极的文化政策，为推动中华优秀传统文化传承发展提供了有利的政策支持。

第一，把中华优秀传统文化作为涵养社会主义核心价值观的重要源泉。培育和践行社会主义核心价值观，离不开中华优秀传统文化这个源头活水。2013年12月，中共中央办公厅印发了《关于培育和践行社会主义核心价值观的意见》，明确提出要"发挥优秀传统文化怡情养志、涵育文明的重要作用"，要"建设优秀传统文化传承体系，加大文物保护和非物质文化遗产保护力度，加强对优秀传统文化思想价值的挖掘，梳理和萃取中华文化中的思想精华，作出通俗易懂的当代表达，赋予新的时代内涵，使之与中国特色社会主义相适应，让优秀传统文化在新的时代条件下发扬光大"。[1] 2016年12月，中共中央办公厅、国务院办公厅印发了《关于进一步把社会主义核心价值观融入法治建设的指导意见》，明确指出："大力弘扬中华优秀传统文化，深入挖掘和阐发中华民族讲仁爱、重民本、守诚信、崇正义、尚和合、求大同的时代价值，汲取中华法律文化精华，使之成为涵养社会主义法治文化的重要源泉。"[2] 这两个文件，为中华优秀传统文化在培育和践行社会主义核心价值观过程中发挥了重要作用，指明了方向。

第二，把中华优秀传统文化作为繁荣发展当代文艺的重要资源。2014年10月，习近平同志主持召开了文艺工作座谈会，指出："文艺创

---

[1] 《十八以来重要文献选编》（上），中央文献出版社2014年版，第585页。
[2] 《关于进一步把社会主义核心价值观融入法治建设的指导意见》，载《人民日报》，2016年12月26日，第5版。

作不仅要有当代生活的底蕴，而且要有文化传统的血脉。"[1]这个"文化传统的血脉"就是中华优秀传统文化。2015年7月，国务院办公厅印发了《关于支持戏曲传承发展的若干政策》，指出："戏曲具有悠久的历史、独特的魅力和深厚的群众基础，是表现和传承中华优秀传统文化的重要载体。"[2]文件强调，要从加强戏曲保护与传承、支持戏曲剧本创作、支持戏曲演出、改善戏曲生产条件、支持戏曲艺术表演团体发展、完善戏曲人才培养和保障机制、加大戏曲普及和宣传等方面，促进戏曲的繁荣发展。2015年10月，中共中央出台了《中共中央关于繁荣发展社会主义文艺的意见》，指导社会主义文艺繁荣发展。文件指出："弃其糟粕、取其精华，从传统文化中提炼符合当今时代需要的思想理念、道德规范、价值追求，赋予新意、创新形式，进行艺术转化和提升，创作更多具有中华文化底色、鲜明中国精神的文艺作品。"[3]同时还提出，要实施中华文化传承工程，做好古籍整理、经典出版、义理阐释、社会普及工作，实施地方戏曲振兴计划，等等。

第三，把传承发展中华优秀传统文化作为文化建设的重要内容。2016年3月，《中华人民共和国国民经济和社会发展第十三个五年规划纲要》出台，将"传承发展优秀传统文化"作为重要内容，并指出："构建中华优秀传统文化传承体系，实现传统文化创造性转化和创新性发展"，"广泛开展优秀传统文化普及活动并纳入国民教育"，"加强文物保护利用"，"加强非物质文化遗产保护与传承"。[4]2017年1月，中共中央办公厅、国务院办公厅印发了《关于实施中华优秀传统文化传承发展工程的意见》，指出："实施中华优秀传统文化传承发展工程，是建设

---

[1] 习近平：《在文艺工作座谈会上的讲话》，人民出版社2014年版，第25页。
[2] 《国务院办公厅印发关于支持戏曲传承发展若干政策的通知》，载《中国戏剧》，2015年第9期。
[3] 《中共中央关于繁荣发展社会主义文艺的意见》，载《人民日报》，2015年10月20日，第2版。
[4] 《中华人民共和国国民经济和社会发展第十三个五年规划纲要》，载《人民日报》，2016年3月18日，第1版。

社会主义文化强国的重大战略任务。"[1]这个文件肯定了中华优秀传统文化的当代价值,对中华优秀传统文化的传承发展做出了全面部署。提出要重点传承中华优秀传统文化中的核心思想理念、中华传统美德和中华人文精神,重点做好深入阐发文化精髓、贯穿国民教育始终、保护传承文化遗产、滋养文艺创作、融入生产生活、加大宣传教育力度、推动中外文化交流互鉴等方面的工作。这是改革开放以来国家层面出台的第一个全面的关于中华优秀传统文化传承发展的文件,具有里程碑意义。2017年5月,中共中央办公厅、国务院办公厅印发《国家"十三五"时期文化发展改革规划纲要》,提出了"十三五"时期传承弘扬中华优秀传统文化的目标:"中华优秀传统文化传承体系基本形成,中华民族文化基因与当代文化相适应、与现代社会相协调,实现传统文化创造性转化和创新性发展。"[2]

另外,国家有关部门还出台了《完善中华优秀传统文化教育指导纲要》《关于加快构建现代公共文化服务体系的意见》等文化政策,地方政府也结合各地实际相继出台了相应的文化政策。可以说,目前积极的文化政策,使中华优秀传统文化的传承发展呈现出欣欣向荣的新气象。

---

[1]《关于实施中华优秀传统文化传承发展工程的意见》,载《人民日报》,2017年1月26日,第6版。
[2]《国家"十三五"时期文化发展改革规划纲要》,载《人民日报》,2017年5月8日,第10版。

三、传承发展中华优秀传统文化的现实挑战

文化传承发展的机遇源自于适宜的文化条件,与此对应,文化传承发展的挑战则源自于适宜文化条件的缺失或破坏。历史上,中华优秀传统文化面临的每次挑战,总是由所处文化条件的变化引起的。当前,中华优秀传统文化在文化思想内容、文化态度观念、文化传承方法、外来文化等方面,面临着很大挑战。

(一)文化思想内容的庞杂

毛泽东同志指出:"在阶级社会中,每一个人都在一定的阶级地位中生活,各种思想无不打上阶级的烙印。"[1]中国传统文化主要产生于中国古代阶级社会,思想内容极为丰富,既有精华,也有糟粕,甚至精糟杂糅、难以分辨。季羡林曾指出,文化精华和糟粕"这两个表面上看上去像是对立面的东西,不但不是泾渭分明,反而是界限不清;尤有甚者,在一定的条件下,双方可以相互向对立面转化"[2]。传统文化精华包含于传统文化之中,与传统文化糟粕混杂在一起,难以画出清晰界限。这种情况,对实现中华优秀传统文化当代价值造成了很大困难。

第一,传统文化糟粕对中华优秀传统文化的传承发展产生负面影响。在中国传统文化之中,除了优秀传统文化外,还有许多不优秀的传统文化,甚至糟粕的东西。例如,"三纲"(君为臣纲、父为子纲、夫为妻纲)、"三从"(幼从父、嫁从夫、夫死从子)、"四德"(妇德、妇言、

---

[1] 《毛泽东选集》(第一卷),人民出版社1991年版,第283页。
[2] 季羡林:《季羡林谈国学》,浙江人民出版社2016年版,第97页。

妇容、妇工）等封建伦理道德，危害巨大。近代以来，特别是经过五四新文化运动的思想启蒙和社会主义文化的教育引导，人们对传统文化糟粕的危害性认识已经比较深入。但是，文化具有惯性，传统文化糟粕的生命力非常强，可谓百足之虫死而不僵。如官僚主义、等级思想、享乐主义等封建糟粕在一定范围内还顽强存在，源于封建官场的"潜规则"还在很多人心里根深蒂固。这些显然与现代政治文明、与社会主义精神文明建设背道而驰，因此，很多人对传统文化糟粕非常厌恶和警惕。但城门失火，殃及池鱼，人们对传统文化糟粕的厌恶与警惕，影响了人们对传统文化的整体认识，甚至影响了人们对传统文化精华的认识。于是在很多人印象中，传统文化整体都是糟粕，传承和弘扬传统文化就是一种文明退步，这种情况必然使实现中华优秀传统文化的当代价值遇到重重障碍。

　　第二，传统文化精糟杂糅对中华优秀传统文化传承发展带来很大障碍。传统文化精华包含在传统文化之中，往往与传统文化糟粕杂糅在一起，彼此难以分辨精华和糟粕。例如，传统文化中的"孝"文化，它的内容就精糟杂糅、难以分辨。"孝"是中国古代伦理道德中的核心概念之一，孝敬父母也是中华传统美德之一。《论语》中有"孝悌也者，其为仁之本与"（《论语·学而》）之语，《孟子》中也强调要"谨庠序之教，申之以孝悌之义"（《孟子·梁惠王上》）。然而，中国古代的孝文化却是精糟杂糅的，必须辩证分析。以《二十四孝》为例，其中记载的诸多孝子孝行就体现了精糟杂糅的特点，如埋儿奉母、怀橘遗亲、卧冰求鲤、恣蚊饱血等孝子故事，从"孝"的精神上说，他们的故事确实感人至深、值得赞扬；但从"孝"的行为上来说，这种做法不仅愚昧迷信而且有违天理人性。如"埋儿奉母"的故事："郭巨，家贫。有子三岁，母尝减食与之。巨谓妻曰：'贫乏不能供母，子又分母之食，盍埋此子？儿可再有，母不可复得。'妻不敢违。巨遂掘坑三尺余，忽见黄金一釜，上云：'天赐孝子郭巨，官不得取，民不得夺。'"（郭居敬《二十四孝》）在这个故事里,郭巨孝养母亲的精神是值得肯定的,但其做法实在有违天理人性,并且故事中还充斥封建迷信成分。鲁迅曾在《二十四孝图》中评论道:"我听人讲完了二十四个故事之后,才知道'孝'有如此之难,对于先前痴心妄想,想做孝子的计划,完全绝望了。"[1]不仅"孝"文化,包括中华传统美德在内的许多优秀传统文化,往往是与一些封建糟粕杂糅在一起的,这就给我们今天的传承和弘扬带来极大的困难。

第三,时过境迁也对中华优秀传统文化传承发展造成了困难。中华优秀传统文化有其产生的时代背景,有其活跃的社会条件,也有其表现的具体方式。时代在发展,环境在变化,时过境迁之后,中华优秀传统文化面临新的历史条件,就不可避免地要遇到传承上的困难。以中华传统美德为例,它产生于中国的农耕时代和封建社会,带有浓郁的宗法主义和专制主义色彩。今天,作为社会主义国家的中国,已经处于信息时代,怎样传承中华传统美德就面临着很多具体难题。如"爱国主义",它是中华传统美德的重要内容,在中国古代有其产生的具体环境和实现的具体方式。著名民族英雄岳飞以"还我河山"的爱国理想抵抗金国,还曾写出了名垂千古的《满江红·怒发冲冠》:"怒发冲冠,凭栏处,潇潇雨歇。抬望眼,仰天长啸,壮怀激烈。三十功名尘与土,八千里路云和月。莫等闲,白了少年头,空悲切!靖康耻,犹未雪;臣子恨,何时灭?驾长车,踏破贺兰山缺!壮志饥餐胡虏肉,笑谈渴饮匈奴血。待从头,收拾旧山河,朝天阙!"但在今天一些人看来,他抗击金国,但金国也是中华民族的一部分;他热爱宋国,但他身上又有着浓郁的忠君甚至愚忠的色彩。我们自然不能脱离历史语境,用今天的标准否定岳飞的民族英雄地位和爱国主义壮举,但爱国主义作为一种传统美德确实面临新的历史环境,如何继承和弘扬需要我们进行理性的思考。不仅中华传统美德遇到新的情况,中华优秀传统文化中的许多内容,包括传统治国理念、社会礼仪、文学艺

---

[1]《鲁迅全集》(第二卷),人民文学出版社2005年版,第261页。

术、民俗节日、服饰饮食等，都要重新适应新的历史环境，这无疑增加了实现中华优秀传统文化当代价值的难度。

（二）文化态度观念的偏激

中华优秀传统文化包含于内容庞杂的传统文化之中，往往与传统文化糟粕混杂，导致人们对传统文化产生极为复杂的态度和观念。客观地说，人们对传统文化的糟粕高度警惕无可非议，对传统文化本身冷静思考也无可非议，但在高度警惕和冷静思考两种态度和观念之外，还存在一些偏激的态度和观念。当前，对待传统文化主要有三种偏激的态度和观念，即虚无主义、复古主义和功利主义。

一是彻底否定的虚无主义态度。这种态度的表现是眼睛向"前"、否定传统，认为传统文化已经失去当代价值，并对中国的现代化起着负面的、阻碍的作用，所以必须全盘否定和彻底摒弃。一些学者认为"中国的传统文化自从秦始皇一统天下的两千年来，一言以蔽之，就是专制主义"[1]，必须彻底抛弃，用西方近代以来的文化对中华文化进行彻底改造。这种态度可追溯到近代以来的"全盘西化"论，它的根源是中国近代所遇到的民族危机，特别是文化危机。晚清民国以来，人们把鸦片战争后中国的落后和失败归咎于传统文化，许多学者认为只有彻底抛弃传统文化而"全盘西化"，中国才有救亡图存的希望。胡适主张全盘的西化，一心一意地走上世界化的路。蒋廷黼认为半新半旧是不中用的，换句话说：我们到了近代要图生存非全盘接受西洋文化不可。20世纪80年代"全盘西化"论再次被叫响，一些学者认为传统文化不仅是发生"文化大革命"的文化根源，而且是中国现代化的最大障碍，必须用西方文化进行清除。由否定传统文化的糟粕，进而全盘否定传统文化，以至于彻底否定传统文化中的优秀部分，是一种虚无主义的错误态度和观

---

[1] 马立诚：《最近四十年中国社会思潮》，东方出版社2015年版，第140页。

念。这种态度观念对中华优秀传统文化的传承和弘扬危害最大，因为它彻底否定了中华优秀传统文化的存在价值。

二是过度拔高的复古主义态度。这种态度的表现是眼睛向"后"、食古不化，特别是宣扬儒学的当代价值，甚至提出全面"儒化中国"，提倡把"儒教"当成"国教"。一些学者认为"这个世界没有温情，没有道德，没有正义，有的只是赤裸裸的弱肉强食"[1]，因此他们主张"恢复古代礼制，用礼制来规范社会生活的方方面面……中国需要复古更化，重建中国儒教，将中国建成一个政教合一的儒教国"[2]。文化复古主义主张中国当前出现的问题是因为丢弃了传统，解决当前问题的唯一出路就是回归传统。蒋庆在《政治儒学》一书中指出："中国政治文化的重建问题就不再是'全盘西化'的问题，而是现代中国'复古更化'的问题。所谓现代中国的'复古更化'，就是用儒家的政治智慧和指导原则来转化中国的政治现实，在中国建立起源自天道性理的合法的政治秩序，使中国政治文化的重建建立在中国自己文化传统的基础上。"[3]康晓光主张在中国实行儒家仁政、建立儒教："公务员考试要加试儒学。要有意识地在儒家学统与政统之间建立制度化的联系，而且是垄断性的联系。……最关键的，是把儒教确立为国教。"[4]这种态度源于一些学者认为国内出现的种种问题，如官员腐败、道德沦丧、贫富分化、环境污染等，都是丢失传统文化所致，因此，解决这些问题必须用传统文化来解决。这种态度忽视了传统文化中的糟粕，特别是忽视了时代发展之后僵化地照搬传统文化，如"恢复古代礼制""重建中国儒教"等做法已经严重违背了文明的发展规律。复古主义的态度表面上肯定和弘扬中华优秀传统文化，但把中华优秀传统文化抬高到它本身所不具有的高度，赋

---

[1] 马立诚：《最近四十年中国社会思潮》，东方出版社2015年版，第221页。
[2] 马立诚：《最近四十年中国社会思潮》，东方出版社2015年版，第213页。
[3] 蒋庆：《政治儒学：当代儒学的转向、特质与发展》，生活·读书·新知三联书店2003年版，第39—40页。
[4] 马立诚：《当代中国八种社会思潮》，社会科学文献出版社2012年版，第191页。

予它无法承担的历史使命，只会适得其反地引起人们的警惕和厌恶，反而损坏了中华优秀传统文化在当代的地位。

三是唯利是图的功利主义态度。这种态度的表现是向"钱"看，以古为利，打着弘扬传统文化的旗号，以赚钱营利为根本目的。在"传统文化热"和"国学热"的文化背景下，在文化产业蓬勃发展的经济势头下，一些人兴起了用中华优秀传统文化赚钱的念头。发展传统文化产业化本是一种很好地传承和弘扬中华优秀传统文化的途径，但如果只求经济效益，不顾社会效益，功利主义地开发利用传统文化，就不仅不能实现中华优秀传统文化的当代价值，甚至会损害中华优秀传统文化的形象，阻碍其价值的实现。近年来，以篡改、歪曲、恶搞中华优秀传统文化的方式营利的事件层出不穷。在影视领域，近几年盛行的宫斗剧、穿越剧等题材的影视作品中所表现的情节内容要么与历史事实严重背离，要么竭力呈现历史中的阴暗面，以吸引眼球和提高收视率为唯一目的，实际上严重损害了中华优秀传统文化的形象。当前有一种游戏非常火，游戏里有众多中国古代的历史人物和神话人物，但它将荆轲塑造成女性、李白塑造成刺客、扁鹊塑造成用毒高手等，随意杜撰历史人物的身份地位，以达到吸引玩家的目的，这势必会对青少年产生不良影响。针对文艺创造中的这种"浮躁"态度，习近平同志指出："这样的态度，不仅会误导创作，而且会使低俗作品大行其道，造成劣币驱逐良币现象。人类文艺发展史表明，急功近利，竭泽而渔，粗制滥造，不仅是对文艺的一种伤害，也是对社会精神生活的一种伤害。低俗不是通俗，欲望不代表希望，单纯感官娱乐不等于精神快乐。文艺要赢得人民认可，花拳绣腿不行，投机取巧不行，沽名钓誉不行，自我炒作不行，'大花轿，人抬人'也不行。"[1]功利主义的态度，使我们在面对传统文化时迷失了方向，严重损害了中华优秀传统文化的形象，也影响了中华优秀传统文化的传承和弘扬。

---

[1] 习近平:《在文艺工作座谈会上的讲话》，人民出版社2014年版，第9—10页。

（三）文化传承方法的僵化

毛泽东同志指出："不解决方法问题，任务也只是瞎说一顿。"[1]中华优秀传统文化的传承方法在很大程度上决定了传承效果。目前，由于中华优秀传统文化本身庞杂思想内容的局限和一些错误态度观念的影响，也由于时代环境的变化，我们在传承发展中华优秀传统文化时，还存在大量僵化的传承方法，从而削弱了传承效果。

第一，食古不化的传承方法。中华优秀传统文化具有时代性，它产生、形成、繁荣和发展于中国古代，从经济土壤上来说，它是一种农耕文化；从政治环境上说，这是一种封建文化。这种时代性，决定了我们今天在传承和弘扬中华优秀传统文化时，必须进行契合时代的改造和创新，而不能囫囵吞枣、食古不化。然而，近年来这种食古不化的传承现象屡见不鲜。据报道，2014年，北京凤凰岭书院某次开学典礼上，身着青灰色长衫的学员，向红襟黑衫的老师们齐齐叩首，行跪拜礼。[2]2014年北京、广东、海南、陕西等地盛行"女德班"和"女德学堂"，积极倡导"打不还手，骂不还口，逆来顺受，绝不离婚"的"女德"四项基本原则。[3]众所周知，"跪拜"是中国古代的一种礼节，是封建等级制度的一种外在表现，在中华民国成立之初即被废除。"女德"在中国古代主要是"三从""四德"，曾经给中国女性带来巨大伤害。"跪拜礼"和"女德班"，看起来是传承传统文化，实则食古不化，是一种文化上的倒退。

第二，歪曲丑化的传承方法。食古不化的方法当然不好，需要我们进行契合时代的改造和创新。但改造和创新不能变成歪曲和丑化。2012年网络上掀起了一场恶搞诗人杜甫的热潮，杜甫被恶搞成各种造

---

[1] 《毛泽东选集》（第一卷），人民出版社1991年版，第139页。
[2] 赵刚：《"跪拜"不是经典》，载《陕西日报》，2014年12月1日，第6版。
[3] 陈甲取：《谨防女德学堂的"德教"跑偏》，载《长江日报》，2014年9月13日，第3版。

型，有网友为评论道："杜甫很忙：开完摩托骑白马，送水过后卖西瓜"。[1]2015年，东方卫视节目《木兰从军》，将中国古代巾帼英雄花木兰恶搞成贪吃、不孝、胸无大志、贪生怕死的傻大姐形象。[2]杜甫是具有高超诗歌艺术和浓厚人文情怀的伟大诗人，花木兰是践行热爱祖国、孝敬父母等传统美德的典范，歪曲丑化他们的形象是对中华优秀传统文化的破坏。此外，近年来热播的宫斗剧、穿越剧，其情节内容和价值导向往往与历史真实大相径庭，呈现出一种歪曲丑化的倾向。钱穆认为，"一国之国民"应"附随一种对其本国以往历史之温情与敬意"，只有这样"其国家乃再有向前发展之希望"。[3]缺乏"温情"与"敬意"，是产生歪曲丑化现象的重要原因，也是我们实现中华优秀传统文化当代价值的一大障碍。

（四）强势外来文化的冲击

工业革命以来，随着世界市场的开拓，"各民族的精神产品成了公共的财产"[4]。一个国家不仅在政治、经济上无法闭关锁国，在文化上也无法不受外来文化的影响。历史上，中国文化曾经经受过"佛陀东来"的文化冲击和外族文化的大量融入，但其规模和强度都不及近代以来"西学东渐"的文化浪潮。习近平同志指出："鸦片战争后，随着列强入侵和国门被打开，我国逐步成为半殖民地半封建国家，西方思想文化和科学知识随之涌入。自那以后，我们的国家和民族经历了刻骨铭心的惨痛历史，中华传统思想文化经历了剧烈变革的阵痛。"[5]近代以来外来文化的浪潮给中国送来了"民主""科学"和"马克思主义"等西方文明

---

[1] 尤莼洁：《从"杜甫很忙"说到恶搞之风行》，载《解放日报》，2012年3月28日，第2版。
[2] 经哲：《恶搞名人之风不可长》，载《河北日报》，2015年7月17日，第9版。
[3] 钱穆：《国史大纲》，商务印书馆1996年版，第1页。
[4] 《马克思恩格斯选集》（第一卷），人民出版社2012年版，第404页。
[5] 习近平：《在哲学社会科学工作座谈会上的讲话》，人民出版社2016年版，第5页。

的成果，极大改变了中国的面貌，但也极大冲击了中华优秀传统文化的地位，使其面临艰难的生存处境。改革开放以来，国外流行文化和西方各种思潮，再一次大规模涌入中国，如滔滔大浪冲击着中华优秀传统文化的存在根基。

第一，国外流行文化的冲击。流行文化是一个包含影视、音乐、文学艺术、游戏、时装等在内的文化概念，随着传播技术的日益发达，流行文化更是深刻影响着每一个普通人的日常生活。目前，来自国外的流行文化数量大、影响大，特别是在青少年阶层中流行甚广，从而对中华优秀传统文化产生了巨大冲击。在我国影响较大国外流行文化主要有以下几种：一是美国流行文化。美国是世界头号经济强国，也是头号文化强国。如《变形金刚》系列、《速度与激情》系列、《阿凡达》《泰坦尼克号》等好莱坞电影，《纸牌屋》《权力的游戏》《越狱》等美剧，在中国影响甚大。二是日韩流行文化。以日本动漫、韩国电视剧等为代表的日韩文化在中国也很有市场，以《太阳的后裔》《来自星星的你》为代表的电视剧在中国有着极高的人气。三是西方节日文化。圣诞节、情人节、愚人节等西方节日文化在我国青少年中影响很大。四是国外饮食服饰。西餐和日韩饮食、西方和日韩流行服饰在我国影响很大。这些国外流行文化流入我国，丰富了普通民众的精神文化生活，也冲击了中华优秀传统文化的当代地位。

第二，西方政治思潮的冲击。近代以来，在救亡图存的大背景下，西方许多政治思潮涌入中国。除马克思主义之外，自由主义、无政府主义、社会达尔文主义、国家主义等政治思潮在中国也产生了较大影响。改革开放之后，西方各种政治思潮再次涌入。除自由主义等传统政治思潮外，一些新的思潮也竞相而入，如波普尔的政治哲学、熊彼特的精英民主主义、罗尔斯的正义理论、麦金太尔的社群主义、哈耶克的自由秩序原理、诺齐克的自由至上主义，以及绿色和平主义、女权主义、民主社会主义等政治思潮，纷至沓来，令人目不暇接。这些政治思潮在学术界颇有影响，对知识精英阶层影响甚大，不仅干扰着他们对中国特色社会主义的认识，而且影响着他们对中华优秀传统文化的认识。在这些西方政治思潮的反复冲击下，中华优秀传统文化反而处于弱势地位，成了落伍的文化古董。

中华优秀传统文化具有包容性，善于汲取各种文化进行创新发展。但强势的欧美文化和日韩文化对中国文化产生强烈冲击，甚至有取代中华优秀传统文化的势头，这是我们进行文化建设时不得不面对的巨大挑战。传承发展中华优秀传统文化，机遇难得，挑战严峻，机遇和挑战同时存在。同时，机遇和挑战也并非完全对立，在一定条件下可以相互转化。传承发展中华优秀传统文化，不仅要善于抓住机遇、应对挑战，而且要善于因势利导，化挑战为机遇。

第五章 传承发展中华优秀传统文化的主要内容

在五千多年的发展过程中，中华民族创造了历史悠久、博大精深的优秀传统文化，积淀着中华民族最深沉的精神追求，代表着中华民族独特的精神标识，为中华民族生生不息、发展壮大提供了强大精神支撑。从系统角度看，一种文化是由若干文化要素组成的具有一定结构和功能的文化系统。组成文化系统的文化要素复杂多样，在系统中具有不同特征和功能。如果以特征和功能的相似性为标准，可以对复杂多样的文化要素进行分类，区分出精神、制度和物质三个层面的文化要素，"物质、制度和精神构成文化的三个层面"[1]。精神层面文化是以精神形式而存在的文化，代表着人类认识世界的精神成果，如世界观、价值观等。物质层面文化是以物质形式而存在的文化，代表着人类改造世界的物质成果，如生产工具、生活器具等。制度层面文化介于前二者之间，代表着人类营造社会关系、规范社会行为的制度成果，如政治制度、社会礼仪等。这三个层面的文化要素相互影响、有机结合，共同构成整个文化系统，中华优秀传统文化也是由精神、制度和物质三个层面文化要素构成的文化系统。

在文化的三个层面中，精神文化是最核心的层面。精神文化决定着制度文化和物质文化，制度文化和物质文化又反映着

---

[1] 庞朴：《文化的界说》，载《新华文摘》，2009年第19期。

精神文化。因此，中华精神文化，是中华优秀传统文化的主要内容，是中华民族最宝贵的文化资源。习近平同志指出："中华优秀传统文化是中华民族的文化根脉，其蕴含的思想观念、人文精神、道德规范，不仅是我们中国人思想和精神的内核，对解决人类问题也有重要价值。"[1]2017年1月，中共中央办公厅、国务院办公厅印发的《关于实施中华优秀传统文化传承发展工程的意见》，把传承发展中华优秀传统文化的主要内容明确为核心思想理念、中华传统美德和中华人文精神等三个方面。传承发展中华优秀传统文化，要深入挖掘其中的精华要义，特别要重点传承发展中华优秀传统文化蕴含的核心思想理念、中华传统美德和中华人文精神。

---

[1] 习近平:《举旗帜聚民心育新人兴文化展形象　更好完成新形势下宣传思想工作使命任务》，载《人民日报》，2019年8月23日，第1版。

一、核心思想理念

中华优秀传统文化内容博大精深，其中蕴含的深刻的治国理政思想尤其宝贵，如革故鼎新、与时俱进的思想，脚踏实地、实事求是的思想，惠民利民、安民富民的思想，道法自然、天人合一的思想等，可以为人们认识和改造世界提供有益启迪，可以为治国理政提供有益借鉴。习近平同志强调，要"深入挖掘和阐发中华优秀传统文化讲仁爱、重民本、守诚信、崇正义、尚和合、求大同的时代价值"[1]。传承发展中华优秀传统文化，就要大力弘扬讲仁爱、重民本、守诚信、崇正义、尚和合、求大同等核心思想理念。

（一）讲仁爱

"仁"是儒家思想的核心概念之一。据统计，仅《论语》中"仁"字就出现了一百零九次之多。在《论语》中，"仁"字的含义非常丰富，孔子对"仁"做了多方面的阐释。下面简要列举《论语》中几处关于"仁"的论述：

> 子曰："巧言令色，鲜矣仁！"（《论语·学而》）
> 子曰："弟子入则孝，出则悌，谨而信，泛爱众，而亲仁。行有余力，则以学文。"（《论语·学而》）
> 子曰："人而不仁，如礼何？人而不仁，如乐何？"（《论语·八佾》）

---

[1]《习近平谈治国理政》，外文出版社2014年版，第164页。

子曰:"不仁者不可以久处约,不可以长处乐。仁者安仁,知者利仁。"(《论语·里仁》)

子曰:"唯仁者能好人,能恶人。"(《论语·里仁》)

子曰:"志于道,据于德,依于仁,游于艺。"(《论语·述而》)

对什么是"仁",历来有不同解释,孟子说:"恻隐之心,仁也。"(《孟子·告子上》)韩非子说:"仁者,谓其中心欣然爱人也。"(《韩非子·解老》)韩愈说:"博爱之谓仁。"(韩愈《原道》)朱熹说:"仁者,爱之理,心之德也。"(《论语集注·学而》)可见,关于什么是"仁",人们也是莫衷一是。因此冯友兰指出:"在《论语》中可以看出,有时候孔子用'仁'字不光是指某一种特殊德性,而且是指一切德性的总和。"[1]也就是说,孔子用"仁"的概念来概括一切美好的品德。虽然"仁"的含义非常丰富,但"仁"的核心是"爱人"。《论语·颜渊》记载:"樊迟问仁,子曰:'爱人。'"对此,朱熹解释说:"爱人,仁之施。"(《论语集注·颜渊》)也就说,"仁"的本质就是"爱","仁"的表现就是"爱人"。

对于如何实行"仁",即如何"爱人",孔子主张推己及人,也就是施行孔子的"忠恕"之道。孔子曾说:"吾道一以贯之。"(《论语·里仁》)对于孔子一以贯之的"道",孔子学生曾子解释说:"夫子之道,忠恕而已矣。"(《论语·里仁》)《论语·颜渊》记载:"仲弓问仁,子曰:'出门如见大宾,使民如承大祭。己所不欲,勿施于人。在邦无怨,在家无怨。'"还有一次,子贡问孔子:"有一言而可以终身行之者乎?"孔子回答:"其恕乎!己所不欲,勿施于人。"(《论语·卫灵公》)孔子还说:"夫仁者,己欲立而立人,己欲达而达人。能近取譬,可谓仁之方也已。"(《论语·雍也》)可见,"己欲立而立人,己欲达而达人"是肯定"爱人"的方面,也就是"忠"。"己所不欲,勿施于人"是否定"爱人"的方面,也就是"恕"。这两个方面结合起来,就是孔子推崇的"仁"的

---

[1] 冯友兰:《中国哲学简史》,北京大学出版社2013年版,第37页。

实施方法。

"仁爱"不仅是儒家的主张,而且还得到了其他诸子的认可,例如,墨家主张"兼爱"思想,与"仁爱"就有很多相似之处。墨子认为:"天下兼相爱则治,交相恶则乱。"(《墨子·兼爱上》)所以墨子强调:"欲天下之治,而恶其乱,当兼相爱、交相利。此圣王之法,天下之治道也,不可不务为也。"(《墨子·兼爱中》)墨子还强调:"仁,仁爱也。"(《墨子·经说下》)虽然,墨家强调的"兼爱"是无差别的爱,儒家强调的"仁爱"是有差别的爱,但强调"爱人"则是一致的。

"仁爱"不仅是一种个人美德,更是一种重要治国理念,这集中表现为中国古代倡导的"仁政"思想。"仁"用于处理人际关系就是"爱人",用于治理国家就是"爱民",就是实行"仁政","仁政"是在治国层面的"爱人"。孔子在对"仁""爱"的论述中,就已经有了实施"仁政"的思想。孔子说:"道千乘之国:敬事而信,节用而爱人,使民以时。"(《论语·学而》)孟子继承发扬了孔子的"仁政"思想,明确提出"仁政"的主张。

> 梁惠王曰:"晋国,天下莫强焉,叟之所知也。及寡人之身,东败于齐,长子死焉;西丧地于秦七百里;南辱于楚。寡人耻之,愿比死者一洒之,如之何则可?"孟子对曰:"地方百里而可以王。王如施仁政于民,省刑罚,薄税敛,深耕易耨。壮者以暇日修其孝悌忠信,入以事其父兄,出以事其长上,可使制梃以挞秦楚之坚甲利兵矣。彼夺其民时,使不得耕耨以养其父母,父母冻饿,兄弟妻子离散。彼陷溺其民,王往而征之,夫谁与王敌?故曰:'仁者无敌。'王请勿疑!"(《孟子·梁惠王上》)

在这次谈话中,孟子明确提出了"仁政"思想,还做出了"仁者无敌"的著名论断。在另外一些谈话中,孟子还说:"行仁政而王,莫之能御也""当今之时，万乘之国行仁政，民之悦之，犹解倒悬也。"(《孟子·公孙丑上》)"尧舜之道，不以仁政，不能平治天下。"(《孟子·离娄上》)孟子的"仁政"思想影响深远，能否实行"仁政"成为后人判断执政者优劣的重要标准，也成为影响王朝兴亡的重要因素。秦汉以来，实行"仁政"的汉文帝创造了"文景之治"、唐太宗创造了"贞观之治"，而不行"仁政"的秦始皇、隋炀帝则葬送了本来强大的秦朝、隋朝。汉初贾谊总结秦朝灭亡教训时说："一夫作难而七庙隳，身死人手，为天下笑者，何也？仁义不施而攻守之势异也。"(贾谊《过秦论》)"仁爱"思想是中国古代极为推崇的治国之道，在当代依然具有重要的当代价值和现实意义。

（二）重民本

中国古代民本思想发源很早，早在《尚书·五子之歌》中就记载了夏禹的"民惟邦本，本固邦宁"的民本思想。夏商相继灭亡，周人从商朝灭亡的史实中认识到"民之所欲，天必从之"(《左传·昭公元年》)、"天视自我民视，天听自我民听"(《尚书·泰誓中》)的历史教训。春秋战国时期，"民本"思想得到了充分发展。《左传》提出"夫民，神之主也"(《左传·僖公十九年》)，认为"国将兴，听于民；将亡，听于神"(《左传·庄公三十二年》)。孔子提出了"庶民""富民""教民"的思想，孟子提出了"民为贵，社稷次之，君为轻"(《孟子·尽心下》)的思想，荀子提出了"天之生民，非为君也；天之立君，以为民也"(《荀子·大略》)的思想，至此民本思想基本形成。在中国古代，民本思想既是一种理论共识，也是一种实践经验。历朝历代"其兴也勃焉""其亡也忽焉"(《左传·庄公十一年》)，就是统治者对"民本"思想坚守或背离造成的历史事实。

重视民生疾苦是中国古代民本思想的重要内容。先秦时期，孔子主张治国要"足食,足兵,民信之矣"(《论语·颜渊》)。老子指出:"民之饥,以其上食税之多,是以饥。"(《道德经》第七十五章)孟子谴责"庖有肥肉,厩有肥马,民有饥色,野有饿莩,此率兽而食人"(《孟子·梁惠王上》)的统治者,主张"黎民不饥不寒"的"王道"。秦汉以来,重视民生疾苦的民本思想被继承和发扬。唐代杜甫写道:"安得广厦千万间,大庇天下寒士俱欢颜。"(杜甫《茅屋为秋风所破歌》)明代于谦写道:"但愿苍生俱饱暖,不辞辛苦出山林。"(于谦《咏煤炭》)明代张居正劝谏万历皇帝:"致理之要,惟在于安民;安民之道,在察其疾苦。"(张居正《请蠲积逋以安民生疏》)清代经学家万斯大提出:"利民之事,丝发必兴;厉民之事,毫末必去。"(万斯大《周官辨非·天官》)这些都体现了对民生疾苦的重视。

清代"扬州八怪"之一郑板桥,就是中国古代重视民生疾苦的官员典范。他在山东潍县任知县期间,曾经遇到大涝,饿莩遍野,民不聊生。郑板桥立即下令"大兴修筑,招远近饥民赴工就食,籍邑中大户,令开厂煮粥轮饲之"。对此有人提出应先上报朝廷,但他断然拒绝:"此何时?俟辗转申报,民无孑遗矣。有谴,我任之!"(《清史稿·郑燮传》)郑板桥关心百姓疾苦,敢于担当任事的作风得到了广泛赞誉,也成为后世传颂的好官。他在此期间,曾作过一幅名为《潍县署中画竹呈年伯包大中丞括》的画,画中题画诗云:"衙斋卧听萧萧竹,疑是民间疾苦声。些小吾曹州县吏,一枝一叶总关情。"这首诗托物言志,从自然界的风吹竹动的声音联想到百姓的饥寒疾苦,表达了对百姓冷暖安危的关心。

"政之所兴在顺民心,政之所废在逆民心。"(《管子·牧民·四顺》)重视民生疾苦,其目的是要获得民心民意,因为中国古人深刻认识到民心向背决定国家兴亡的道理。儒家思想家孟子认为:"得道者多助,失道者寡助。寡助之至,亲戚畔之;多助之至,天下顺之。以天下之所顺,攻亲戚之所畔;故君子有不战,战必胜矣。"(《孟子·公孙丑下》)因此孟子主张施行"仁政"。相反，如果施行"暴政"，到了"时日曷丧？予及汝偕亡"(《尚书·汤誓》)的程度，就会像桀纣一样被视为独夫民贼而众叛亲离、身死国破，历史的史实反复证明了孟子的这种见解。

战国后期，秦国"以区区之地，致万乘之势，序八州而朝同列"(贾谊《过秦论》)，最终一统天下。然而，这个强大的帝国好景不长，短短十五年就灰飞烟灭了。秦国的兴亡给后人带来无限的思考，汉代贾谊作三篇《过秦论》对此进行了深刻反思，他指出，秦二世"坏宗庙与民，更始作阿房之宫；繁刑严诛，吏治刻深；赏罚不当，赋敛无度"，导致民不聊生、民心丧失。唐代诗人杜牧在《阿房宫赋》中也对秦朝灭亡进行了深刻反思，他指出："灭六国者，六国也，非秦也。族秦者，秦也，非天下也。嗟乎！使六国各爱其人，则足以拒秦。使秦复爱六国之人，则递三世可至万世而为君，谁得而族灭也？"贾谊和杜牧时代不同，但他们都认为秦朝灭亡的原因在于失去民心。秦朝之后，中国历史上演了无数次政权更迭，分分合合、一治一乱的原因都可归结为民心民意的向背。正是认识到这一点，中国历代思想家和统治者都非常注重赢得民心、顺应民意。

唐代名臣魏徵多次劝谏唐太宗李世民："君，舟也，人，水也；水能载舟，亦能覆舟。"(《贞观政要·论政体》)御史马周也劝谏唐太宗："自古以来，国之兴亡，不由蓄积多少，唯在百姓苦乐。"(《旧唐书·马周传》)这些劝谏使唐太宗充分认识到："为君之道，必须先从百姓，若损百姓以奉其身，犹割股以啖腹，腹饱而身毙。"(《贞观政要·君道》)"人君赋敛不已，百姓既弊，其君亦亡。"(《贞观政要·辨兴亡》)正是有了这样的深刻认识，才有了历史著名的"贞观之治"。《贞观政要》记载，当时社会上"商旅野次，无复盗贼，囹圄常空。马牛布野，外户不闭。又频致丰稔，米斗三四钱"。和唐太宗一样，许多思想家和统治者的民本思想或许有历史局限性，历史上类似"贞观之治"的繁荣富强景象也不多有，但"民本"思想能够得到认同，并在谋求国家发展当中处于指导思想的重要地位,不能不说"民本"思想是值得中华民族自豪的文化精髓。

(三)守诚信

"诚"和"信"历来被中华民族视为重要的道德规范和治国理念。孟子说"诚者,天之道也,思诚者,人之道也。至诚而不动者,未之有也;不诚,未有能动者也。"(《孟子·离娄上》)意思是说,"诚"是上天的准则,追求"诚"是做人的准则,不为至诚所感动的人未曾有过,而不诚则从未有过感动人的。庄子说:"真者,精诚之至也,不精不诚,不能动人。"(《庄子·渔父》)汉代王充也说:"精诚所至,金石为开。"(《论衡·感虚》)可见古人对"诚"的推崇。"信"是儒家"五常"(仁、义、礼、智、信)之一,也是古人推崇备至的价值理念。孔子说:"自古皆有死,民无信不立。"(《论语·颜渊》)孟子说:"上无道揆也,下无法守也,朝不信道,工不信度,君子犯义,小人犯刑,国之所存者幸也。"(《孟子·离娄上》)这都是把"信"作为治国理政的重要理念。一般意义上,"诚"即"内诚于心",主要指内在的真诚品德;"信"即"外信于人",主要指"诚"的外化。《说文解字》中云:"诚,信也。""信,诚也。"两者组合在一起,形成一个内外兼备、内涵丰富的道德范畴:诚实无欺,讲求信用。

中国古人对诚信意义的认识非常深刻,认为诚信既是为人处世的基本要求,也是治国理政的崇高境界。从为人处世的基本要求来看,诚信是立身之本。孔子说:"人而无信,不知其可。"(《论语·为政》)人若不讲诚信,就没有办法立足。诚信也是交友之基。孔子说:"吾日三省吾身,为人谋而不忠乎?与朋友交而不信乎?传不习乎?"(《论语·学而》)孔子还说:"益者三友,损者三友。友直,友谅,友多闻,益矣。友便辟,友善柔,友便佞,损矣。"(《论语·季氏》)"益"和"损"的主要划分就是诚信与否。中国古代有关"尾生抱柱"的故事,则充分说明了人们对"诚信"的高度认可。《庄子·盗跖》记载:"尾生与女子期于梁下,女子不来,水至不去,抱梁柱而死。"后人就用"尾生抱柱"比喻坚守信约。"诚信"既然是立身之本,因此古人把"诚信"作为家教的重要内容。《韩非子》中的"曾子杀猪"的故事,就说明了这一点。

  曾子之妻之市,其子随之而泣。其母曰:"女还,顾反为女杀彘。"
  妻适市来,曾子欲捕彘杀之,妻止之曰:"特与婴儿戏耳。"
  曾子曰:"婴儿非与戏耳。婴儿非有知也,待父母而学者也,听父母之教。今子欺之,是教子欺也。母欺子,子而不信其母,非所以成教也。"遂烹彘也。(《韩非子·外储说左上》)

"曾子杀猪教子"的故事历来被后人称许,深深影响着后人教育孩子的理念。

诚信不仅是一种道德规范,更是一种治国理念。荀子指出:"古者禹汤本义务信而天下治,桀纣弃义背信而天下乱。故为人上者,必将慎礼义、务忠信然后可,此君人者之大本也。"(《荀子·强国》)圣王还是暴君,天下大治还是天下大乱,取决于诚信,这是作为人君、治理国家的根本。《吕氏春秋》上说:"君臣不信,则百姓诽谤,社稷不宁。处官不信,则少不畏长,贵贱相轻。赏罚不信,则民易犯法,不可使令。交友不信,则离散郁怨,不能相亲。百工不信,则器械苦伪,丹漆染色不贞。"(《吕氏春秋·贵信》)可见,诚信是治国理政的重要价值准则。

中国历史上有很多因"诚信"而成功的例子。战国初期,魏文侯是首先实现富国强兵的诸侯。他之所以能够在战国初期雄霸天下,与他讲究诚信有重要关系。

文侯与群臣饮酒，乐，而天雨，命驾将适野。左右曰："今日饮酒乐，天又雨，君将安之？"文侯曰："吾与虞人期猎，虽乐，岂可无一会期哉！"乃往，身自罢之。(《资治通鉴·周纪一》)

关于"诚信"，战国时期商鞅"徙木立信"之事也极为有名。商鞅为了在秦国推行变法措施，恐怕秦国百姓不信，就用"徙木立信"先取信于国民，然后推行变法。史书记载："令既具未布，恐民之不信，乃立三丈之木于国都市南门，募民有能徙置北门者予十金。民怪之，莫敢徙。复曰：'能徙者予五十金！'有一人徙之，辄予五十金。乃下令。"（《资治通鉴·周纪二》）王安石评论此事："自古驱民在信诚，一言为重百金轻。今人未可非商鞅，商君能令政必行。"（王安石《商鞅》）这两位主张变法的大人物，都认为诚信是变法成功的重要基础。《资治通鉴》的作者司马光在记载商鞅变法时有一段关于"诚信"的精彩评论：

夫信者，人君之大宝也。国保于民，民保于信。非信无以使民，非民无以守国。是故古之王者不欺四海，霸者不欺四邻，善为国者不欺其民，善为家者不欺其亲。不善者反之：欺其邻国，欺其百姓，甚者欺其兄弟，欺其父子。上不信下，下不信上，上下离心，以至于败。所利不能药其所伤，所获不能补其所亡，岂不哀哉！昔齐桓公不背曹沫之盟，晋文公不贪伐原之利，魏文侯不弃虞人之期，秦孝公不废徙木之赏。此四君者，道非粹白，而商君尤称刻薄，又处战攻之世，天下趋于诈力，犹且不敢忘信以畜其民，况为四海治平之政者哉！(《资治通鉴·周纪二》)

司马光在这里列举了齐桓公、晋文公、魏文侯、秦孝公等君主讲诚信的例子，这四位君主都是春秋战国时期富国强兵、叱咤风云的君主，可以说"诚信"就是他们取得成功的重要密码。

（四）崇正义

追求"正义"是中国古代一个重要的价值理念。"正"具有"不偏斜"的意思。《论语·乡党》说："席不正，不坐。""正"还引申为"端正""正确"的意思。有一次，鲁国执政者季康子的向孔子问"政"，孔子回答说："政者，正也。子帅以正，孰敢不正？"（《论语·颜渊》）孔子非常重视统治者自身的端正与否，将其作为治国理政的关键。孔子说："其身正，不令而行；其不正，虽令不从。"（《论语·子路》）孟子也非常认同这一点，他说："行有不得者，皆反求诸己，其身正而天下归之。"（《孟子·离娄上》）"义"是"五常"（仁、义、礼、智、信）之一，是儒家的一个核心概念。在儒家经典中，关于"义"论述不胜枚举。例如，孔子说："不义而富且贵，于我如浮云。"（《论语·述而》）孟子说："生亦我所欲也，义亦我所欲也，二者不可得兼，舍生而取义者也。"（《孟子·告子上》）"行一不义、杀一不辜而得天下，皆不为也。"（《孟子·公孙丑上》）对于什么是"义"，孔子说："义者宜也，尊贤为大。"（《中庸》）孟子说："义，人之正路也。"（《孟子·离娄上》）朱熹说："义者，心之制、事之宜也。"（《孟子集注·梁惠王章句上》）"义者，宜也，乃天理之当行，无人欲之邪曲，故曰正路。"（《孟子集注·离娄章句上》）也就是说，"义"是"合宜之理""合宜之行"，也是为人处世、治国理政的重要理念。古人也常把"正"和"义"合用，意为"公正""合理"的意思，具有鲜明的价值指向。汉代贾谊在《新书·威不信》中就说："古之正义，东西南北，苟舟车之所达，人迹之所至，莫不率服。"意思是说，"正义"是天下信服的基本前提。

《左传》上记有"石碏大义灭亲"的故事。春秋时期卫国国君卫庄公宠爱庶子公子州吁，州吁恃宠而骄，喜好武力。大臣石碏劝谏卫庄公说："爱子，教之以义方，弗纳于邪。"（《左传·鲁隐公三年》）他提醒卫庄公，宠爱州吁可能给国家带来大祸，但卫庄公不听。石碏的儿子石厚和州吁关系密切，石碏也没有办法制止石厚为虎作伥。果不其然，卫庄公去世后卫桓公继承君位，州吁阴谋杀害了卫桓公，自己做了国君。但是州吁的篡位造成了国内的动乱，石厚就向他父亲石碏询问如何安定国家。这时已经退休的石碏就告诉石厚和州吁，当前陈桓公受到周王的宠幸，如果请陈桓公向周王求情，允许州吁朝觐周王，那么这次篡位就可以名正言顺了，也就可以使国家安定了，于是州吁和石厚就去了陈国。与此同时，石碏写密信给陈桓公说："卫国褊小，老夫耄矣，无能为也。此二人者，实弑寡君，敢即图之。"（《左传·鲁隐公四年》）陈桓公接受了石碏的请求，将州吁和石厚逮捕。然后石碏亲自派人去处死了州吁和石厚，使卫国重新得到安定。石碏为了国家杀死了自己的儿子，得到了当时和后人的赞扬。《左传》给予石碏很高的评价："石碏，纯臣也，恶州吁而厚与焉。大义灭亲，其是之谓乎？"（《左传·鲁隐公四年》）

追求"正义"不仅是儒家的价值理念，而且也是其他诸子的价值理念。《墨子》就记载了"墨子救宋"的事件。公元前440年前后，楚国让工匠公输盘制造攻城器械云梯，准备攻打宋国。墨子听说后，就从鲁国出发，连续走了十日十夜赶到楚国都城见公输盘，试图阻止这场战争，理由就是进攻宋国是不义之战。墨子见了公输盘之后两人有一段对话：

公输盘曰："夫子何命焉为？"

子墨子曰："北方有侮臣者，愿借子杀之。"公输盘不说。

子墨子曰："请献十金。"

公输盘曰："吾义固不杀人。"

子墨子起，再拜，曰："请说之。吾从北方闻子为梯，将以攻宋。宋何罪之有？荆国有余于地，而不足于民。杀所不足而争所有余,不可谓智;宋无罪而攻之,不可谓仁;知而不争,不可谓忠;争而不得,不可谓强。义不杀少而杀众,不可谓知类。"公输盘服。(《墨子·公输》)

墨子虽然用"正义"的道理说服了公输盘,但还要必须说服楚王才能制止这场战争。墨子于是又见到了楚王,但楚王穷兵黩武,执意要攻打宋国。为了说服楚王,墨子和公输盘在楚王面前进行了军事推演。"子墨子解带为城,以牒为械,公输盘九设攻城之机变,子墨子九距之;公输盘之攻械尽,子墨子之守圉有余。公输盘诎。"(《墨子·公输》)在军事推演中墨子取得了胜利,他还告诉楚王:"弟子禽滑厘等三百人,已持臣守圉之器,在宋城上而待楚寇矣。"经过墨子的努力,最终楚王放弃了进攻宋国。墨家学派以"兼爱""非攻"为价值追求,以"兴天下大利,除天下之害"为己任,为了"正义"可以"赴火蹈刃,死不还踵"(《淮南子·泰族训》),"墨子救宋"只是墨家诸多"正义"之举的一例。

中国历代都非常推崇追求"正义"的官员。司马迁作《循吏列传》,赞颂主持正义、刚正不阿的好官,为后代史书所沿袭,民间常说的"清官""青天大老爷"就是这样的好官。汉光武帝时期的董宣就是一个主持正义、刚正不阿的好官。董宣做洛阳县令时,湖阳公主的家奴白天杀人,藏匿在公主家里无法抓捕。董宣就趁这个家奴和湖阳公主一起出行时,将其逮捕杀死。湖阳公主向光武帝告状,光武帝极为恼怒,欲杀董宣。

> 帝大怒,召宣,欲箠杀之。宣叩头曰:"愿乞一言而死。"帝曰:"欲何言?"宣曰:"陛下圣德中兴,而纵奴杀良人,将何以理天下乎?臣不须箠,请得自杀。"即以头击楹,流血被面。帝令小黄门持之,使宣叩头谢主,宣不从,强使顿之,宣两手据地,终不肯俯。主曰:"文叔为白衣时,臧亡匿死,吏不敢至门。今为天子,

威不能行一令乎？"帝笑曰："天子不与白衣同。"因敕强项令出，赐钱三十万，宣悉以班诸吏。由是搏击豪强，莫不震栗。京师号为"卧虎"，歌之曰"枹鼓不鸣董少平"。(《后汉书·酷吏传》)

董宣的刚正不阿感动了光武帝，称他为"强项令"，还赐给他钱三十万。从此之后，董宣打击豪强，主持正义，名震天下。董宣名垂青史，也成为后代许多官吏的楷模，而老百姓对这种好官是非常渴求的。宋代的包拯"包青天"、明代的海瑞"海青天"在人民心中具有崇高的地位，就是因为他们都能够主持正义、刚正不阿。

（五）尚和合

"和合"是中国古代重要的思想理念。《说文解字》上说："和，相应也。""合，合口也。"在中国古代典籍中，"和合"一词多有出现。《墨子·尚同中》上说："内之父子兄弟作怨雠，皆有离散之心，不能相和合。"《国语·郑语》上说："夏禹能单平水土，以品处庶类者也，商契能和合五教，以保于百姓者也。"《韩诗外传》上说："天施地化，阴阳和合。"《史记·循吏列传》上说："施教导民，上下和合。"唐代元稹在《辨日旁瑞气状》中说："臣下忠诚辅主，国中欢喜和合。"对于"和合"一词的理解，张岱年说："'和合'一词起源很早。用两个字表示，称为'和合'；用一个字表示，则称为'和'。"[1]实际上，"和合"精神实质就是"和谐"，指万事万物井然有序、相互协调、共生共荣。中国古代的"和合"思想，强调了多方面的和谐。

首先，人与自身和谐。儒家经典《中庸》强调："喜怒哀乐之未发，谓之中；发而皆中节，谓之和。中也者，天下之大本也；和也者，天下之达道也。"儒家主张通过格物、致知、诚意、正心、修身等途径协调

---

[1] 张岱年：《晚思集》，新世界出版社2002年版，第122页。

好人的内心世界、规范好人的外在行为。道家主张:"挫其锐,解其纷,和其光,同其尘。"(《道德经》第五十六章)主张以谦让不争、清静无为达到身心和谐。佛家讲修来世,力图以超然人生的态度进入一种大彻大悟的心灵境地,实现自我身心和谐。

其次,人与人和谐。在处理人与人的关系上,孔子主张"仁爱"原则,一方面要"己欲立而立人,己欲达而达人"(《论语·雍也》),另一方面要"己所不欲,勿施于人"(《论语·颜渊》),这两条都是从"己欲"出发"推己及人",合起来就是孔子一以贯之的"忠恕"之道。道家反对人与人的冲突争斗,老子说:"天之道,损有余而补不足。人之道,损不足以奉有余。孰能以有余以奉天下,唯有道者。"(《道德经》第七十七章)主张人们效法天道,实现人与人之间的相对和谐。

再次,人与社会的和谐。在处理人与社会关系上,中国古人追求"内圣外王"的境界。"内圣"是指注重个人修养,"外王"是指注重社会功用,个人和社会实现了和谐统一。孟子说:"得志,泽加于民;不得志,修身见于世。穷则独善其身,达则兼善天下。"(《孟子·尽心上》)孟子的这个论述正是对"内圣外王"生动而深刻的诠释,做到了这一点就能做到人与社会的和谐。

最后,人与自然和谐。"天人合一"代表着人与自然的高度和谐,是中国古代发展理念的重要内容。孟子说:"不违农时,谷不可胜食也;数罟不入洿池,鱼鳖不可胜食也;斧斤以时入山林,材木不可胜用也。谷与鱼鳖不可胜食,材木不可胜用,是使民养生丧死无憾也。养生丧死无憾,王道之始也。"(《孟子·梁惠王上》)他把人与自然的和谐作为施行"王道"政治的开始。荀子也说:"鼋鼍鱼鳖鳅鳣孕别之时,网罟毒药不入泽,不夭其生,不绝其长也。"(《荀子·王制》)而对此更为生动的阐释是《吕氏春秋》:"竭泽而渔,岂不获得?而明年无鱼;焚薮而田,岂不获得?而明年无兽。"(《吕氏春秋·义赏》)这些发展理念体现了深刻的辩证思想,即使在今天也有很强的启示意义。

另外，在对外关系上，中国古代还追求民族与民族、国与国之间的和谐。儒家认为"以力服人者，非心服也，力不赡也；以德服人者，中心悦而诚服也"(《孟子·公孙丑上》)，提倡"远人不服，则修文德以来之。既来之，则安之"(《论语·季氏》)。墨家主张"非攻"，反对一切侵略战争。道家不崇尚武力，老子说："兵者不祥之器，非君子之器，不得已而用之，恬淡为上，胜而不美，而美之者，是乐杀人。"(《道德经》第三十一章)兵法经典《孙子兵法》认为"百战百胜，非善之善者也；不战而屈人之兵，善之善者也"，《司马法》也认为"国虽大，好战必亡"。秦汉以来，渴望和平、呼吁和平的声音一直不断，特别是在历朝历代的文学作品中，这样的声音尤其强烈。曹操在《蒿里行》中写道："铠甲生虮虱，万姓以死亡。白骨露于野，千里无鸡鸣。生民百遗一，念之断人肠。"唐代诗人陈陶在《陇西行》中写道："誓扫匈奴不顾身，五千貂锦丧胡尘。可怜无定河边骨，犹是春闺梦里人。"元朝诗人萨都剌在《念奴娇·赤壁怀古》写道："蔽日旌旗，连云樯橹，白骨纷如雪。"这些诗歌从不同角度描写了兵灾战祸给国家给百姓所造成的巨大灾难，表达了对和平的强烈渴望。

为了追求和平，汉唐清等朝代通过"和亲"加强与邻邦的友好关系。据《史记·刘敬叔孙通列传》记载："(高祖)取家人子名为长公主，妻单于。使刘敬往结和亲约。"从此时起，汉朝与匈奴之间开始了真正的"和亲"，后世或断或续地沿袭了这一政策，到清朝达到了顶峰。"和亲"效果较好、影响较大的有汉朝的昭君出塞和唐朝的文成公主远嫁吐蕃。汉元帝时期，汉宫宫女王昭君出塞，嫁给匈奴呼韩邪单于，使汉匈两家在几十年间一直保持着友好和睦关系。唐太宗时期，文成公主远嫁吐蕃，在吐蕃生活了近四十年。在她的影响下，汉族的碾磨、纺织、陶器、造纸、酿酒等工艺陆续传到吐蕃；她带去的诗文、农书、佛经、史书、医典、历法等典籍，促进了吐蕃经济、文化的发展，加强了唐朝和吐蕃的友好关系。值得注意的是，这两次"和亲"都发生在中国强盛、邻邦衰弱时期，这充分说明了对和平发展的渴望。

另外，郑和下西洋的史实也能说明中国的和平发展理念。1405年，郑和率领庞大的二百四十多艘海船、两万七千四百名船员组成的船队远航，访问了三十多个太平洋和印度洋的国家和地区。在二十多年间，郑和一共远航七次，最远到达红海沿岸和非洲东海沿岸。郑和的船队是一支规模庞大、装备精良的舰队，虽然有强大的军事实力，但郑和的舰队没有被用于侵略扩张，而是为了和平交往。郑和七下西洋，开拓了海上航道，发展了海外贸易，传播了中华文明，将中华礼仪和思想、历法和度量衡制度、农业技术、制造技术、建筑雕刻技术、医术、航海造船技术等传播到沿途国家。而稍后葡萄牙、西班牙两个海洋大国相继开拓了世界新航道，拉开了西方列强殖民世界的大幕。在中华民族的悠久历史中，和平发展的理念不仅滋润了中华民族的精神，也指导着中华民族的发展实践，成为能够启迪未来的精神财富。

（六）求大同

构建一个什么样的社会，是中国古人不断思考的一个问题。特别是在春秋战国时期，由于战争频发，社会混乱，许多思想家都提出了别具一格的社会理想。例如，农家提出了"并耕而食"的理想，道家提出了"小国寡民"的理想。这其中，以儒家提出的"大同"社会理想最为动人、最为美好。《礼记·礼运》描述道：

> 大道之行也，天下为公。选贤与能，讲信修睦，故人不独亲其亲，不独子其子，使老有所终，壮有所用，幼有所长，矜寡孤独废疾者，皆有所养。男有分，女有归。货，恶其弃于地也，不必藏于己；力，恶其不出于身也，不必为己。是故，谋闭而不兴，盗窃乱贼而不作，故外户而不闭，是谓大同。

从这段表述可以看出，在"大同"社会，"天下为公"是其根本特征，经济社会的发展成果不是被统治者独享，而是为天下黎民百姓所共享，即使"矜寡孤独废疾者"这些社会的弱势群体也在关爱关照之列。社会没有特权阶层，参加社会治理的人都是民众选出的贤能之士。社会上民众道德境界很高，讲信修睦，守望相助，乐于奉献，没有私心。整个社会秩序安定，可以做到道不拾遗，夜不闭户。可见，"大同"社会是一个以民为本、天下为公的社会，不仅经济繁荣，百姓富足，而且社会风气淳朴，人们道德高尚，在这个社会中人们的利益得到了广泛而可靠的保障。

"大同"社会的美好理想对后世产生了深远影响。晋代陶渊明在《桃花源记》中描绘了一个美好的"世外桃源"："土地平旷，屋舍俨然，有良田美池桑竹之属。阡陌交通，鸡犬相闻。其中往来种作，男女衣着，悉如外人。黄发垂髫，并怡然自乐。""世外桃源"既表达了对现实社会的不满，也表达了对"大同"社会的向往。从此之后，经历社会动荡和苦难的人们普遍憧憬着"世外桃源"，并和"大同"社会一起成为人们追求的理想社会。唐代前期，经过几代人的励精图治，出现了"贞观之治""开元盛世"。杜甫在《忆昔》中写道："忆昔开元全盛日，小邑犹藏万家室。稻米流脂粟米白，公私仓廪俱丰实。九州道路无豺虎，远行不劳吉日出。齐纨鲁缟车班班，男耕女桑不相失。"这首诗描绘了盛唐时期百姓富足、社会文明的画面，后人似乎可以在诗中看到"大同"社会的影子，这也成为后人津津乐道、孜孜以求的社会理想。

近代以来，中国备受西方列强欺凌，陷入内忧外患的黑暗境地，中国人民饱受战乱频仍、山河破碎、民不聊生的磨难。为了救亡图存、民族复兴，中华民族的仁人志士进行了不懈的探索和尝试。一些有识之士从中华优秀传统文化中汲取智慧，"大同"社会的理想再次成为思想的旗帜。康有为创作《大同书》，提出人类历史所经历的三个阶段，即由

"据乱"进为"升平"(小康),由"升平"进为"太平"(大同)。孙中山提倡"天下为公","提倡人民的权利,便是公天下的道理。公天下和家天下的道理是相反的。天下为公,人人的权利都是很平的。"[1]"大同"社会的理想寄予了中华民族几千年的社会理想,激励一代代中国人为之上下求索、为之不懈奋斗。

"大同"社会理想与柏拉图的"理想国"大致同期,比欧洲最早的空想社会主义"乌托邦"早了差不多两千年。毛泽东同志指出:"康有为写了《大同书》,他没有也不可能找到一条到达大同的路。"[2]同样,中国古人并没有找到一条实现"大同"社会理想的可行道路,这个社会理想也没有真的实现。但是,作为一种社会理想,它体现了中国古代以"民"为本的发展理念,具有重要的进步意义。习近平同志在治国理政实践中,十分重视中国古代的"大同"理想,多次在讲话中使用"大同"一词。习近平同志指出:"中华民族的先人们早就向往人们的物质生活充实无忧、道德境界充分升华的大同世界。"[3]"世界大同,和合共生,这些都是中国几千年文明一直秉持的理念。"[4]"我们所做的一切都是为人民谋幸福,为民族谋复兴,为世界谋大同。"[5]"大同"思想不仅是实现中华民族伟大复兴的重要精神引领,也是推动构建人类命运共同体的重要思想智慧。

---

[1] 《孙中山选集》(下),人民出版社2011年版,第916页。
[2] 《毛泽东选集》(第四卷),人民出版社1991年版,第1471页。
[3] 习近平:《出席第三届核安全峰会并访问欧洲四国和联合国教科文组织总部、欧盟总部时的演讲》,人民出版社2014年版,第17页。
[4] 习近平:《世界大同,和合共生》,载《新华每日电讯》,2018年4月12日,第1版。
[5] 《习近平会见联合国秘书长古特雷斯》,载《人民日报》,2018年4月9日,第1版。

二、中华传统美德

中华优秀传统文化蕴含着丰富的道德理念和规范,如天下兴亡、匹夫有责的担当意识,精忠报国、振兴中华的爱国情怀,崇德向善、见贤思齐的社会风尚,孝悌忠信、礼义廉耻的荣辱观念,体现着评判是非曲直的价值标准,潜移默化地影响着中国人的行为方式。习近平同志指出:"今天,中华民族要继续前进,就必须根据时代条件,继承和弘扬我们的民族精神、我们民族的优秀文化,特别是包含其中的传统美德。"[1]传承发展中华优秀传统文化,就要大力弘扬自强不息、敬业乐群、扶危济困、见义勇为、孝老爱亲等中华传统美德。

(一)自强不息

习近平同志指出:"中华民族历史上经历过很多磨难,但从来没有被压垮过,而是愈挫愈勇,不断在磨难中成长、从磨难中奋起。"[2]中华民族的发展史,就是一部不断历经磨难、成长奋起的光辉历史。《中国人史纲》描写了中国历史的一个有意思的现象:"中国像一个巨大的立方体,在排山倒海的浪潮中,它会倾覆,但在浪潮退去后仍顽强地矗立在那里,以另一面正视世界,永不消失、永不沉没。"[3]在中华民族的漫长历史中,不光有辉煌灿烂的时候,也有衰弱黑暗的时候。从历史

---

[1] 习近平:《从小积极培育和践行社会主义核心价值观——在北京市海淀区民族小学主持召开座谈会时的讲话》,载《人民日报》,2014年5月31日,第2版。
[2] 习近平:《在统筹推进新冠肺炎疫情防控和经济社会发展工作部署会议上的讲话》,载《人民日报》,2020年2月24日,第2版。
[3] 柏杨:《中国人史纲》,人民文学出版社2011年版,第41页。

上看，中华民族曾长期屹立世界民族之林的前列，中华文明曾长期占据人类文明的高峰，这与中华优秀传统文化中的自强不息精神是紧密相关的。"自强不息"出于《易经》"天行健，君子以自强不息"。古人认为，天上的星辰日夜运行不息，君子效法上天，也应自强不息，中华民族自古以来就有这种强烈的自强不息精神。

居安思危求自强。从刀耕火种、穴居巢处的远古时代，到西方列强纷至沓来的中国近代，中华民族经历过许多磨难。从天而降的自然灾害、汹涌而至的外部侵略、持续不断的分裂动荡，特别是中国近代以来的内忧外患，每一次磨难降临，都会产生一种"黑云压城城欲摧"的紧张局面。习近平同志指出："在漫长的历史发展进程中，中华民族曾受过无数来自内部的矛盾与冲突和来自外部的挑战与威胁，如自然灾害、社会动荡、王朝更替、外部入侵等等，但中华民族却一次次战胜灾难，一次次渡过难关，使统一的多民族国家得以不断巩固和发展。"[1]艰难困苦，玉汝于成。多灾多难孕育了中华民族深厚的忧患意识，深厚的忧患意识又不断激励中华民族自强不息，支撑中华民族在历经磨难中愈挫愈勇、成长奋起。从发展历程上看，中华民族优化意识萌生于中华先民远古时期的生存危机中，成熟于先秦诸子系统深邃的思考争鸣中，强化于秦汉以来战胜磨难的不懈奋斗中，发展于中国近代救亡图存的上下求索中。孔子说："人无远虑，必有近忧。"(《论语·卫灵公》)孟子说："生于忧患，死于安乐。"(《孟子·告子下》)《司马法》说："国虽大，好战必亡；天下虽安，忘战必危。"(《司马法·仁本》)欧阳修说："忧劳可以兴国，逸豫可以亡身。"(《新五代史·伶官传序》)这些都表现了中华儿女对国家的强烈忧患意识。易中天认为："忧患是我们民族文化的底色。"[2]正因为中华民族有忧患意识，才能够经常保持清醒，才能保持自强不息的精神状态，才能长盛不衰。

---

[1] 习近平：《领导干部要读点历史》，载《中共党史研究》，2011年第10期。
[2] 易中天：《易中天中华史·奠基者》，浙江文艺出版社2016年版，第151页。

勇于担当求自强。在中国古代,"修身""齐家""治国""平天下"是读书人的人生追求和最高理想。在中国历史上,出现了很多具有担当精神的民族英雄,他们勇于承担起民族和国家的责任。鲁迅说:"我们从古以来,就有埋头苦干的人,有拼命硬干的人,有为民请命的人,有舍身求法的人……虽是等于为帝王将相作家谱的所谓'正史',也往往掩不住他们的光耀,这就是中国的脊梁。"[1]在中华民族的历史记忆中,滔天洪水是最初的梦魇。《史记》记载:当帝尧之时,洪水滔天,浩浩怀山襄陵,下民其忧。《孟子》也记载:当尧之时,水逆行,泛滥于中国。蛇龙居之,民无所定。面对滔天洪水,以大禹为代表的中华先祖勇敢担起了"治水"重任。为治理洪水,大禹与民众一起栉风沐雨,"劳身焦思,居外十三年,过家门不敢入"(《史记·夏本纪》)。大禹因势利导、科学治水,克服重重困难,终于治水成功,带领中华民族战胜洪水磨难。大禹治水精神成为中华民族精神的重要源头,激励后人不断战胜各种洪涝灾害。从大禹治水"三过家门而不入",到孟子"如欲平治天下,当今之世,舍我其谁也"(《孟子·公孙丑下》);从张骞出使西域开拓"丝绸之路",到林则徐虎门销烟的壮举,勇于担当的精神始终是中华民族的重要精神品质。在戊戌变法中,谭嗣同甘愿以身殉难:"各国变法,无不从流血而成。今中国未闻有因变法而流血者,此国之所以不昌也。有之,请自嗣同始。"(梁启超《谭嗣同传》)谭嗣同的视死如归、大义凛然,体现了中华民族崇高的担当精神。正是有了这种担当精神,中华儿女才会在国家太平时居安思危,在国家危难时挺身而出,在危险面前毫不退缩,在艰难前面敢于向前,前赴后继,勇敢扛起国家和民族的重担。

革故鼎新求自强。"穷则变,变则通,通则久。"(《周易·系辞下》)中华民族是一个重视传统的民族,也是一个锐意革新的民族。《诗经》说:"周虽旧邦,其命惟新。"《大学》说:"苟日新、日日新,又日新。"

---

[1]《鲁迅全集》(第六卷),人民出版社2005年版,第122页。

韩非子主张："世异则事异""事异则备变"(《韩非子·五蠹》)。《淮南子》说："苟利于民，不必法古；苟周于事，不必循旧。"顾炎武说："因已变之势，复创造之规。"魏源说："师夷长技以制夷。"这些流传至今、不同时代的名言警句，充分说明了我们中华民族自古以来就有革故鼎新的发展理念。每当国家的发展陷入僵滞、民族的进步受到阻碍时，中华民族总是选择"变"来增强国家和民族前进的动力，使中华民族重新屹立于世界民族之林。中国历史上的"变法"有许多次，最著名的有"商鞅变法""胡服骑射""王安石变法"和"戊戌变法"等。历史学家柏杨认为："'变法'是人类智慧所能做到的最惊心动魄的魔术，它能把一个侏儒变成一个巨人，把一个没落的民族变成一个蓬勃奋发的民族，把一个弱小的国家变成一个强大的国家。"[1]在柏杨看来，"商鞅变法"就是"历史上最大的魔术"，商鞅主张"治世不一道，便国不法古"(《史记·商君列传》)，废除井田制，取消分封和世袭制度，建立郡县制，实行耕战政策，从而使秦国迅速崛起，奠定了统一六国的基础。王安石以"天变不足畏，祖宗不足法，人言不足恤"(《宋史·王安石列传》)的大无畏精神推行变法，虽然最终失败，但他因此获得了"中国十一世纪改革家"的美誉，受到后人的赞赏和肯定。

近代以来，西方列强纷至沓来，中华民族敢于变革陈旧落后的思想，敢于抛弃不合时宜的观念，先后发动了洋务运动、戊戌变法、辛亥革命和新民主主义革命，从器物、制度、文化等方面进行了全方位的"变法"乃至"革命"，以永不停歇的自强精神，再一次使中华民族如凤凰涅槃般屹立于世界民族之林。

（二）敬业乐群

"敬业乐群"一词最早出现在《礼记·学记》："古之教者，家有塾，

---

[1] 柏杨：《中国人史纲》，人民文学出版社2011年版，第153—154页。

党有庠，术有序，国有学。比年入学，中年考校。一年视离经辨志；三年视敬业乐群；五年视博习亲师；七年视论学取友，谓之小成。""敬业乐群"是古代学校"考校"学生的项目之一，是一种学习要求。如何理解"敬业乐群"，古人有不少解释。孔颖达说："敬业谓艺业长者敬而亲之，乐群谓群居朋友善者愿而乐之。"从古代学校"考校"学生的项目来看，"敬业乐群"自然是学生在校学习的表现，"敬业"是专注于学业，"乐群"是与同学和睦相处。后人对"敬业乐群"有更宽泛的认识，不限于对在校学生的要求，而是对每一个人的基本要求。所以朱熹说："敬业者，专心致志以事其业也；乐群者，乐于取益以辅其仁也。"(《朱子文集·仪礼经传通解》)因此，"敬业乐群"就是对事业专心致志、与他人和睦相处，这是对所有人为人处世的基本道德要求。梁启超曾作《敬业与乐业》的演讲，他说："我这题目，是把《礼记》里头'敬业乐群'和《老子》里头'安其居，乐其业'那两句话，断章取义造出来的。我所说的是否与《礼记》《老子》原意相合，不必深求，但我确信'敬业乐业'四个字，是人类生活的不二法门。"[1]

中国古代有着悠久的"敬业"传统，孔子说："居处恭，执事敬，与人忠。虽之夷狄，不可弃也。"(《论语·子路》)孔子把"执事敬"作为为人处世的最基本要求，是放之四海而皆准的道德规范。孔子还说："敬其事而后其食。"(《论语·卫灵公》)孔子本身就严格践行了这句话，《史记·孔子世家》记载："孔子贫且贱。及长，尝为季氏史，料量平；尝为司职吏而畜蕃息。""孔子为中都宰，一年，四方皆则之。""与闻国政三月，粥羔豚者弗饰贾；男女行者别于涂；涂不拾遗；四方之客至乎邑者不求有司，皆予之以归。"后来，孔子弟子冉有、子路担任公职，孔子就教训他们说："求！周任有言曰：'陈力就列，不能者止。'危而不持，颠而不扶，则将焉用彼相矣？虎兕出于柙，龟玉毁于椟中，是谁之过与？"(《论语·季氏》)在孔子的教导和影响下，孔子的弟子能够做

---

[1] 梁启超：《梁启超经典》，当代世界出版社2016年版，第114页。

到敬业守职，特别是子路忠于职守，最终死于公职。

古代不仅重视敬业，而且对于促进敬业也有不少高招。宋代司马光有一篇《谏院题名记》，论述了谏官"敬业"的重要性："夫以天下之政，四海之众，得失利病，萃于一官使言之，其为任亦重矣。居是官者，常志其大，舍其细；先其急，后其缓；专利国家而不为身谋。"正是因为"谏官"是否敬业非常重要，所以司马光要将担任过谏官的名字刻在石上，让当时和后来的人进行监督和评议："某也忠，某也诈，某也直，某也曲。"（司马光《谏院题名记》）"刻名于石"是对官员敬业与否的有力监督。南京明城墙至今仍然雄伟坚固，一方面源于当时修城工匠忠于职守，另一方面则是源于朱元璋要求筑城的每一块城砖都刻上工匠的名字，以便事后追责。这就是所谓的"物勒工名"，将姓名刻在建筑、器具、兵器等上面，这种做法从春秋时期就有，这是督促"敬业"的成功经验和做法。

"乐群"也是中国古代非常赞赏的美德，人类源自大自然，从猿进化而来，但其生存形式与动物不同。荀子曾说："人，力不若牛，走不若马，而牛马为用，何也？曰：人能群，彼不能群也。"（《荀子·王制》）因此，"群"是人类生存的必然要求，也是一个国家和民族力量的根本来源。儒家主张"乐群"，肯定"入世"的生活态度。在孔子周游列国期间，有一次遇到楚狂接舆，他唱歌劝谏孔子说："凤兮！凤兮！何德之衰？往者不可谏，来者犹可追。已而，已而！今之从政者殆而！"（《论语·微子》）孔子不为所动。又有一次，孔子让弟子子路问路，一个叫桀溺的隐者告诉子路："滔滔者天下皆是也，而谁以易之？且而与其从辟人之士也，岂若从辟世之士哉？"（《论语·微子》）这个回答是劝诫孔子师徒应"出世"归隐。听了这个回答，孔子虽然非常惆怅，但还是坚定地说："鸟兽不可与同群，吾非斯人之徒与而谁与？天下有道，丘不与易也。"（《论语·微子》）孔子"乐群""入世"之心是坚定不移的，即便在最危险坎坷的时候也没有动摇。

孔子"乐群"，非常重视建立和睦的社会关系。有一次，子路问孔子有何志向，孔子回答说："老者安之，朋友信之，少者怀之。"（《论语·公冶长》）还有一次，子路、曾晳、冉有、公西华和孔子一起谈论志向，曾晳说他的志向是："莫春者，春服既成。冠者五六人，童子六七人，浴乎沂，风乎舞雩，咏而归。"孔子赞叹道："吾与点也！"（《论语·先进》）孔子喜欢与人交际，也善于与人交际。关于交友，孔子有很多精彩论述，如："友直，友谅，友多闻，益矣。友便辟，友善柔，友便佞，损矣。"（《论语·季氏》）"巧言、令色、足恭，左丘明耻之，丘亦耻之；匿怨而友其人，左丘明耻之，丘亦耻之。"（《论语·公冶长》）"事君数，斯辱矣，朋友数，斯疏矣。"（《论语·里仁》）"里仁为美。择不处仁，焉得知？"（《论语·里仁》）《史记·孔子世家》记载孔子"弟子盖三千焉，身通六艺者七十有二人"。孔子以其乐观向上的人生态度和温和宽厚的人格魅力，赢得了时人的青睐和后人的敬仰。

（三）扶危济困

在中国古代"大同"社会理想中，"矜寡孤独废疾者，皆有所养"（《礼记·礼运》）是一个重要标准。"扶危济困"是中国的传统美德，它反映了中华民族的高尚品格，也给社会带来了正义和温情。《论语》记载，孔子的一个朋友去世了，但没有能力处理后事。孔子知道后说："于我殡。"（《论语·乡党》）还有一次，孔子的马厩失了火，孔子从朝廷回来，先问："伤人乎？"（《论语·乡党》）而不问马。这两件小事反映出了孔子对弱势群体的关怀。孟子在论述周文王如何实行仁政的时候说："老而无妻曰鳏。老而无夫曰寡。老而无子曰独。幼而无父曰孤。此四者，天下之穷民而无告者。文王发政施仁，必先斯四者。"（《孟子·梁惠王下》）孟子认为，鳏寡孤独是"天下之穷民而无告者"，国家实行仁政要从这些弱者开始。

"扶危济困"是一种高尚品德,那些能够"扶危济困"的高尚之士得到了人们极大的赞赏。司马迁在《游侠列传》中对那些"以武犯禁"而为官方不齿的市井游侠大加赞赏:"其言必信,其行必果,已诺必诚,不爱其躯,赴士之厄困,既已存亡死生矣,而不矜其能,不伐其德。"鲁地有一个叫朱家的游侠,朱家"振人不赡,先从贫贱始。家无余财,衣不完采,食不重味,乘不过牸牛。专趋人之急,甚己之私"。楚汉时期项羽的部将季布,项羽兵败后被刘邦追捕,朱家不仅隐匿了季布,而且还亲自替季布求情,最终使季布得到赦免,而成为"一诺千金"的汉代名将。除了汉代游侠,司马迁还极为赞赏战国时期"扶危济困"的鲁仲连。长平之战后,秦国大军围困了赵国都城邯郸。有人建议,赵国应尊秦王为帝,以免除亡国之祸。鲁仲连听说此事后"义不帝秦",竭力说服了主张尊秦王为帝的新垣衍。鲁仲连的慷慨陈词和雄辩论证,还震撼了围城的秦军将士。

> 秦将闻之,为却军五十里。适会魏公子无忌夺晋鄙军以救赵,击秦军,秦军遂引而去。于是平原君欲封鲁连,鲁连辞让者三,终不肯受。平原君乃置酒,酒酣起前,以千金为鲁连寿。鲁连笑曰:"所贵于天下之士者,为人排患释难解纷乱而无取也。即有取者,是商贾之事也,而连不忍为也。"遂辞平原君而去,终身不复见。(《史记·鲁仲连邹阳列传》)

司马迁对鲁仲连非常赞赏,所以专门在《史记》中为他作传,并赞扬他:"鲁连其指意虽不合大义,然余多其在布衣之位,荡然肆志,不诎于诸侯,谈说于当世,折卿相之权。"(《史记·鲁仲连邹阳列传》)李白对鲁仲连"义不帝秦"和"辞不受金"也极为赞赏,在一首《古风》中李白写道:"齐有倜傥生,鲁连特高妙。明月出海底,一朝开光曜。却秦振英声,后世仰末照。意轻千金赠,顾向平原笑。吾亦澹荡人,拂衣可同调。"

"扶危济困"不仅是侠客们的专利,中国古代许多知识分子也是"扶危济困"的义士。宋代"先天下之忧而忧,后天下之乐而乐"的范仲淹,不仅是一位著名的政治家、军事家和文学家,还是一位"扶危济困"的义士。时人钱公辅有一篇《义田记》,专门记载和赞颂了范仲淹"扶危济困"的义举。

> 范文正公,苏人也,平生好施与,择其亲而贫,疏而贤者,咸施之。方贵显时,置负郭常稔之田千亩,号曰义田,以养济群族之人。日有食,岁有衣,嫁娶凶葬,皆有赡。择族之长而贤者主其计,而时共出纳焉。日食人一升,岁衣人一缣,嫁女者五十千,再嫁者三十千,娶妇者三十千,再娶者十五千,葬者如再嫁之数,葬幼者十千。族之聚者九十口,岁入给稻八百斛。以其所入,给其所聚,沛然有余而无穷。屏而家居俟代者与焉;仕而居官者罢其给。此其大较也。……公既殁,后世子孙修其业,承其志,如公之存也。公虽位充禄厚,而贫终其身。殁之日,身无以为敛,子无以为丧,唯以施贫活族之义,遗其子而已。(钱公辅《义田记》)

范仲淹购置的"义田"使群族之人天天有饭吃,年年有衣穿,嫁女、娶妻、生病、丧葬都予以资助,而出仕为官的人则停止供给。范仲淹一生为官俸禄丰厚,但终身过着清贫的生活。他逝世的时候,家无余财,而把"扶危济困"作为遗志留给子孙。

明代思想家何心隐曾在江西永丰建立了一个叫"聚和堂"的民间组织,颇有一些"乌托邦"的意味。何心隐把几千人的民众组织起来建立"聚和堂",还专门成立组织严密的教育机构和养育机构,对"聚和堂"内部的民众进行教育和养育,这就使以前无力上学的孩子受到了良好的教育,鳏寡孤独之人得到了基本的救济。何心隐一心"扶危济困",不仅不从"聚和堂"谋取私利，而且还把自己的财产贴补进去。"聚和堂"宛然成了小型的"大同"社会，虽然存在只有短短几年，但在中国古代历史上却留下了精彩的一笔。

（四）见义勇为

"勇"是古今中外普遍肯定的品德，中国古代也把"勇"作为人的一种美德。但是，中国古代不单纯地赞美"勇"，"勇"必须有"仁""义"的支撑才是值得赞美的"勇"。子路是孔子弟子中最"勇"的，他经常和孔子讨论关于"勇"的话题。有一次，子路问孔子："君子尚勇乎？"孔子回答道："君子义以为上。君子有勇而无义为乱，小人有勇而无义为盗。"（《论语·阳货》）孔子不赞成简单的"勇"，因为如果没有"仁""义"作为前提，"勇"是要产生很大危害的。还有一次，子路问孔子："子行三军，则谁与？"因为子路在孔子弟子中最有勇力，因此他认为这个问题答案不言自明，但孔子回答说："暴虎冯河，死而无悔者，吾不与也。必也临事而惧，好谋而成者也。"（《论语·述而》）孔子的回答实际上否定"暴虎冯河"般的"勇"。还有一次，孔子说："道不行，乘桴浮于海。从我者其由与？"子路听到后非常高兴，但孔子接着说："由也好勇过我，无所取材。"（《论语·公冶长》）

孔子认为勇必须要有"仁""义"作为内在的支撑，是"仁""义"之上的"勇"。孔子说："仁者必有勇，勇者不必有仁。"（《论语·宪问》）孔子还说："见义不为，无勇也。"（《论语·为政》）因此儒家主张的是"见义勇为"，赞赏的是"自反而不缩，虽褐宽博，吾不惴焉；自反而缩，虽千万人，吾往矣"（《孟子·公孙丑上》）的"大勇"。宋代苏轼在《留侯论》中也有一段关于"大勇"的精彩论述，苏轼说："人情有所不能忍者，匹夫见辱，拔剑而起，挺身而斗，此不足为勇也。天下有大勇者，卒然临之而不惊，无故加之而不怒。此其所挟持者甚大，而其志甚远也。"苏轼认为，真正的"大勇"是"所挟持者甚大"的"勇"，是"其志甚远"的"勇"，也就是一种有"义"支撑的"勇"。

古人说："武死战，文死谏。"对于军人来说，"勇"是一种基本的品质要求。《孙子兵法》上说："将者，智、信、仁、勇、严也。"把"勇"作为合格军人的基本要求。中国古代有着数不胜数的勇士，留下了令后世津津乐道的事迹。例如，春秋战国时期，有孟贲、乌获、任鄙等勇士；楚汉战争时期，有项羽、樊哙等勇士；三国时期，有吕布、关羽、张飞、赵云等勇士，后人在小说、戏剧中不断演绎他们的故事。《三国演义》曾描绘了赵云"一身是胆"勇敢形象，历来为人津津乐道：

> 部将张翼接着，望见后面尘起，知是曹兵追来，即谓云曰："追兵渐近，可令军士闭上寨门，上敌楼防护。"云喝曰："休闭寨门！汝岂不知吾昔在当阳长坂时，单枪匹马，觑曹兵八十三万如草芥！今有军有将，又何惧哉！"遂拨弓弩手于寨外壕中埋伏；将营内旗枪，尽皆倒偃，金鼓不鸣。云匹马单枪，立于营门之外。却说张郃、徐晃领兵追至蜀寨，天色已暮；见寨中偃旗息鼓，又见赵云匹马单枪，立于营外，寨门大开，二将不敢前进。正疑之间，曹操亲到，急催督众军向前。众军听令，大喊一声，杀奔营前；见赵云全然不动，曹兵翻身就回。赵云把枪一招，壕中弓弩齐发。时天色昏黑，正不知蜀兵多少。操先拨回马走。只听得后面喊声大震，鼓角齐鸣，蜀兵赶来。曹兵自相践踏，拥到汉水河边，落水死者，不知其数。……玄德遂同孔明前至汉水，问赵云的部卒曰："子龙如何厮杀？"军士将子龙救黄忠、拒汉水之事，细述一遍。玄德大喜，看了山前山后险峻之路，欣然谓孔明曰："子龙一身都是胆也！"（《三国演义》第七十一回）

军人的"勇"固然可贵，但文人的"勇"更加可贵。历史上有许多见义勇为的文人，他们的事迹著之书帛，传于后世。春秋时期卫国大夫史鱼，多次向卫灵公进谏，要他接近贤臣蘧伯玉，远离佞臣弥子瑕，但卫灵公不听。史鱼临死嘱家人不要"治丧正室"，以劝诫卫灵公进贤去佞，史称"尸谏"。孔丘对史鱼的直言敢谏非常赞赏，赞叹道："直哉史鱼，邦有道如矢，邦无道如矢。"（《论语·卫灵公》）汉代文帝时期的廷尉张释之也是一个直言敢谏的官员，有一次，汉文帝的太子刘启乘车违反了宫中规定，他敢于阻止太子，并治了他的罪。《史记》记载："太子与梁王共车入朝，不下司马门，于是释之追止太子、梁王无得入殿门。遂劾不下公门不敬，奏之。"（《史记·张释之冯唐列传》）还有一次汉文帝的马车被一个平民惊吓，差点儿翻车。汉文帝非常生气，要将此人处死。但身为廷尉的张释之敢于违抗皇帝的旨意，坚决依法办事，他说："法者天子所与天下公共也。今法如此而更重之，是法不信于民也。且方其时，上使立诛之则已。今既下廷尉，廷尉，天下之平也，一倾而天下用法皆为轻重，民安所措其手足？"（《史记·张释之冯唐列传》）张释之勇于坚持正义，司马迁称赞他"张季之言长者，守法不阿意"（《史记·张释之冯唐列传》）。

"见义勇为"并非军人和士大夫的专利，中国古代的普通百姓也具有这种美德。明朝末年，以宦官魏忠贤为首的阉党专权乱政，他们排除异己，杀害忠臣，欺压百姓，暴虐无道，一度出现了"钩党之捕遍于天下"的乱局。当时江南士大夫为首的东林党人与阉党进行了坚决斗争，遭到了阉党的打压。天启六年（1626年），阉党派遣爪牙抓捕东林党人周顺昌，苏州市民群情激奋、奋起反抗。市民首领颜佩韦等五人为了保护群众，挺身投案，英勇就义。"然五人之当刑也，意气扬扬，呼中丞之名而詈之，谈笑以死。断头置城上，颜色不少变。"（张溥《五人墓碑记》）后人将他们合葬在苏州城外，立碑纪念。文人张溥作《五人墓碑记》歌颂他们，文中写道："五人生于编伍之间，素不闻《诗》《书》之训，激昂大义，蹈死不顾。""死生之大，匹夫之有重于社稷也。"

（五）孝老爱亲

中国古代认为，社会存在五种人伦关系，即君臣、父子、兄弟、夫妇、朋友，也就是所谓的"五伦"。中国古人很早就非常重视"五伦"，提出了处理"五伦"的道德要求。在"五伦"中，父子、兄弟、夫妇都是家庭伦理，《史记·五帝本纪》记载，舜继承尧的帝位之后，"举八元，使布五教于四方，父义、母慈、兄友、弟恭、子孝，内平外成"。"八元"是舜任用的八位贤臣，舜使他们实行"五教"，即"父义、母慈、兄友、弟恭、子孝"，这是对不同家庭成员的具体要求。《孟子》也记载，上古时候，人们"逸居而无教，则近于禽兽"，于是圣人"使契为司徒，教以人伦：父子有亲，君臣有义，夫妇有别，长幼有序，朋友有信"（《孟子·滕文公上》），人民有了教养，社会就安定有序了。《礼记·礼运》上说："何谓人义？父慈，子孝，兄良，弟悌，夫义，妇听，长惠，幼顺，君仁，臣忠。"虽然古代不同典籍对于家庭伦理的要求有所不同，但总的来说可以归结为"孝老爱亲"一条。

儒家强调"仁爱"是一种有差别的爱。孔子说："仁者人也，亲亲为大。"（《中庸》）孟子说："君子之于物也，爱之而弗仁；于民也，仁之而弗亲。亲亲而仁民，仁民而爱物。"（《孟子·尽心上》）儒家主张，仁爱要根据亲缘关系的远近依次递减，这是以人性作为基础的。因此，儒家对"仁爱"的解释，暗含了"孝老爱亲"的要求，特别对"孝悌"强调最多。孔子说："弟子入则孝，出则悌，谨而信，泛爱众，而亲仁。行有余力，则以学文。"（《论语·学而》）孔子认为，只要能做到"孝悌"，就和"仁"很接近了。孔子有个弟子叫闵子骞，这是一个大孝子，孔子就对他非常赞赏："孝哉闵子骞！人不间于其父母昆弟之言。"（《论语·先进》）孔子的弟子有若说："其为人也孝悌，而好犯上者，鲜矣；不好犯上，而好作乱者，未之有也。君子务本，本立而道生。孝悌也者,其为仁之本与!"(《论语·学而》)有若认为"孝悌"是君子实行"仁"的根本。孟子说:"仁之实,事亲是也;义之实,从兄是也。"(《孟子·离娄上》)孟子认为,"仁"的实质就是孝顺父母,"义"的实质就是友爱兄长,也就是说"仁"的基础是"孝悌"。

孟子在论述如何实行"王道"的时候说:"谨庠序之教,申之以孝悌之义,颁白者不负戴于道路矣。"(《孟子·梁惠王上》)"孝悌"之义的教育,中国古代极为重视。在官方教材"四书五经"中,关于"孝悌"的论述丰富而深刻。除了"四书五经",古人还编纂了《孝经》《二十四孝》等专门的教材,阐述"孝悌"的微言大义,并树立了许多"孝悌"的榜样以便供后人学习。比如,在《二十四孝》中,就有很多孝子孝行故事。

> 周仲由,字子路。家贫,常食藜藿之食,为亲负米百里之外。亲殁,南游于楚,从车百乘,积粟万钟,累茵而坐,列鼎而食,乃叹曰:"虽欲食藜藿,为亲负米,不可得也。"(《二十四孝·百里负米》)
> 后汉黄香,年九岁,失母,思慕惟切,乡人称其孝。躬执勤苦,事父尽孝。夏天暑热,扇凉其枕簟;冬天寒冷,以身暖其被席。太守刘护表而异之。(《二十四孝·扇枕温衾》)

上面列举的是《二十四孝》中子路"百里负米"和黄香"扇枕温衾"的故事,表现了中国古人的孝心孝行。除此之外,老莱子"戏彩娱亲"、汉文帝"亲尝汤药"、陆绩"怀橘遗亲"、王祥"卧冰求鲤"等故事也非常感人,他们成为后人学习的榜样。在中国古代孩童学习的《三字经》《弟子规》等启蒙读物中,"孝悌"也是重要内容。《三字经》上说:"香九龄,能温席。孝于亲,所当执。融四岁,能让梨。弟于长,宜先知。首孝悌,次见闻。"《弟子规》上说:"圣人训,首孝悌,次谨信。泛爱众,而亲仁,有余力,则学文。""兄道友,弟道恭,兄弟睦,孝在中。"这些朗朗上口的文字,传承着中国古代"孝老爱亲"的传统美德。

三、中华人文精神

中华优秀传统文化积淀着多样、珍贵的人文精神，如求同存异、和而不同的处世方法，文以载道、以文化人的教化思想，形神兼备、情景交融的美学追求，俭约自守、中和泰和的生活理念等，是中国人民思想观念、风俗习惯、生活方式、情感样式的集中表达，滋养了独特丰富的文学艺术、科学技术、人文学术，至今仍然具有深刻影响。传承发展中华优秀传统文化，就要大力弘扬有利于促进社会和谐、鼓励人们向上向善的思想文化内容。

（一）求同存异、和而不同的处世方法

"同"与"异"，"和"与"同"，是中国古代思想中两对重要的范畴。中国古代追求"同"，儒家求"大同"，墨家"尚同"，名家"合同异"，各家对"同"的理解虽然不同，但求"同"的理想则具有相似性。但中国古人又普遍认为绝对的完全的"同"是难以实现的，也是不存在的。所以孟子说："夫物之不齐，物之情也。或相倍蓰，或相什百，或相千万。"（《孟子·滕文公上》）既然不能完全同一，就只能求同存异。求同存异的目的是"和"，也即和谐。君子追求"和"，而不追求完全的"同"。孔子说："君子和而不同，小人同而不和。"（《论语·子路》），君子应该追求和谐，不追求同一。习近平同志指出："和而不同是一切事物发生发展的规律。世界万物万事总是千差万别、异彩纷呈的，如果万物万事都清一色了，事物的发展、世界的进步也就停止

了。"[1]求同存异、和而不同是中国古人赞赏和追求的处世方法。

追求和谐，不强求同一。关于"和"与"同"内涵与区别，早在孔子之前就有人进行过阐释。《左传》记载，晏婴曾对齐景公论述过"和"与"同"的区别，晏婴说："和如羹焉，水、火、醯、醢、盐、梅，以烹鱼肉，燀执以薪，宰夫和之，齐之以味，济其不及，以泄其过。"（《左传·昭公二十年》）晏婴认为，"和"就是和谐，就像"五味"的调和，要有不同的佐料进行合理搭配，这样才能做出美味的"羹"。不仅"五味"的调和如此，"五声"也是如此。"同"就是同一，单一佐料无法调出"五味"，单一的声音无法形成"五声"，所以晏婴说："若以水济水，谁能食之？若琴瑟之一专，谁能听之？同之不可也如是。"（《左传·昭公二十年》）晏婴论"五味""五声"的"和"与"同"，是要向齐景公说明治理国家也要"和而不同"："君所谓可而有否焉，臣献其否以成其可；君所谓否而有可焉，臣献其可以去其否。是以政平而不干，民无争心。"（《左传·昭公二十年》）只有追求有差别的和谐，而不强求无差别的同一，这样才能处理好政事，才能治理好国家。

春秋战国时期，诸子百家之间进行了长达数百年的学术争鸣。史学家班固对诸子百家的学术争鸣进行过精彩评论，他说："皆起于王道既微，诸侯力政，时君世主，好恶殊方，是以九家之术蜂出并作，各引一端，崇其所善，以此驰说，取合诸侯。其言虽殊，辟犹水火，相灭亦相生也。仁之与义，敬之与和，相反而皆相成也。"（《汉书·艺文志》）诸子百家在经济、政治、文化、社会、人生等方面进行了深入的学术争鸣，他们虽然观点不同，但相互影响，相反相成，从而使中华民族学术思想达到了前所未有的高度。战国时期的齐国甚至成立了稷下学宫，供四方各派学者进行学术研究和争鸣。《史记·田敬仲完世家》说："宣王喜文学游说之士，自如邹衍、淳于髡、田骈、接子、慎到、环渊之徒

---

[1] 习近平：《在纪念孔子诞辰2565周年国际学术研讨会暨国际儒学联合会第五届会员大会开幕会上的讲话》，载《人民日报》，2014年9月24日，第2版。

七十六人，皆次列第为上大夫，不治而议论，是以稷下学士复盛，且数百千人。"正是诸子百家的学术争鸣，使中华民族出现了第一个文化高峰。在诸子百家争鸣之后的两千多年里，虽然儒家思想是影响最大的思想，但其他学派的思想并没有消失和被禁止，而是一直产生着影响。习近平同志指出："儒家思想和中国历史上存在的其他学说既对立又统一，既相互竞争又相互借鉴，虽然儒家思想长期居于主导地位，但始终和其他学说处于和而不同的局面之中。"[1]

包容不同，不禁止言论。完全的"同"是难以实现的，普遍的"异"是客观存在的，因此应该包容不同。春秋时期郑国的子产是一位伟大的政治家，他能够以宽广的胸怀包容不同。子产执政时期，郑国人经常到乡校休闲聚会，议论子产执政的优劣得失。于是有人就建议子产毁掉乡校，以免人们议论。

> 郑人游于乡校，以论执政。然明谓子产曰："毁乡校，何如？"子产曰："何为？夫人朝夕退而游焉，以议执政之善否。其所善者，吾则行之；其所恶者，吾则改之。是吾师也，若之何毁之？我闻忠善以损怨，不闻作威以防怨。岂不遽止？然犹防川也：大决所犯，伤人必多，吾不克救也；不如小决使道，不如吾闻而药之也。"然明曰："蔑也，今而后知吾子之信可事也。小人实不才。若果行此，其郑国实赖之，岂唯二三臣？"仲尼闻是语也，曰："以是观之，人谓子产不仁，吾不信也。"（《左传·襄公三十一年》）

子产坚决反对毁掉乡校，他把国人的议论作为自己的良药，及时修正自己的政令，于是把郑国治理得井井有条。与子产做法相反，周厉王禁止不同言论，甚至使人监视民众，有不同言论的就人就格杀勿论，致

---

[1] 习近平：《在纪念孔子诞辰2565周年国际学术研讨会暨国际儒学联合会第五届会员大会开幕会上的讲话》，载《人民日报》，2014年9月24日，第2版。

使国人不敢说话、道路以目。

> 厉王虐，国人谤王。召公告曰："民不堪命矣！"王怒，得卫巫，使监谤者。以告，则杀之。国人莫敢言，道路以目。王喜，告召公曰："吾能弭谤矣，乃不敢言。"召公曰："是障之也。防民之口，甚于防川。川壅而溃，伤人必多，民亦如之。是故为川者决之使导，为民者宣之使言。……民之有口，犹土之有山川也，财用于是乎出；犹其原隰之有衍沃也，衣食于是乎生。口之宣言也，善败于是乎兴。行善而备败，其所以阜财用衣食者也。夫民虑之于心而宣之于口，成而行之，胡可壅也？若壅其口，其与能几何？"王不听，于是国人莫敢出言。三年，乃流王于彘。（《国语·召公谏厉王弭谤》）

周厉王不听劝谏，结果国人心中的愤怒越积越多，最后举行了暴动，周厉王自己也被流放了。郑国子产和周厉王对待群众言论态度和做法截然相反，而产生的结果也截然相反，这其中的历史教训值得深思。

坚持原则，不迎合苟同。虽然应该追求和谐、包容不同，但绝不能无原则地苟同，正义的原则不能丢。在孔子最讨厌的人中，"乡原"是其中之一。孔子说："乡原，德之贼也。"为什么孔子痛恨"乡原"呢？孟子说："非之无举也，刺之无刺也，同乎流俗，合乎污世，居之似忠信，行之似廉洁，众皆悦之，自以为是，而不可与入尧舜之道，故曰'德之贼'也。"（《孟子·尽心下》）孔孟所说的"乡原"指的就是伪君子，这种人看似忠厚和气、平易近人，实则八面玲珑、同流合污，他们遇事不敢坚持原则、支持正义，经常迎合讨好别人，随波逐流，趋炎附势。因此"乡原"在中国古代历来是被口诛笔伐的，而能够坚持原则、伸张正义的人则受到赞扬。

唐代韩愈不仅是一位散文大家，而且敢于坚持原则、直言极谏。唐宪宗时期，统治阶层和许多民众崇尚佛教，引发了国家主导思想的迷失和经济政治的混乱。元和十四年（819年），唐宪宗要举行国家大典，迎接佛骨入宫供养。韩愈听说此事后，极为愤怒，写下《谏迎佛骨表》谏止此事。他列举历朝历代信奉佛教的君主"运祚不长"，说他们"事佛求福，乃更得祸"，"今无故取朽秽之物，亲临观之，巫祝不先，桃茹不用，群臣不言其非，御史不举其失，臣实耻之"。他建议："乞以此骨付之有司，投诸水火，永绝根本，断天下之疑，绝后代之惑。"至于自己可能因"谏迎佛骨"而遭受打击，韩愈浑然不怕，他说："佛如有灵，能作祸祟，凡有殃咎，宜加臣身，上天鉴临，臣不怨悔。"他的这份《谏迎佛骨表》递上去之后，唐宪宗勃然大怒，差点处死韩愈。韩愈表现的是知识分子坚持原则的高尚品格，历代为人称颂。

（二）文以载道、以文化人的教化思想

"文化"是中国古已有之的一个词语，其内涵与现代不同。"文"的本意是指各色交错的纹理，《说文解字》上说："文，错画也，象交叉。"另外，《易经·系辞下》记载："物相杂，故曰文。"《礼记·乐记》记载："五色成文而不乱。"这两处的"文"都是文的本意。在此基础上，"文"引申为语言文字、文物典籍、礼乐制度、哲学思想等文化成果。孔子说："行有余力，则以学文。"（《论语·学而》）"文王既没，文不在兹乎？天之将丧斯文也，后死者不得与于斯文也；天之未丧斯文也，匡人其如予何？"（《论语·子罕》）这里的"文"就是指文化成果。"化"本义是变化、改变，引申为教化之意。《说文解字》上说："化，教行也。"《周礼·大宗伯》上说："以礼乐合天地之化。""文化"一词出现在典籍中，就有文明教化、以文化人的含义，如西汉刘向《说苑·指武》上说："凡武之兴，为不服也；文化不改，然后加诛。"晋代典籍《补亡诗·由仪》上说："文化内辑，武功外悠。"南朝齐王融《三月三日曲水诗序》上也

说:"设神理以景俗,敷文化以柔远。"所以,在中国古代,"文化"从根本上就有文明教化、以文化人的内在含义,"文化"的重要功能就是"载道",而"载道"的重要目的就是"化人"。

中国古代"文以载道"的思想可谓源远流长。中国古代最早的诗歌总集《诗经》就是一部"载道"的作品。《尚书·尧典》中说:"诗言志,歌永言,声依永,律和声。"《庄子·天下》中说:"诗以道志。"《诗经》虽然是"言志"之作,但所言之"志"也是一种"道",具有教化的目的和功能。《荀子》在《儒效》《正名》等篇中提出了"文以明道"的思想。刘勰在《文心雕龙》中说:"辞之所以能鼓天下者,乃道之文也。"认为文章能够鼓动天下,就是因为它是明"道"的文章。唐代散文大家韩愈、柳宗元等人旗帜鲜明地打出了"文以载道"的旗帜。韩愈的门人李汉在《昌黎先生集·序》中说:"文者,贯道之器也。"柳宗元说:"始吾幼且少,为文章,以辞为工。及长,乃知文者以明道,是固不苟为炳炳烺烺,务采色,夸声音而以为能也。"(柳宗元《答韦中立论师道书》)白居易也说:"文章合为时而著,歌诗合为事而作。"(白居易《与元九书》)这就是说,不仅文章要"载道",诗歌也应"载道"。对于"文以载道"的内涵,宋代理学家周敦颐在《通书·文辞》中明确指出:"文所以载道也。轮辕饰而人弗庸,徒饰也,况虚车乎。""文"犹如车,"道"犹如物,车的作用是载物,而"文"的作用就是"载道"。这里的"道",当然指的是儒家的仁义之道。

既然"文以载道",那么"载道"之"文"自然就具有了"化人"的功能。孔子说:"诗三百,一言以蔽之,曰'思无邪'。"(《论语·为政》)正是由于《诗经》思想纯正,所以孔子非常重视用《诗经》教育学生。孔子认为《诗经》具有重要的教育价值,他说:"小子!何莫学夫诗?诗,可以兴,可以观,可以群,可以怨。迩之事父,远之事君。多识于鸟兽草木之名。"(《论语·阳货》)孔子曾告诫儿子孔鲤,"不学诗,无以言"(《论语·季氏》)。学习《诗经》还有利于治国理政和外交活动,孔子说:"诵诗三百,授之以政,不达;使于四方,不能专对;虽多,亦奚以为?"(《论语·子路》)关于《诗经》,后人认为:"正得失,动天地,感鬼神,莫近于诗。先王以是经夫妇,成孝敬,厚人伦,美教化,移风俗。"(《诗大序》)可见,古人认为《诗经》具有巨大的教化价值。正因为《诗经》具有多方面教育价值,所以作为儒家五经之首,在中国古代产生了重要影响。

除了《诗经》等儒家经典,甚至在古代被认为不登大雅之堂的小说也具有重要的教育价值。梁启超认为,小说对于一个国家和民族具有重要作用,所以他提出:"欲新一国之民,不可不先新一国之小说。故欲新道德,必新小说;欲新宗教,必新小说;欲新政治,必新小说;欲新风俗,必新小说;欲新学艺,必新小说;乃至欲新人心,欲新人格,必新小说。何以故?小说有不可思议之力支配人道故。"[1]小说具有"有不可思议之力",所以其载道和教化功能更为强大。明代冯梦龙认为,小说具有一般其他经史作品所不具备的通俗易懂和生动感人的特点,他在《喻世明言·序》说:"试今说话人当场描写,可喜可愕,可悲可涕,可歌可舞;再欲捉刀,再欲下拜,再欲决脰,再欲捐金;怯者勇,淫者贞,薄者敦,顽钝者汗下。虽小诵《孝经》《论语》,其感人未必如是之捷且深也。"他在《醒世恒言·序》中说:"此《醒世恒言》四十种,所以继《明言》《通言》而刻也。明者,取其可以导愚也;通者,取其可以适俗也;恒则习之而不厌,传之而可久。三刻殊名,其义一耳。""则兹刻者,虽与《康衢》《击壤》之歌并传不朽可矣。崇儒之代,不废二教,亦谓导愚适俗,或有藉焉。以二教为儒之辅可也,以《明言》《通言》《恒言》为六经国史之辅,不亦可乎?"冯梦龙编辑出版《喻世明言》《警世通言》《醒世恒言》,看题目即知道这些小说作品具有教化指向。而其中的名篇,如《蒋兴哥重会珍珠衫》《沈小霞相会出师表》《杜十娘怒沉百宝》《玉堂春落难逢夫》《卖油郎独占花魁》《灌园叟晚逢仙女》等,

---

[1] 梁启超:《梁启超文集》,北京燕山出版社1997年版,第282页。

无不是脍炙人口、劝人从善的精品佳作。如《十五贯戏言成巧祸》开篇即点明了本篇的教化目的：

"聪明伶俐自天生，懵懂痴呆未必真。嫉妒每因眉睫浅，戈矛时起笑谈深。九曲黄河心较险，十重铁甲面堪憎。时因酒色亡家国，几见诗书误好人！"这首诗，单表为人难处。只因世路窄狭，人心叵测。大道既远，人情万端。熙熙攘攘，都为利来；蛊蛊蠢蠢，皆纳祸去。持身保家，万千反覆。所以古人云：颦有为颦，笑有为笑。颦笑之间，最宜谨慎。这回书，单说一个官人，只因酒后一时戏笑之言，遂至杀身破家，陷了几条性命。且先引下一个故事来，权做个德胜头回。（《醒世恒言·十五贯戏言成巧祸》）

"文以载道"虽然重视"道"，但并不排斥"文"，没有"文"再好的"道"也无法"化人"。孔子说："言之无文，行而不远。"（《左传·襄公二十五年》）意思是说，文章没有文采，就不能流传很远。孔子还说："质胜文则野，文胜质则史；文质彬彬，然后君子。"（《论语·雍也》）关于文章的"文采"问题，刘勰的《文心雕龙·情采》有很深刻的论述。刘勰认为，古圣先贤的文章思想内容再好，也必须有一定的文采。他说："圣贤书辞，总称'文章'，非采而何？"而实际上，先秦诸子的文章都具有很好的文采。刘勰说："老子疾伪，故称'美言不信'，而五千精妙，则非弃美矣。庄周云'辩雕万物'，谓藻饰也。韩非云'艳采辩说'，谓绮丽也。绮丽以艳说，藻饰以辩雕，文辞之变，于斯极矣。"正是由于先秦诸子的文章既有内容，又有文采，所以才能成为永恒的经典。刘勰说："故情者，文之经；辞者，理之纬。经正而后纬成，理定而后辞畅：此立文之本源也。"也就是说，内容和形式，"道"和"文"是相辅相成的辩证关系，必须有机统一，不能偏废。因此，刘勰主张："夫能设谟以位理，拟地以置心；心定而后结音，理正而后摛藻；使文不灭质，博不溺心；正采耀乎朱蓝，间色屏于红紫：乃可谓雕琢其章，彬彬君子矣。"

（三）形神兼备、情景交融的美学追求

中国古代文艺有着独特的美学追求，这是中华文化长期发展积淀形成的。毛泽东同志谈到中西文艺区别时曾指出："说中国民族的东西没有规律，这是否定中国的东西，是不对的。中国的语言、音乐、绘画，都有它自己的规律。"[1]毛泽东同志还多次强调，中国要创造出"新鲜活泼的、为中国老百姓所喜闻乐见的中国作风和中国气派"[2]，"中国作风和中国气派"就是中华文化的美学追求。这种独特的美学追求，古往今来的美学家的相关论述有很多。冯友兰曾指出："富于暗示，而不是明晰得一览无遗，是一切中国艺术的理想，诗歌、绘画以及其他无不如此。拿诗来说，诗人想要传达的往往是诗中没有说的。照中国的传统，好诗'言有尽而意无穷'。所以聪明的读者，能读出诗的言外之意，能读出书的行间之意。"[3]美国通俗哲学家威尔·杜兰特也说："中国的诗，不是讨论，而是暗示；是含蓄，而不是明言。"[4]例如，同样描写爱情悲剧，曹雪芹的《红楼梦》与莎士比亚的《罗密欧与朱丽叶》比起来，其艺术特色大相径庭，前者含蓄蕴藉，后者直白热烈；前者多用间接烘托，后者多用直接呈现。这种"言有尽而意无穷"的表现方式，这种"含蓄蕴藉"的美学特征，是中国传统文艺的一个显著特色，也是一种主要的美学追求，这种美学追求又可以从"形神兼备"和"情景交融"两个方面来理解。

"形"与"神"这对范畴，在中国古代常用来指称人的形体与精神。

---

[1]《毛泽东文艺论集》，中央文献出版社2002年版，第147页。
[2]《毛泽东选集》(第三卷)，人民出版社1991年版，第844页。
[3] 冯友兰:《中国哲学简史》，北京大学出版社2013年版，第12页。
[4]〔美〕威尔·杜兰特:《世界文明史》(第一卷)，华夏出版社2010年版，第524页。

司马迁在《史记·太史公自序》中说:"凡人所生者神也,所托者形也。神大用则竭,形大劳则敝,形神离则死。死者不可复生,离者不可复反,故圣人重之。由是观之,神者生之本也,形者生之具也。"人的精神和形体是不可分离的,精神是生命的根本,形体是生命的依托。"形"与"神"这对范畴也被用来揭示文艺作品的特征,指代文艺作品外在的形象和内在的精神。优秀的文艺作品,必定是"形神兼备"的作品。《列子·汤问》记载了"高山流水"的美谈:"伯牙善鼓琴,钟子期善听。伯牙鼓琴,志在登高山。钟子期曰:'善哉!峨峨兮若泰山!'志在流水,钟子期曰:'善哉!洋洋兮若江河!'伯牙所念,钟子期必得之。"从这段描述可以看出,俞伯牙的琴声是"形神兼备"的妙音,钟子期既听到了"峨峨兮若泰山""洋洋兮若江河"这样的"形",更听到了俞伯牙"志在登高山""志在流水"这样的"神"。

优秀的唐诗也是"形神兼备"的佳作。唐代诗人王维的山水诗,善于将"形"和"神"有机融合,创造出优美的诗境,常常能使读者置身图画当中,所以宋代文学家苏轼称赞他:"味摩诘之诗,诗中有画;观摩诘之画,画中有诗。"(苏轼《书摩诘〈蓝关烟雨图〉》)"诗中有画"的"画"就是诗的"形","画中有诗"的"诗"就是画的"神",形神必须兼备才是好的诗、好的画。在《红楼梦》中,学诗的香菱谈了她读王维诗的感受:"我看他《塞上》一首,那一联云:'大漠孤烟直,长河落日圆。'想来烟如何直?日自然是圆的:这'直'字似无理,'圆'字似太俗。合上书一想,倒像是见了这景的。若说再找两个字换这两个,竟再找不出两个字来。再还有'日落江湖白,潮来天地青':这'白''青'两个字也似无理。想来,必得这两个字才形容得尽,念在嘴里倒像有几千斤重的一个橄榄。"(《红楼梦》第四十八回)实际上,曹雪芹在这里是借助香菱的话,来阐释他对王维诗歌"形神兼备"的特点的认同和理解。

"情"与"景"也是中国古代文艺理论中一对重要的美学范畴,"情景交融"是判断文艺作品优劣的重要标准。晋代陆机在《文赋》中说:

"诗缘情而绮靡。""诗缘情",即认为诗歌的创造源自于人类情感的需要。刘勰也说:"昔诗人什篇,为情而造文。""盖《风》《雅》之兴,志思蓄愤,而吟咏情性,以讽其上:此为情而造文也。"(刘勰《文心雕龙·情采》)"情"的表达必须借助于一定的形式,否则"情"只能是诗人自己的情。通常诗人借助"景"的描写来抒情,也就是"借景抒情"。《诗经》的一个重要表现手法就是"兴",即诗人先言他物,然后引出所要表达的思想感情。例如,在《关雎》中,诗人首先通过对"关关雎鸠,在河之洲""参差荇菜,左右流之"等情景的描写,然后再表达"窈窕淑女,君子好逑""窈窕淑女,寤寐求之"的思想感情。在《蒹葭》中,诗人也通过先描写"蒹葭苍苍,白露为霜""蒹葭萋萋,白露未晞""蒹葭采采,白露未已",进而表达出对"伊人"的爱慕。王国维认为:"文学中有二原质焉:曰景,曰情。"[1]他在《人间词话》中提出了著名的"境界"说,并以有无"境界"来评价词的优劣。王国维指出:"词以境界为最上。有境界则自成高格,自有名句。"[2]那么什么是"境界"呢?王国维指出:"境非独谓景物也,喜怒哀乐亦人心中之一境界。故能写真景物真感情者,谓之有境界,否则谓之无境界。"[3]实际上,"境界"就是由"景"和"情"有机构成的,能做到情景交融就是有境界,否则就是无境界。

(四)俭约自守、中和泰和的生活理念

中国古代在处理个人、家庭和社会的关系时,把"修身"作为一项终身的必修课。儒家经典《大学》上说:"古之欲明明德于天下者,先治其国;欲治其国者,先齐其家;欲齐其家者,先修其身;欲修其身者,

---

[1] 王国维:《人间闲话——王国维随笔》,北京大学出版社2011年版,第79页。
[2] 王国维:《人间词话》,中华书局2009年版,第1页。
[3] 王国维:《人间词话》,中华书局2009年版,第3页。

先正其心；欲正其心者，先诚其意；欲诚其意者，先致其知；致知在格物。"此处所说的格物、致知、诚意、正心、修身、齐家、治国、平天下，是人实现人生价值需要经过的八个具体步骤，被称为儒家的"八条目"。《大学》上还说："自天子以至于庶人，壹是皆以修身为本。"可见，在这八个条目中，"修身"是核心。格物、致知、诚意、正心，其目的是"修身"；齐家、治国、平天下，其基础也是"修身"。如果不修身，齐家都难以实现，遑论治国、平天下了。在对"修身"的理解中，中国古代又把俭约自守、中和泰和的生活理念作为其中的重要内容。

孔子的核心主张是"仁"。有一次，孔子和他最得意的弟子颜渊进行了一场关于"仁"的对话。

> 颜渊问仁。子曰："克己复礼为仁。一日克己复礼，天下归仁焉。为仁由己，而由人乎哉？"颜渊曰："请问其目。"子曰："非礼勿视，非礼勿听，非礼勿言，非礼勿动。"颜渊曰："回虽不敏，请事斯语矣。"（《论语·颜渊》）

在这场对话中，孔子认为约束自己、符合礼制就是"仁"，"礼，与其奢也，宁俭"（《论语·八佾》）。"麻冕，礼也；今也纯，俭。吾从众。"（《论语·子罕》）孔子还说："奢则不孙，俭则固。与其不孙也，宁固。"（《论语·述而》）也就是说，孔子在对"礼"的解释中，有"俭"的要求。孔子青少年时代生活贫困，"吾少也贱，故多能鄙事"（《论语·子罕》）。孔子成年之后曾做过鲁国的高官，社会地位和经济收入大幅提高，但他一生俭约自守，"饭疏食，饮水，曲肱而枕之，乐亦在其中矣。不义而富且贵，于我如浮云"（《论语·述而》）。所以弟子们称赞他"温良恭俭让"。孔子弟子颜渊一生安贫乐道，过着俭约自守的生活。孔子称赞颜渊："贤哉，回也！一箪食，一瓢饮，在陋巷。人不堪其忧，回也不改其乐。贤哉，回也！"（《论语·雍也》）后人将孔子、颜渊这种安贫乐道、俭约自守的生活称为"孔颜乐处",成为历代知识分子激励自己的生活榜样。

俭约自守是中华民族的传统美德,我国古人很早就认识到俭约自守的重要性,不少思想家总结历史和现实经验,都提出了俭约自守的思想。《尚书》提出:"惟日孜孜,无敢逸豫。"《周易》提出:"君子以俭德辟难。"《左传》提出:"俭,德之共也;侈,恶之大也。"《墨子》提出:"俭节则昌,淫佚则亡。"《朱子家训》提出:"一粥一饭,当思来处不易;半丝半缕,恒念物力维艰。"这些至理名言深刻阐明俭约自守不仅是一种美德,更是实现发展的重要保障。孔子先祖正考父家的铜鼎上记有:"一命而偻,再命而伛,三命而俯。循墙而走,亦莫余敢侮。饘于是,粥于是,以糊余口。"(《左传·昭公七年》)正考父曾先后辅佐戴公、武公、宣公三个国君,经历了三次职务任命,但一次比一次恭谨,为了自我警示和教育后人,他在家里的铜鼎上刻了这段铭文,这就是正考父"三命兹益恭"事迹。若无俭约自守的美德,再多的财富也会失去。《韩非子》中所载"昔者纣为象箸而箕子怖"的故事引人深思。

> 昔者纣为象箸而箕子怖,以为象箸必不加于土铏,必将犀玉之杯;象箸、玉杯必不羹菽藿,则必旄、象、豹胎;旄、象、豹胎必不衣短褐而食于茅屋之下,则锦衣九重,广室高台。吾畏其卒,故怖其始。(《韩非子·喻老》)

据说商纣王做了一把象牙筷子,引发了当朝太师箕子的恐惧,因为他认为"象箸"将会诱惑商纣王走向腐化。后来箕子的忧虑不幸成真:"居五年,纣为肉圃,设炮烙,登糟邱,临酒池,纣遂以亡。"(《韩非子·喻老》)因此,箕子恐惧的不是象牙筷子本身,而是使用象牙筷子所引发的一系列严重后果。纣王制作和使用象牙筷子就抛弃了节俭的美德,选择了奢侈享乐,最后毁掉了一个王朝。

古人强调的"修身","中和泰和"也是"修身"要达到的一种重要的人生境界。《中庸》上说:"喜怒哀乐之未发,谓之中;发而皆中节,谓之和。中也者,天下之大本也;和也者,天下之达道也。致中和,天地位焉,万物育焉。"儒家认为,当人的喜怒哀乐没有生发的时候,人的心灵是恬淡的,这就是"中";喜怒哀乐表露抒发出来,但都符合礼制法度,而不偏激乖戾,这就是"和"。只要能做到"中和",天地都会赋予他应有的位置,万物都会养育他,"中和"可以说就是一种内心恬淡宁静、行动符合法度的处世态度和方法。儒家认为,人的情感表达不应过于激烈,而要控制在一定的范围之内,在这方面,《诗经》做出了典范。《诗大序》说《诗经》:"变风发乎情,止乎礼义。发乎情,民之性也;止乎礼义,先王之泽也。"孔子评价《诗经》的《关雎》说:"关雎,乐而不淫,哀而不伤。"(《论语·八佾》)就是称赞《关雎》这首诗,快乐而不放荡,悲哀而不痛苦。其"喜怒哀乐"的表达"皆中节"。孔子还批评过患得患失的"鄙夫",孔子说:"鄙夫可与事君也与哉?其未得之也,患得之;既得之,患失之。苟患失之,无所不至矣。"(《论语·阳货》)孔子认为"鄙夫"在未得到职位的时候,就生怕得不到;已经得到了,又怕失去。如果他们生怕失去职位,就会利令智昏,就会无所不用其极了。显然,这种患得患失的"鄙夫",内心经常处于一种惶恐状态,根本达不到"中和"的境界,而为人处世的时候就难免铤而走险、破坏法度了。可以与"鄙夫"相对应的是"君子"。有一次孔子弟子司马牛问孔子什么是君子,孔子回答说:"君子不忧不惧。"司马牛追问:"不忧不惧,斯谓之君子已乎?"孔子说:"内省不疚,夫何忧何惧?"(《论语·颜渊》)可见,内心无愧、不忧不惧的"君子"才能达到"中和"的人生境界。

第六章 传承发展中华优秀传统文化的基本原则

中华优秀传统文化是中华民族的宝贵财富，具有巨大当代价值。但中华优秀传统文化博大精深，历史十分悠久，内容十分丰富，又蕴含于内容庞杂的传统文化之中，传承发展并非易事。《关于实施中华优秀传统文化传承发展工程的意见》明确提出了传承发展中华优秀传统文化的基本原则，强调"要牢牢把握社会主义先进文化前进方向，坚持以人民为中心的工作导向，坚持创造性转化和创新性发展，坚持交流互鉴、开放包容，坚持统筹协调、形成合力"[1]。中国特色社会主义进入新时代，我们要紧紧围绕实现中华民族伟大复兴的宏伟目标，把握正确方向，坚持科学原则，不断推动中华优秀传统文化的传承发展。

---

[1]《关于实施中华优秀传统文化传承发展工程的意见》，载《人民日报》，2017年1月26日，第6版。

一、牢牢把握社会主义先进文化前进方向

社会主义先进文化是中国特色社会主义文化建设的前进方向，也是传承发展中华优秀传统文化的前进方向。传承发展中华优秀传统文化，要坚持中国特色社会主义文化发展道路，立足于巩固马克思主义在意识形态领域的指导地位、巩固全党全国人民团结奋斗的共同思想基础，弘扬社会主义核心价值观，培育民族精神和时代精神，解决现实问题、助推社会发展。

（一）坚持中国特色社会主义文化发展道路

党的十九大报告指出："发展中国特色社会主义文化，就是以马克思主义为指导，坚守中华文化立场，立足当代中国现实，结合当今时代条件，发展面向现代化、面向世界、面向未来的，民族的科学的大众的社会主义文化，推动社会主义精神文明和物质文明协调发展。要坚持为人民服务、为社会主义服务，坚持百花齐放、百家争鸣，坚持创造性转化、创新性发展，不断铸就中华文化新辉煌。"[1]传承发展中华优秀传统文化要坚持中国特色社会主义文化发展道路，坚持马克思主义指导，把中华优秀传统文化转化为中国特色社会主义文化建设的重要文化资源，从而为中华民族伟大复兴提供强大精神力量支撑。

要始终坚持以马克思主义为指导。近代以来，中国在与西方列强的交锋中长期处于弱势，因此中华文化曾一度受到一些人的质疑和批

---

[1] 习近平：《决胜全面建成小康社会　夺取新时代中国特色社会主义伟大胜利——在中国共产党第十九次全国代表大会上的报告》，人民出版社2017年版，第41页。

判。直到马克思主义传入中国、中国共产党应运而生之后，中华文化才重新焕发生机。毛泽东同志指出："一九一七年的俄国革命唤醒了中国人，中国人学得了一样新的东西，这就是马克思列宁主义。"[1]近百年来，在马克思主义指导下，不仅中华民族发生了翻天覆地的变化，而且中华文化也凤凰涅槃般地获得重生，日益展现出迷人魅力和巨大价值。在马克思主义指导下，中国共产党不简单否定或肯定中国传统文化，而是采取批判继承态度，取其精华、去其糟粕，古为今用、推陈出新，使中华文化得到科学的传承发展。当前，中国特色社会主义社会主义文化蓬勃发展，中华优秀传统文化越来越受到重视。历史和实践证明，坚持马克思主义指导，特别是坚持用辩证唯物主义和历史唯物主义的立场、观点和方法指导文化建设，中华优秀传统文化必将得到更加科学、更加充分、更加长久的传承和发展。

要深入贯彻习近平新时代中国特色社会主义文化思想。习近平新时代中国特色社会主义思想，是马克思主义中国化最新成果，是党和国家必须长期坚持的指导思想。党的十八大以来，习近平同志就中国特色社会主义文化建设做出许多重要指示，如"文化是一个国家、一个民族的灵魂""牢牢掌握意识形态工作领导权""培育和践行社会主义核心价值观""加强思想道德建设""繁荣发展社会主义文艺""推动文化事业和文化产业发展"[2]等，形成了习近平中国特色社会主义文化建设思想。习近平新时代中国特色社会主义文化思想是习近平新时代中国特色社会主义思想的重要组成部分，是指导中国特色社会主义文化建设的根本遵循，也是中华优秀传统文化创造性转化和创新性发展的光辉典范。在推动中国特色社会主义文化建设过程中，习近平同志高度重视中华优秀传统文化，对中华优秀传统文化的重要意义、丰富内容和传承方法都做出

---

[1]《毛泽东选集》(第四卷)，人民出版社1991年版，第1514页。
[2] 习近平:《决胜全面建成小康社会　夺取新时代中国特色社会主义伟大胜利——在中国共产党第十九次全国代表大会上的报告》，人民出版社2017年版，第40—43页。

了重要论述,这些是指导我们传承发展中华优秀传统文化的重要思想。我们要贯彻习近平新时代中国特色社会主义文化思想,坚定文化自信,不断推动中华优秀传统文化的创造性转化和创新性发展。

要坚持"古为今用"。"古"就是传统文化,主要指中华优秀传统文化;"今"就是当代社会,既包括当代的人,也包括当代的事业。古为今用,就是古代文化为当代人民和当代社会所用。毛泽东同志曾指出:"向古人学习是为了现在的活人,向外国人学习是为了今天的中国人。"[1]20世纪80年代初,我国曾明确提出"文艺为人民服务、为社会主义服务"的"二为方向",成为文艺发展的根本方向。传承发展中华优秀传统文化,也要坚持为人民服务、为社会主义服务。为人民服务,就是为广大人民群众服务,为广大人民群众的自由全面发展和幸福生活服务。在当代,文化的古为今用,就是要使广大人民群众共享中华优秀传统文化的共同文化遗产。为社会主义服务,就是为中国特色社会主义各项事业服务,为我国的政治进步、经济发展、文化繁荣、社会和谐、生态改善等提供精神动力和智力支持。中华优秀传统文化富含治国理政的深刻思想和经济社会发展的文化资源,能够为中国特色社会主义建设提供坚强文化支撑。此外,中华优秀传统文化作为人类文明的重要成果,不仅应为当代中国人、当代中国社会服务,还应为当代人类、当代人类社会服务,为当代世界的和平与发展提供中国智慧。

(二)弘扬社会主义核心价值观

社会主义核心价值观是社会主义文化软实力的灵魂,构建具有强大感召力的社会核心价值观,关系社会和谐稳定、关系国家长治久安、关系中国梦顺利实现。牢固的核心价值观都有其固有的根本,博大精深的中华优秀传统文化是我们在世界文化激荡中站稳脚跟的根基。习近平同

---

[1]《毛泽东文集》(第七卷),人民出版社1999年版,第82页。

志指出:"我们提出的社会主义核心价值观,把涉及国家、社会、公民的价值要求融为一体,既体现了社会主义本质要求,继承了中华优秀传统文化,也吸收了世界文明有益成果,体现了时代精神。"[1]"培育和弘扬社会主义核心价值观必须立足中华优秀传统文化。"[2]社会主义核心价值观是代表中国特色社会主义的价值追求,对传承发展中华优秀传统文化具有引领作用。同时,中华优秀传统文化蕴含丰富的精神营养,是涵养社会主义核心价值观的宝贵资源。

用社会主义核心价值引领中华优秀传统文化的传承发展。党的十八大以来,我们倡导富强、民主、文明、和谐,自由、平等、公正、法治,爱国、敬业、诚信、友善的社会主义核心价值观,成为引领经济社会发展的价值目标。党的十九大报告指出:"社会主义核心价值观是当代中国精神的集中体现,凝结着全体人民共同的价值追求。"[3]中华优秀传统文化虽然历史悠久、博大精深,但其毕竟产生于中国古代封建社会,其中很多内容带着封建时代的烙印。毛泽东同志指出:"在阶级社会中,每一个人都在一定的阶级地位中生活,各种思想无不打上阶级的烙印。"[4]在中国传统文化中,其中的一些治国理念、道德规范、价值追求等内容,与社会主义的价值追求和当代中国的发展实际不相适应,必须进行适当的加工改造。因此,我们应该用社会主义核心价值观引领中华优秀传统文化的传承发展,特别是应该用"民主""文明""自由""平等""敬业"等中华优秀传统文化中相对缺乏的价值观念,来校正、引领传统价值观念,化解、消除其阶级社会的时代烙印,使之与当代中国的发展相适应。

---

[1] 习近平:《青年要自觉践行社会主义核心价值观——在北京大学师生座谈会上的讲话》,载《人民日报》,2014年5月5日,第2版。

[2] 习近平:《把培育和弘扬社会主义核心价值观作为凝魂聚气强基固本的基础工程》,载《人民日报》,2014年2月26日,第1版。

[3] 习近平:《决胜全面建成小康社会 夺取新时代中国特色社会主义伟大胜利——在中国共产党第十九次全国代表大会上的报告》,人民出版社2017年版,第42页。

[4] 《毛泽东选集》(第一卷),人民出版社1991年版,第283页。

用中华优秀传统文化涵养社会主义核心价值观。"求木之长者，必固其根本；欲流之远者，必浚其泉源。"（魏徵《谏太宗十思疏》）中华优秀传统文化绵延数千年，形成了独特的价值体系，是中华民族的"根"和"魂"，是社会主义核心价值观的源头活水。离开了中华优秀传统文化，社会主义核心价值观就成了无源之水、无本之木，就失去了生命力和影响力。中华优秀传统文化的思想精华和道德精髓内容十分丰富，中国儒家很早就提出了格物、致知、诚意、正心、修身、齐家、治国、平天下的"八条目"，这八个条目是儒家主张的从普通百姓到帝王天子都应该遵循的。习近平同志指出："中国古代历来讲格物致知、诚意正心、修身齐家、治国平天下。从某种角度看，格物致知、诚意正心、修身是个人层面的要求，齐家是社会层面的要求，治国平天下是国家层面的要求。"[1]以儒家思想为核心的传统价值观，涉及国家、社会、公民三个层面，它们不仅维护了中国古代社会的良好秩序，而且在当今社会仍然具有强大的生命力，成为我们今天涵养社会主义核心价值观的重要精神资源宝库。习近平同志强调，要"深入挖掘和阐发中华优秀传统文化讲仁爱、重民本、守诚信、崇正义、尚和合、求大同的时代价值，使中华优秀传统文化成为涵养社会主义核心价值观的重要源泉"[2]。立足中华优秀传统文化培育和弘扬社会主义核心价值观，必将极大提升国家文化软实力，必将为中华民族伟大复兴的实现提供强大的精神力量和有力的道德保障。

（三）培育民族精神和时代精神

实现中华民族伟大复兴是中华民族一个伟大而艰巨的宏伟目标，必

---

[1] 习近平:《青年要自觉践行社会主义核心价值观——在北京大学师生座谈会上的讲话》，载《人民日报》，2014年5月5日，第2版。
[2] 习近平:《把培育和弘扬社会主义核心价值观作为凝魂聚气强基固本的基础工程》，载《人民日报》，2014年2月26日，第1版。

须凝聚起同心共筑中国梦的磅礴力量，大力弘扬中国精神。在当代中国，中国精神就是以爱国主义为核心的民族精神和以改革创新为核心的时代精神。习近平同志指出："爱国主义始终是把中华民族坚强团结在一起的精神力量，改革创新始终是鞭策我们在改革开放中与时俱进的精神力量。"[1]传承发展中华优秀传统文化，要着力培育以爱国主义为核心的民族精神和以改革创新为核心的时代精神，用中华优秀传统文化的精神力量助力中华民族伟大复兴中国梦的实现。

培育以爱国主义为核心的民族精神。在中国历史上，中华民族创造的辉煌成就离不开爱国主义，战胜的风险挑战也离不开爱国主义。中华民族自古以来就表现出对民族赖以生存的美丽家园和引以为傲的优秀文化的深厚热爱和依恋之情，并为之奋斗不止、自强不息。爱国主义是中华民族精神的核心，也是中华优秀传统文化的精神核心。中华优秀传统文化积淀着爱国主义的价值追求，传承着爱国主义的精神基因，颂扬着爱国主义的永恒主题，围绕着爱国主义创造了博大精深、辉煌灿烂的悠久文化。在中华优秀传统文化中，爱国主义作为精神核心统领着其他文化精神，团结统一、爱好和平、勤劳勇敢、自强不息等民族精神从不同侧面诠释了爱国主义的丰富内涵，与爱国主义一起构成中华民族的伟大民族精神，对中华民族的历史产生了深远的影响。习近平同志指出："实现中华民族伟大复兴的中国梦，是当代中国爱国主义的鲜明主题。"[2]实现中华民族伟大复兴的中国梦，必须把弘扬爱国主义精神与弘扬中华优秀传统文化紧密结合起来，生动传播爱国主义精神，唱响爱国主义主旋律，让爱国主义成为每一个中国人的坚定信念和精神依靠，成为国家文化软实力的强大力量，成为实现中华民族伟大复兴的中国梦的共同精神支柱和强大精神动力。

---

[1]《十八大以来重要文献选编》（上），中央文献出版社2014年版，第235页。
[2] 习近平：《大力弘扬伟大爱国主义精神　为实现中国梦提供精神支柱》，载《人民日报》，2015年12月31日，第1版。

培育以改革创新为核心的时代精神。中华民族是具有改革创新精神的伟大民族。从远古时代的大禹治水，到中国当代的改革开放，中华民族改革创新的步伐从未止息。中国古代有许多关于改革创新的重要论述，对今天依然有着启发意义。例如，"周虽旧邦，其命惟新。"（《诗经·文王》）"苟日新、日日新，又日新。"（《大学》）"世异则事异""事异则备变"（《韩非子·五蠹》），等等。中国古代也进行过许多改革创新的实践，留下了宝贵的经验教训。例如，中国历史上曾进行过著名的"商鞅变法""胡服骑射""王安石变法"和"戊戌变法"等变法革新，不同程度地推动了中国古代社会的发展。这其中最成功的是"商鞅变法"，商鞅主张"苟可以强国，不法其故；苟可以利民，不循其礼""治世不一道，便国不法古"（《史记·商君列传》），采取了适合秦国国情的变法举措，使原本落后的秦国一举超越同一时期的其他国家，为秦国统一六国奠定了基础。传承发展中华优秀传统文化，要挖掘中华民族自古以来改革创新的发展理念和历史经验，为推动当代中国全面深化改革、实现创新、驱动发展提供精神支撑和智力支持。

二、坚持以人民为中心的工作导向

人民群众是历史的创造者,是真正的英雄。习近平同志指出:"必须牢记我们的共和国是中华人民共和国,始终要把人民放在心中最高的位置,始终全心全意为人民服务,始终为人民利益和幸福而努力工作。"[1]中国特色社会主义文化是人民的文化,人民幸福需要文化滋养,文化发展需要人民支持。建设中国特色社会主义文化,传承发展中华优秀传统文化,要坚持以人民为中心的工作导向,使中华优秀传统文化的传承发展为了人民、依靠人民和人民共享。

(一)为了人民

在中国古代,文化通常是为统治阶层和精英阶层服务的。毛泽东同志指出:"一定的文化(当作观念形态的文化)是一定社会的政治和经济的反映,又给予伟大影响和作用于一定社会的政治和经济。"[2]中国古代文化建立在中国古代经济政治的基础上,又服务中国古代的经济政治。先秦时期,统治阶级主张:"刑不上大夫,礼不下庶人。"(《礼记·曲礼上》)广大劳动群众属于"劳力者",没有资格和能力获得受教育的权利,《诗》《书》《礼》《易》《春秋》《乐》等礼乐文化制度,《论语》《孟子》《老子》《庄子》《墨子》《韩非子》等诸子百家作品,都是为统治阶级和精英阶层服务的。自从孔子开始收徒讲学,提出"有教无类"的教育主张,劳动群众逐渐开始拥有一定的知识和文化。秦汉以来,随

---

[1]《习近平新时代中国特色社会主义思想三十讲》,学习出版社2018年版,第85页。
[2]《毛泽东选集》(第二卷),人民出版社1991年版,第695页。

着中华文化不断繁荣发展，中国古代的文学艺术作品，特别是诗歌、小说、戏曲等除了在上层精英阶层流传外，也成为广大劳动群众重要的精神食粮。例如，《水浒传》《三国演义》《西游记》"三言二拍"《红楼梦》等古典小说，《窦娥冤》《西厢记》《牡丹亭》《桃花扇》等古典戏剧，在民间流传甚广，为广大劳动群众所喜闻乐见。但总体而言，中国古代广大劳动群众终生致力于日出而作、日入而息的农业生产，没有接受文化教育的充分物质和社会条件，文盲占人口大多数，诗词歌赋、琴棋书画等文化成果难以惠及广大人民群众，而只是少数上层阶级和知识分子的专利。

中国特色社会主义文化是不同于传统文化的新文化，是为人民服务的。在文化为谁服务的问题上，毛泽东同志指出："为什么人的问题，是一个根本的问题，原则的问题。"[1]"无论高级的或初级的，我们的文学艺术都是为人民大众的，首先是为工农兵的，为工农兵而创作，为工农兵所利用的。"[2]"我们的文化是人民的文化，文化工作者必须有为人民服务的高度的热忱，必须联系群众，而不要脱离群众。"[3]习近平同志也指出："文艺要反映好人民的心声，就要坚持为人民服务、为社会主义服务这个根本方向。"[4]传承发展中华优秀传统文化，要坚持为人民服务的正确方向。毛泽东同志指出："对于中国和外国过去时代所遗留下来的丰富的文学艺术遗产和优良的文学艺术传统，我们是要继承的，但是目的仍然是为了人民大众。"[5]当前，人民群众的物质生活条件得到极大改善，科学文化水平不断提高，这就为广大人民群众接受和共享中华优秀传统文化提供了物质和文化基础。我们要从人民需要的角度出发，把中华优秀传统文化中有益于人民群众的思想文化精华发掘

---

[1]《毛泽东文集》（第三卷），人民出版社1996年版，第857页。
[2]《毛泽东文集》（第三卷），人民出版社1996年版，第863页。
[3]《毛泽东文集》（第三卷），人民出版社1996年版，第1012页。
[4] 习近平：《在文艺工作座谈会上的讲话》，人民出版社2014版，第13页。
[5]《毛泽东文集》（第三卷），人民出版社1996年版，第855页。

出来，从而丰富广大人民群众的精神生活、提升广大人民群众的文化素质、陶冶广大人民群众的道德情操。

（二）依靠人民

人民群众是中华优秀传统文化的创造者，历史唯物主义认为，一切精神文化财富得以产生，都是根源于人民群众的生产生活实践。中国古代的思想家、艺术家以人民群众的生产生活实践为源泉，创造了许多优秀作品。毛泽东同志指出："人民生活中本来存在着文学艺术原料的矿藏，这是自然形态的东西，是粗糙的东西，但也是最生动、最丰富、最基本的东西；在这点上说，它们使一切文学艺术相形见绌，它们是一切文学艺术的取之不尽、用之不竭的唯一的源泉。这是唯一的源泉，因为只能有这样的源泉，此外不能有第二个源泉。"[1]习近平同志也指出："人民生活中本来就存在着文学艺术原料的矿藏，人民生活是一切文学艺术取之不尽、用之不竭的创作源泉。"[2]在文化发展史上，人民群众还直接参与了许多优秀作品的创作。以中国古典诗歌为例，人民群众直接参与了许多诗歌的创作。中国第一部诗歌总集《诗经》，"国风"部分共有一百六十篇，大部分是民间歌谣，是劳动群众"饥者歌其食，劳者歌其事"的作品。汉乐府、魏晋南北朝民歌等，都是在人民群众生活中间所创作的。

人民群众也是中华优秀传统文化的传承者和发展者。中华优秀传统文化的产生和发展是一个漫长的过程，在这个过程中，人民群众发挥了重要作用。从传承角度来讲，从先秦时期开始，人民群众就扛起了传承中华优秀传统文化的重任。虽然经过无数次动荡战乱和外部入侵，但人民群众坚持传承中华优秀传统文化，使中华文脉得以顽强延续，使中华

---

[1]　《毛泽东选集》（第三卷），人民出版社1996年版，第860页。
[2]　习近平：《在文艺工作座谈会上的讲话》，人民出版社2014版，第15—16页。

文明成为世界上连续不断的古代文明。从发展角度来看，人民群众对中华优秀传统文化许多内容进行了创新和发展。以古典小说为例，汉代班固曾说："小说家者流，盖出于稗官。街谈巷语，道听途说者之所造也。"(《汉书·艺文志》)可见，小说的产生与人民群众的生产生活密切相关。宋代以来，人民群众积极参与古典小说创作，如《水浒传》《三国演义》《西游记》《三言二拍》等小说，都是在人民群众口头文学基础上积累创作而成的。

传承发展中华优秀传统文化要依靠人民群众的智慧和力量。毛泽东同志指出："人民，只有人民，才是创造世界历史的动力。"[1]传承发展中华优秀传统文化，必须紧紧依靠广大人民群众的智慧和力量。要引导人民群众正确认识中华优秀传统文化。针对社会上存在的对于传统文化的偏激认识和观点，要通过发掘、阐释、介绍、宣传等方式，引导广大人民群众正确认识中华优秀传统文化，使他们增强文化自信，热爱中华文化。要鼓励人民群众传承发展中华优秀传统文化。中华优秀传统文化博大精深，单靠文化工作者难以完成传承发展任务，要积极鼓励人民群众参与中华优秀传统文化的传承发展，使中华优秀传统文化融入和服务人民群众的生产生活。要激励人民群众躬身践行中华优秀传统文化。中华优秀传统文化中蕴含了宝贵的传统美德和思想智慧，对于提升人民群众的科学文化素质和道德水平具有重要价值。要通过各种方式激励人民群众躬身践行中华优秀传统文化，使中华传统美德和思想智慧得到发扬光大。要支持人民群众努力保护中华优秀传统文化。当今社会存在一些丑化、歪曲甚至破坏中华优秀传统文化的现象，我们要依靠人民群众来保护中华优秀传统文化。

---

[1]《毛泽东选集》(第三卷)，人民出版社1991年版，第1031页。

（三）人民共享

中华优秀传统文化要成为人民群众共享的文化资源。中华优秀传统文化是全体中华儿女在各个时期创造的文化成果，是中华民族共有的文化财富。在中国古代的很长一段时间内，文化为统治阶级和精英阶层服务，人民群众很难具备享受文化成果的物质条件和社会条件。毛泽东同志指出："文艺是为地主阶级的，这是封建主义的文艺。中国封建时代统治阶级的文学艺术，就是这种东西。直到今天，这种文艺在中国还有颇大的势力。"[1]中国共产党成立之后，提出了建设新民主主义的文化，"民族的科学的大众的文化，就是人民大众反帝反封建的文化，就是新民主主义的文化，就是中华民族的新文化"[2]。新文化是民族的科学的文化，更是人民大众的文化。共享是中国特色社会主义的本质要求，文化共享是中国特色社会主义文化建设的重要目标。传承发展中华优秀传统文化，要以人民共享为目标指向，要使中华优秀传统文化成为人民群众共享的文化资源。

用中华优秀传统文化丰富人民群众的精神文化生活，人民群众需要物质生活，也需要精神文化生活。习近平同志指出："人类社会与动物界的最大区别就是人是有精神需求的，人民对精神文化生活的需求时时刻刻都存在。"[3]在中国古代，诗歌、戏曲、小说等古典文学艺术形式曾给人民群众带来过很大的精神享受。就诗歌而言，唐代白居易的诗歌平易近人、通俗易懂，人民群众非常喜爱，甚至到了"童子解吟长恨曲，胡儿能唱琵琶篇"（李忱《吊白居易》）的程度；宋代柳永的词情真意切、感人肺腑，成为盛极一时的吟唱作品，有"凡有井水

---

[1]《毛泽东选集》(第三卷)，人民出版社1991年版，第855页。
[2]《毛泽东选集》(第二卷)，人民出版社1991年版，第708—709页。
[3] 习近平：《在文艺工作座谈会上的讲话》，人民出版社2014年版，第14页。

饮处，皆能歌柳词"（叶梦得《避暑录话》）之说。再以小说为例，《警世通言·序》曾记载："里中儿代庖而创其指，不呼痛。或怪之，曰：'吾倾从玄妙观听说《三国志》来，关云长刮骨疗毒，且谈笑自若，我何痛为！'"听了《三国志》之类的讲史小说，而让孩童不觉得手指疼痛，可见古典小说的艺术魅力。中华优秀传统文化中有许多富有魅力的作品，在今天依然具有丰富群众精神文化生活的重大价值。当前，人民群众对精神文化生活提出了更高要求，我们要大力挖掘中华优秀传统文化那些富有魅力的文化作品，通过整理、创新和发展，展现中华文化魅力，丰富人民群众精神文化生活。

用中华优秀传统文化提高人民群众科学文化素质。具有高水平科学文化素质的人才，是实现民族复兴、赢得国际竞争主动权的战略资源。党的十九大报告强调："要提高人民思想觉悟、道德水准、文明素养，提高全社会文明程度。"[1]"深入实施公民道德建设工程，推进社会公德、职业道德、家庭美德、个人品德建设，激励人们向上向善、孝老爱亲，忠于祖国、忠于人民。"[2]中华优秀传统文化内容博大精深，富含文学、艺术、哲学、历史、科学等方面的宝贵资源，特别是其中的中华传统美德，是提高人民群众科学文化素质的重要资源。当前，我们要通过出版古典书籍，拍摄历史文化类的纪录片、电影、电视剧等视频节目，举办历史文化类的论坛、竞赛等活动，大力宣传介绍中华优秀传统文化。与此同时，更要支持与中华优秀传统文化相关的文化事业和文化产业，通过开放历史文化博物馆、历史文化古迹，降低中华优秀传统文化类书籍、影视等文化产品价格，进一步降低人民群众享受中华优秀传统文化的消费成本。

---

[1] 习近平：《决胜全面建成小康社会 夺取新时代中国特色社会主义伟大胜利——在中国共产党第十九次全国代表大会上的报告》，人民出版社2017年版，第42页。

[2] 习近平：《决胜全面建成小康社会 夺取新时代中国特色社会主义伟大胜利——在中国共产党第十九次全国代表大会上的报告》，人民出版社2017年版，第43页。

三、坚持创造性转化和创新性发展

中华优秀传统文化是中华民族的宝贵文化财富,如何传承发展中华优秀传统文化是中国近代以来的一个文化焦点问题。许多著名学者都提出过一些有影响的方法,如"中体西用"的方法、"抽象继承"的方法、"综合创造"的方法等。中国共产党成立后,十分重视中华优秀传统文化的传承发展,提出和实施了许多弘扬中华优秀传统文化的方针政策。党的十八大以来,习近平同志高度重视传承发展中华优秀传统文化,在总结前人文化理论和实践经验基础上,提出了推动中华优秀传统文化"创造性转化和创新性发展"的重要思想,为新时代传承发展中华优秀传统文化提供了科学原则和方法。

(一)秉持客观、科学、礼敬的态度

由于中国传统文化自身内容庞杂,近代以来又遭遇西方文化的严峻挑战和一些学者的严厉批判,这就使人们对中华优秀传统文化产生了一些偏激的看法。总体来看,对待中华优秀传统文化有三种偏激态度:彻底否定的虚无主义态度、过度拔高的复古主义态度、唯利是图的功利主义态度。偏激的文化态度和观念阻碍中华优秀传统文化的传承发展,这已经被中华文化建设的实践所证明。国学大师钱穆认为,对待国家的历史应有一种"温情与敬意",不应"对其本国以往历史抱一种偏激的虚无主义""而将我们当身种种罪恶与弱点,一切诿卸于古人"。[1]坚持创造性转化和创新性发展,就要对中华优秀传统文化秉持客观、科学、理

---

[1] 钱穆:《国史大纲》,商务印书馆1996年版,第1页。

性、礼敬的态度。

我们要客观认识中华优秀传统文化的辉煌成就和巨大价值。毛泽东同志指出："中国的长期封建社会中，创造了灿烂的古代文化。"[1]虽然中国传统文化中也有许多"糟粕"，但如果进行权衡比较，"精华"部分远大于"糟粕"部分，"优秀传统文化"在整个传统文化中占据主体。近代以来，在中华民族救亡图存过程中，"天行健，君子以自强不息"的自强精神，"周虽旧邦，其命维新"的求新精神，"天下兴亡匹夫有责"的爱国精神等优秀民族精神，对中华民族追求民族独立和人民解放起到了坚强的精神支柱作用。新中国成立后，中国当代文化并没有也无法割断与中华优秀传统文化的血脉联系，她是以马克思主义为灵魂、以其他国家优秀文化为借鉴、以中华优秀传统文化为源泉的新文化。党的十九大报告指出："中国特色社会主义文化，源自于中华民族五千多年文明历史所孕育的中华优秀传统文化。"[2]以社会主义核心价值观为例，其十二个价值范畴，既体现了社会主义的价值原则，又借鉴了人类社会的文明成果，同时也是中国传统价值在当代的升华。中国当代文化是根植于中华优秀传统文化沃土中的，离开了这片沃土，当代文化就成了无源之水、无本之木，就失去了生命力和创新力。

（二）取其精华、去其糟粕

中国传统文化中固然存在一些糟粕，但作为传统文化中的精华部分，中华优秀传统文化理应受到今天人们的礼敬。对待中国传统文化，我们应当以批判继承的方法，取其精华、去其糟粕。毛泽东同志指出："清理古代文化的发展过程，剔除其封建性的糟粕，吸收其民主性的精

---

[1]《毛泽东选集》（第二卷），人民出版社1991年版，第707页。
[2] 习近平：《决胜全面建成小康社会 夺取新时代中国特色社会主义伟大胜利——在中国共产党第十九次全国代表大会上的报告》，人民出版社2017年版，第41页。

华，是发展民族新文化提高民族自信心的必要条件；但是决不能无批判地兼收并蓄。必须将古代封建统治阶级的一切腐朽的东西和古代优秀的人民文化即多少带有民主性和革命性的东西区别开来。中国现时的新政治新经济是从古代的旧政治旧经济发展而来的，中国现时的新文化也是从古代的旧文化发展而来，因此，我们必须尊重自己的历史，决不能割断历史。"[1]习近平同志也指出："我们要对传统文化进行科学分析，对有益的东西、好的东西予以继承和发扬，对负面的、不好的东西加以抵御和克服，取其精华、去其糟粕，而不能采取全盘接受或者全盘抛弃的绝对主义态度。"[2]

（三）赋予新的时代内涵和现代表达形式

"文变染乎世情，兴废系乎时序。"（刘勰《文心雕龙·时序》）任何文化作品，都有产生的时代，都会不可避免地打上时代的烙印，都会具有相应时代的文化内涵和文化形式。中华优秀传统文化产生发展于中国古代社会，具有中国古代社会的思想内涵和文化形式。中国特色社会主义进入新时代，人民群众对文化作品的思想内涵和文化形式都有了新的要求。因此，我们今天对待中华优秀传统文化，不能简单地原样继承和生搬硬套。毛泽东同志在谈到传统文艺和当代文艺的关系时指出："文学艺术中对于古人和外国人的毫无批判的硬搬和模仿，乃是最没有出息的最害人的文学教条主义和艺术教条主义。"[3]"对于过去时代的文艺形式，我们也并不拒绝利用，但这些旧形式到了我们手里，给了改造，加进了新内容，也就变成革命的为人民服务的东西了。"[4]推动创造性转

---

[1]《毛泽东选集》（第二卷），人民出版社1991年版，第707—708页。
[2] 习近平：《牢记历史经验历史教训历史警示 为国家治理能力现代化提供有益借鉴》，载《人民日报》，2014年10月14日，第1版。
[3]《毛泽东选集》（第三卷），人民出版社1991年版，第860页。
[4]《毛泽东选集》（第三卷），人民出版社1991年版，第855页。

化和创新性发展,在思想内涵上要赋予中华优秀传统文化以新的时代内涵,在文化形式上要赋予中华优秀传统文化新的表达形式。我们既要做到"旧瓶装新酒",也要做到"新瓶装旧酒",从而做出人民群众喜闻乐见的文化"好酒"。

四、坚持交流互鉴、开放包容

在长期发展过程中,中华文明与世界其他文明广泛交流,既从其他文明中吸收了丰富营养,又为人类文明做出了重要贡献。习近平同志指出:"文明因交流而多彩,文明因互鉴而丰富。文明交流互鉴,是推动人类文明进步和世界和平发展的重要动力。"[1] 传承发展中华优秀传统文化,要坚持交流互鉴、开放包容,吸收借鉴国外优秀文明成果,积极参与与世界文化的对话交流,不断丰富和发展中华文化。

(一)吸收借鉴国外优秀文明成果

中华文化之所以历经千年而生生不息,得益于中华文化见贤思齐、海纳百川的包容性。汉代以来,中外文化广泛交流,给中华文化带来了异域文化的新鲜血液。汉代张骞凿空西域,开拓了丝绸之路,打开了中外文化交流的大门。中国不仅向外传播了中华文化,而且引进了葡萄、苜蓿、石榴、胡麻、芝麻等西域物产和文化。历史证明,中华文化的发展,离不开其他文化提供的丰富营养,"他山之石,可以攻玉",推动中华优秀传统文化的传承发展,就要积极借鉴外国优秀文明成果。毛泽东同志指出:"中国应该大量吸收外国的进步文化,作为自己文化食粮的原料,这种工作过去还做得很不够。这不但是当前的社会主义文化和新民主主义文化,还有外国的古代文化,例如各资本主义国家启蒙时代

---

[1] 习近平:《出席第三届核安全峰会并访问欧洲四国和联合国教科文组织总部、欧盟总部时的演讲》,人民出版社2014年版,第10页。

的文化,凡属我们今天用得着的东西,都应该吸收。"[1]邓小平同志也指出:"我们要向资本主义发达国家学习先进的科学、技术、经营管理方法以及其他一切对我们有益的知识和文化,闭关自守、故步自封是愚蠢的。"[2]习近平同志也强调:"继承和发扬中华民族优秀传统文化,坚持和弘扬中国精神,并不排斥学习借鉴世界优秀文化成果。我们社会主义文艺要繁荣发展起来,必须认真学习借鉴世界各国人民创造的优秀文艺。"[3]

但吸收借鉴外国优秀文化成果,也要采取取其精华、去其糟粕的扬弃态度。与中国传统文化一样,外国的文化内容也是非常复杂的,有精华,也有糟粕;有适合中国的,也有不适合的。如果不加辨别全盘接受,不仅不会促进中华文化发展,还会带来很大危害。近代以来,我们曾经对一些西方文化囫囵引进,结果产生了"水土不服"甚至"食物中毒"的不良后果。毛泽东同志指出:"一切外国的东西,如同我们对于食物一样,必须经过自己的口腔咀嚼和胃肠运动,送进唾液胃液肠液,把它分解为精华和糟粕两部分,然后排泄其糟粕,吸收其精华,才能对我们的身体有益,决不能生吞活剥地毫无批判地吸收。所谓'全盘西化'的主张,乃是一种错误的观点。形式主义地吸收外国的东西,在中国过去是吃过大亏的。"[4]邓小平同志指出:"属于文化领域的东西,一定要用马克思主义对它们的思想内容和表现方法进行分析、鉴别和批判。……有些同志对于西方各种哲学的、经济学的、社会政治的和文学艺术的思潮,不分析、不鉴别、不批判,而是一窝蜂地盲目推崇。对于西方学术文化的介绍如此混乱,以致连一些在西方国家也认为低级庸俗或有害的书籍、电影、音乐、舞蹈以及录像、录音,这几年也输入不少。这种用西方资产阶级没落文化来腐蚀青年的状况,再也不能容忍

---

[1]《毛泽东选集》(第二卷),人民出版社1991年版,第706—707页。
[2]《邓小平文选》(第三卷),人民出版社1993年版,第44页。
[3] 习近平:《在文艺工作座谈会上的讲话》,人民出版社2014年版,第26页。
[4]《毛泽东选集》(第二卷),人民出版社1991年版,第707页。

了。"[1]习近平同志也强调:"对国外的理论、概念、话语、方法,要有分析、有鉴别,适用的就拿来用,不适用的就不要生搬硬套。"[2]

吸收借鉴外国优秀文化成果,要做到中西合璧、融会贯通。吸收借鉴外国优秀文化成果,绝不是用外国文化替代中华文化,也不是与简单移植或相加。再优秀的外来文化资源,原封不动地照搬照抄都难以成功,一定要与中华文化进行融合创新。中国的白话文、芭蕾舞、民族歌剧、油画、电影、话剧、现代小说、现代诗歌等都是既借鉴外国优秀文化,又进行了民族创造的成功案例。毛泽东同志在谈到吸收借鉴西洋音乐的时候指出:"音乐可以采取外国的合理原则,也可以用外国乐器,但是总要有民族特色,要有自己的特殊风格,独树一帜。""艺术上'全盘西化'被接受的可能性很小,还是以中国艺术为基础,吸收一些外国的东西进行创造为好。"[3]邓小平同志指出:"所有文艺工作者,都应当认真钻研、吸收、融化和发展古今中外艺术技巧中一切好的东西,创造出具有民族风格和时代特色的完美的艺术形式。"[4]习近平同志也指出:"只有坚持洋为中用、开拓创新,做到中西合璧、融会贯通,我国文艺才能更好发展繁荣起来。"[5]因此,我们要学习借鉴世界优秀文化成果,与中华文化融会贯通,创造出具有中国风格、中国气派的文化作品。

(二)积极参与与世界文化的对话交流

当今中国前所未有地靠近世界舞台中心,世界从来没有像今天这样关注中国、重视中国。然而,比起中国在世界上政治影响力和经济影响力,文化影响力相对较弱。美国在教育、影视、音乐、艺术、出版、媒

---

[1]《邓小平文选》(第三卷),人民出版社1993年版,第44页。
[2] 习近平:《在哲学社会科学工作座谈会上的讲话》,人民出版社2016年版,第18页。
[3]《毛泽东文艺论集》,中央文献出版社2002年版,第147页。
[4]《邓小平文选》(第二卷),人民出版社1994年版,第212页。
[5] 习近平:《在文艺工作座谈会上的讲话》,人民出版社2014年版,第26页。

体、动漫、娱乐、品牌、创意等方面的指标均在世界前列，与其相比中国还存在较大差距。英国前首相撒切尔夫人认为：中国的廉价商品充斥了世界的每一个角落，但中国却没有具有国际影响力的思想和学说。她的这一说法未必客观，但从一定程度上说明了中国对世界的文化影响力还不够强。要成为真正的世界强国，光靠政治影响力和经济影响力是不够的，必须提升中华文化对外的吸引力和影响力。因此，要向世界讲好中国故事，传播好中华文化，向世界展现一个富有文化魅力的中国。

展现中华文化独特魅力。英国前首相丘吉尔说过：我宁愿失去一个印度，也不肯失去一个莎士比亚。莎士比亚的戏剧不仅提升了英国的人文精神，而且影响了整个世界。在中华优秀传统文化中，先秦诸子百家的思想著作，四大名著等文学作品，就其思想性和艺术性而言比起莎士比亚戏剧并不逊色。这就需要充分发掘中华文化的精华，要结合当今时代特点和世界潮流进行创新和转化，真正促使中华文化走出国门、影响世界。当前，中国在文化创作，特别是文艺创作方面存在着有数量缺质量、有"高原"缺"高峰"的现象，这是中国当代文化在世界上影响力较小的根本原因。桃李不言，下自成蹊。提升中华文化对外的吸引力和影响力，就要从中华优秀传统文化中汲取创作智慧，克服浮躁心态，以孜孜以求、精益求精的精神，以中国人民乃至世界人民所喜闻乐见的中国作风和中国气派，创作思想精深、艺术精湛、制作精良的文化精品。

加强中华文化译介工作。中华优秀传统文化大多以文言文创作，时至今日不仅对于外国人，而且对于中国人来说也存在阅读障碍。莎士比亚戏剧用早期近代英语写成，与现代英语差别很大，但在世界影响极广，深受世界各国人民喜爱，这与古译今、英译外的翻译工作关系很大。因此，做好传统文化的译介工作非常重要。一是古文译成今文，二是中文译成外文。在古文译成今文方面，国内译本种类繁多，质量参差不齐，很多译本既无法准确表达原文文义，又难以传达古文韵味魅力。在中文译成外文方面，译本种类尚少，翻译语种不多，对国外学界影响大、民众影响小。中国古代经典文学性较强，比如先秦诸子经典和《二十四史》《资治通鉴》等历史作品都有很强的文学性。因此，古译今、汉译外的翻译要达到"信达雅"的标准，不断推出达到"信达雅"标准的高质量译本，才能传播好中华文化，否则，劣质译本反而会削弱和伤害中华优秀传统文化的影响力。

扩大中华文化的对外交流，"远人不服，则修文德以来之。"（《论语·季氏》）自古以来，中华民族影响世界靠的不是武力而是文化，以德服人、以文化人既是我们的原则，也是我们的追求。加强政府间的文化交流，通过政府间的外交活动、国际上的重大活动等活动，针对世界上的热点问题、难点问题，发出中国声音，贡献中国智慧，展现中华优秀传统文化的魅力。支持学者就中华文化与国外学界进行深入交流对话，把中华文化的价值精神、思想智慧、魅力特色推广出去，对上影响国外政府决策，对下引领国外社会思潮、影响普通大众。鼓励通过商贸、旅游、移民、留学等方式途径，增强中华文化的吸引力和亲和力，培养中华文化在国外生根发芽的民意基础，扩大中华文化的影响面。总之，要针对不同国家、不同民族的文化，找到其喜闻乐见、易于接受的形式和方式，提高中华优秀传统文化的国际影响力。

五、坚持统筹协调、形成合力

推行中华优秀传统文化的传承发展，是一个难度很大的系统工程，需要坚持统筹协调、形成合力。要加强党的领导，充分发挥政府主导作用和市场积极作用，鼓励和引导社会力量广泛参与，推动形成有利于传承发展中华优秀传统文化的体制机制和社会环境。

（一）加强党的领导

传承发展中华优秀传统文化，要加强党的领导。党的十九大报告指出："中国共产党从成立之日起，既是中国先进文化的积极引领者和践行者，又是中华优秀传统文化的忠实传承者和弘扬者。"[1]新中国成立后，我们党高度重视传承发展中华优秀传统文化，特别重视加强党对文化建设的领导。毛泽东同志强调："要责成省委、地委、县委书记管思想工作，管报纸、学校、文学艺术和广播。"[2]邓小平同志强调："各级党委都要领导好文艺工作。"[3]"从中央到地方，各级党委的主要负责人一定要重视理论界文艺界以及整个思想战线的情况、问题和工作。"[4]进入新时代，习近平同志高度重视加强党对文化工作的领导，他强调："党的领导是社会主义文艺发展的根本保证。"[5]"各级党委要从建设社

---

[1] 习近平：《决胜全面建成小康社会 夺取新时代中国特色社会主义伟大胜利——在中国共产党第十九次全国代表大会上的报告》，人民出版社2017年版，第44页。
[2] 《毛泽东文集》（第七卷），人民出版社1999年版，第247页。
[3] 《邓小平文选》（第二卷），人民出版社1994年版，第213页。
[4] 《邓小平文选》（第三卷），人民出版社1993年版，第45页。
[5] 习近平：《在文艺工作座谈会上的讲话》，人民出版社2014年版，第27页。

会主义文化强国的高度，增强文化自觉和文化自信，把文艺工作纳入重要议事日程，贯彻好党的文艺方针政策，把握文艺发展正确方向。"[1]传承发展中华优秀传统文化是中华民族的伟大文化事业，是中国特色社会主义文化建设的重要工作，关系中华文脉传承和文化自信巩固。因此，各级党委应高度重视对中华优秀传统文化传承发展的领导，贯彻好党的文化政策，把握好文化发展的正确方向。

传承发展中华优秀传统文化，也要尊重和遵循文化发展规律。文化发展有其内在规律，中华优秀传统文化的传承发展也有其内在规律。从中国历史上看，国家不可对文化发展放任不管，也不可不遵循文化发展规律。秦代"焚书坑儒"，明清大搞"文字狱"，都对文化发展造成了很大伤害。因此，加强党对中华优秀传统文化传承发展的领导，一定要尊重和遵循文化发展规律，不能靠简单行政命令进行懵懵懂懂、莽冲莽撞式的管理。毛泽东同志指出："利用行政力量，强制推行一种风格，一种学派，禁止另一种风格，另一种学派，我们认为会有害于艺术和科学的发展。艺术和科学中的是非问题，应当通过艺术界、科学界的自由讨论去解决，通过艺术和科学的实践去解决，而不应当采取简单的方法去解决。"[2]邓小平同志指出："党对文艺工作的领导，不是发号施令，不是要求文学艺术从属于临时的、具体的、直接的政治任务，而是根据文学艺术的特征和发展规律，帮助文艺工作者获得条件来不断繁荣文学艺术事业，提高文学艺术水平，创作出无愧于我们伟大人民、伟大时代的优秀的文学艺术作品和表演艺术成果。"[3]习近平同志也强调："加强和改进党对文艺工作的领导，要把握住两条：一是要紧紧依靠广大文艺工作者，二是要尊重和遵循文艺规律。"[4]"要用符合文艺规律的方式领导文艺事业，充分发扬学术民主和艺术民主，保护好文艺工作者积极性和

---

[1] 习近平:《在文艺工作座谈会上的讲话》，人民出版社2014年版，第28页。
[2] 《毛泽东文集》(第七卷)，人民出版社1999年版，第229页。
[3] 《邓小平文选》(第二卷)，人民出版社1994年版，第213页。
[4] 习近平:《在文艺工作座谈会上的讲话》，人民出版社2014年版，第28页。

创造性。"[1]加强党对中华优秀传统文化传承发展的领导，要避免发号施令式的官僚主义，应当根据中华优秀传统文化的特征和发展规律，帮助文化工作者发掘、整理、创新、发展中华优秀传统文化，提高中华优秀传统文化在当代的吸引力和影响力。

（二）发挥政府主导作用和市场积极作用

1.发挥好政府的主导作用

传承发展中华优秀传统文化，要发挥好政府的主导作用。在新中国成立前夕，毛泽东就强调："随着经济建设的高潮的到来，不可避免地将要出现一个文化建设的高潮。中国人被人认为不文明的时代已经过去了，我们将以一个具有高度文化的民族出现于世界。"[2]新中国成立后，我们坚持"百花齐放、百家争鸣""古为今用、洋为中用"等文化方针，有力促进了社会主义文化的发展，有力推动了中华优秀传统文化的整理和发掘。改革开放以来，邓小平同志强调："把社会主义精神文明建设，作为一个重大任务长期抓下去。教育、科学、文学、艺术、卫生、体育都是社会主义精神文明的重要方面。"[3]在党和政府的持续推动下，中国特色社会主义文化建设稳步推进，中华优秀传统文化得到大力弘扬，人民群众的精神文化生活不断丰富。进入新时代，习近平同志强调："要坚持中国特色社会主义文化发展道路，激发全民族文化创新创造活力，建设社会主义文化强国。"[4]这几年，各级政府加强对文化建设的宏观指导和科学规划，促进了中华优秀传统文化的

---

[1] 习近平：《在中国文联十大、中国作协九大开幕式上的讲话》，载《人民日报》，2016年12月1日，第2版。
[2] 《毛泽东文集》（第五卷），人民出版社1996年版，第345页。
[3] 《邓小平年谱（1975—1997）》（下），中央文献出版社2007年版，第810—811页。
[4] 习近平：《决胜全面建成小康社会　夺取新时代中国特色社会主义伟大胜利——在中国共产党第十九次全国代表大会上的报告》，人民出版社2017年版，第41页。

传承和发展。随着时代发展和科技进步，各级政府应更加主动作为，出台关于中华优秀传统文化传承发展的法规政策，促进中华优秀传统文化创造性转化和创新性发展。传承发展中华优秀传统文化，各级政府要在以下几个方面发挥好主导作用。

第一，制定规划。科学的顶层设计，是传承发展中华优秀传统文化的关键。各级党委和政府有责任制定科学的传承发展规划，推动全社会掀起弘扬中华优秀传统文化的高潮，推动中华优秀传统文化服务当代社会和人民。近年来，党中央和国务院先后出台《完善中华优秀传统文化教育指导纲要》《关于实施中华优秀传统文化传承发展工程的意见》《国家"十三五"时期文化发展改革规划纲要》等重要文件，对传承发展中华优秀传统文化做出了科学规划，发挥了很好的规划作用。各级地方党委和政府也应根据这些顶层规划，制订出适合地方的规划。

第二，组织实施。再好的发展规划，也离不开贯彻落实。习近平同志指出："要抓实、再抓实，不抓实，再好的蓝图只能是一纸空文，再近的目标只能是镜花水月。"[1]各级党委和政府制订出中华优秀传统文化的传承发展规划后，应组织各单位各部门贯彻实施，认真完成规划中的任务，真正实现规划中的目标。特别应防止形式主义和官僚主义，也要防止"形象工程"和"政绩工程"，真正把中华优秀传统文化传承好、发展好。

第三，管理保护。中华文化历史悠久，给我们留下了数不胜数的文化遗产，具有重要的历史、艺术和科学价值。历史文物非常脆弱，破坏了就难以修复，遗失了就难以找回。长期以来，我国许多历史文物遭到了不同程度的破坏和遗失，现状堪忧。同时，一些非物质文化遗产的生存现状也不容乐观。各级党委和政府是文化遗产的管理者和保护者，有责任担负起对它们的管理和保护工作，使这些文化遗产既能服务当代社会，也能服务子孙后代。

---

[1]《习近平总书记系列重要讲话读本》，学习出版社、人民出版社2016年版，第239页。

第四，带头示范。孔子说："君子之德风，小人之德草。草上之风，必偃。"（《论语·颜渊》）孟子说："上有好者，下必有甚焉者矣。"（《孟子·滕文公上》）孔子孟子都强调以上率下的示范作用。党的十八大以来，习近平同志在各个场合和各种讲话中，多次引用中华优秀传统文化中的名言警句，身体力行弘扬中华文化，为我们传承发展中华优秀传统文化做出了很好表率。传承发展中华优秀传统文化，政府和政府公务人员应带头示范，起到以上率下的作用。各级党委和政府的公务人员特别应在弘扬中华传统美德、弘扬古代优秀廉政文化、弘扬"民本"思想等方面，躬亲示范，做好表率。

2.发挥好市场的积极作用

传承发展中华优秀传统文化，也要发挥好市场的积极作用。中国古典小说在明清时期能够繁荣发展，市场消费增长的推动作用功不可没。关于《红楼梦》的流传，鲁迅先生曾指出："乾隆中，有小说曰《石头记》者忽出于北京，历五六年而盛行，然皆写本，以数十金鬻于庙市。"[1]可见，对于文化的繁荣兴盛，市场所发挥的积极作用是十分重要的。近年来，有关中华优秀传统文化的讲坛、竞赛、纪录片、电视剧、电影等蓬勃发展，既取得了很好的经济效益，又推动了中华优秀传统文化的传承发展。传承发展中华优秀传统文化，要注重发挥市场的积极作用，推动有关中华优秀传统文化的产业体系建设。习近平同志指出："在发展社会主义市场经济的条件下，许多文化产品要通过市场实现价值，当然不能完全不考虑经济效益。"[2]党的十九大报告强调，要"健全现代文化产业体系和市场体系，创新生产经营机制，完善文化经济政策，培育新型文化业态"[3]。

---

[1] 《鲁迅全集》（第九卷），人民文学出版社2005年版，第235页。
[2] 习近平：《在文艺工作座谈会上的讲话》，人民出版社2014年版，第20页。
[3] 习近平：《决胜全面建成小康社会 夺取新时代中国特色社会主义伟大胜利——在中国共产党第十九次全国代表大会上的报告》，人民出版社2017年版，第44页。

在社会主义市场经济条件下，传承发展中华优秀传统文化，必须建立健全现代文化市场体系，大力发展文化产业，通过市场的力量，把中华优秀传统文化的优秀元素发掘出来，变成消费者喜爱的文化商品。中央电视台纪录片《舌尖上的中国》《记住乡愁》，好莱坞电影《功夫熊猫》《花木兰》等，都是中华优秀传统文化元素变成现代文化商品，实现了经济效益和社会效益双丰收。但与此同时，要尽力避免传承发展中华优秀传统文化过程中过度或单纯追求经济利益的不良现象。习近平同志指出："文艺不能当市场的奴隶，不要沾满了铜臭气。优秀的文艺作品，最好是既能在思想上、艺术上取得成功，又能在市场上受到欢迎。"[1]近年来，市场上出现了一些为单纯追求经济利益而歪曲、丑化中华优秀传统文化的作品，产生了不良的社会影响，损害了中华文化的形象，应引起高度重视。

（三）鼓励和引导社会力量广泛参与

1.发挥文化界的引导作用

传承发展中华优秀传统文化，文化界责无旁贷。中华文化的产生和发展，离不开中国历代文化大家们的接续努力。当前，传承发展中华优秀传统文化，需要当代文化界的艺术家、理论家、批评家们发挥引导作用。

第一，文艺界的创作传播。在当代，中华优秀传统文化往往通过文艺作品传承和传播，优秀的传统题材的文学作品、电视剧、电影、纪录片等，往往能引起社会的强烈反响和好评。以四大名著为底本的电视剧、电影，以中国历史、传统文艺、传统服饰、传统饮食为题材的纪录片，都收到了很好的传承发展中华优秀传统文化的效果。因此，文艺界应多创作传统题材的文艺作品，弘扬"真善美"，针砭"假恶丑"，通过

---

[1] 习近平：《在文艺工作座谈会上的讲话》，人民出版社2014年版，第20页。

春风化雨、润物无声的方式，传播好中华优秀传统文化。

第二，学术界的整理阐释。传统文化有如下特点：一是"多"，传统文化内容庞大，历史文化典籍汗牛充栋，我们今天常见的只是冰山一角；二是"杂"，传统文化内容复杂，文化精华与文化糟粕相伴而生，很多作品精糟杂糅，难以分辨；三是"古"，传统文化历史久远，许多典籍的语言文字古奥难懂，许多作品尚无现代标点。因此，学术界整理阐释的工作至关重要，要从众多的作品中梳理出文化经典，从庞杂的作品中萃取出文化精华，从古奥的作品中阐释出现代内涵，为中华优秀传统文化的传承发展工作奠定学术基础。

第三，批评界的引导规范。鲁迅先生非常看重批评家的工作，他"所希望于批评家的，实在有三点：一，指出坏的；二，奖励好的；三，倘没有，则较好的也可以""希望刻苦的批评家来做剜烂苹果的工作"[1]。习近平同志也指出："有了真正的批评，我们的文艺作品才能越来越好。文艺批评就要褒优贬劣、激浊扬清，像鲁迅所说的那样，批评家要做'剜烂苹果'的工作，'把烂的剜掉，把好的留下来吃'。"[2]目前，不管是政府、文化界还是民间，都掀起了"国学热""传统文化热"。但与此同时，也出现了许多歪曲利用传统文化的现象。有的主张复古，甚至宣扬"三从""四德"，鼓吹"儒教治国"；有的唯利是图，以弘扬传统文化为名，通过扭曲、丑化传统文化实现敛财目的；也有的持虚无主义态度，质疑一切传统文化，主张全盘抛弃传统文化。针对这些不良现象，批评界应该及时发挥引导规范作用，以便廓清思想迷雾，树立科学态度，指引正确方向。

2.鼓励广大群众积极参与

人民群众是历史的创造者，也是文化的创造者和传承者。民间是最

---

[1]《鲁迅全集》(第五卷)，人民文学出版社2005年版，第316—317页。
[2] 习近平:《在文艺工作座谈会上的讲话》，人民出版社2014年版，第29页。

深厚最肥沃的文化土壤，中华优秀传统文化只有扎根民间、服务群众，才能得到真正的传承发展。从这个意义上来说，群众是实现中华优秀传统文化当代价值的主要力量，发挥着基础作用。当前，在政府主导、文化界引导的基础上，应该进一步发挥群众自身的基础作用。

第一，广泛接受优秀文化。群众既是文化的主要传承者，也是最终接受者，"传承"与"接受"是一个统一的过程。群众发挥传承作用，主要通过广泛接受的形式，使优秀文化扎根民间、传承不绝。对于中国古代优秀的文艺作品、家规家风、传统美德、民俗节日等，群众应自觉加深了解、培养兴趣，用以丰富生活、陶冶情操、提高素质。

第二，大力弘扬传统美德。中华传统美德是传统文化的精髓，在民间有着悠久传承和深厚基础，是人民群众处理人际关系、为人处世的基本准则。群众应大力弘扬传统美德，特别是大力弘扬尊老爱幼、尊师重教、勤俭节约、友爱慈善、诚实守信等美德，净化社会风气，构建和谐社会。

第三，自觉爱护文化遗产。中国是文明古国，也是世界上拥有文化遗产数量最多的国家之一。文化遗产是历史的见证，是民族的标识，是国家的财富，人人都有爱护保护的责任。群众是文化遗产的主要受益者，也应是主要爱护者。

孔子说："礼失而求诸野。"（《汉书·艺文志》）中国文化史上，每逢遇到文化危机，传统文化总能在民间顽强传承，可见，只要群众发挥基础作用，中华优秀传统文化就能在民间根深叶茂、开花结果。

（四）形成有利的体制机制和社会环境

对中华优秀传统文化传承与发展的保障，主要来自两个方面，一是文化政策支持，二是政策法规保护。各级政府和相关部门，应出台切实可行的文化政策，加大对中华优秀传统文化传承与发展的政策支持；同时也应制定有力完善的法律法规,加大对中华优秀传统文化传承与发展的法规保护。

1.加强文化政策支持

新中国成立以来,我国制定了一系列积极有为的文化政策,如"二为"方向、"双百"方针、"三贴近"原则等根本政策,"弘扬主旋律,提倡多样化""古为今用,洋为中用,推陈出新"等基本政策,以及各文化领域的具体政策,为我国的文化建设事业提供了重要支持。当前,传承与发展中华优秀传统文化,应及时制定与之相关的文化政策,特别应在以下几个方面提供积极的政策支持。

第一,文化研究的政策支持。习近平同志指出:"要讲清楚中华优秀传统文化的历史渊源、发展脉络、基本走向,讲清楚中华文化的独特创造、价值理念、鲜明特色,增强文化自信和价值观自信。"[1]中华优秀传统文化的研究,是传承发展的基础,也是中国特色社会主义文化建设的重要工作。但是,由于传统文化研究难度大、效益小,这方面的优秀成果还相对较少。因此,应加大对中华优秀传统文化研究的支持,特别是在一些冷门方向,应加大资金和人力的投入。

第二,文化传播的政策支持。提高中华优秀传统文化的影响力,必须加大文化传播能力投入,增强政策支持。从数量上,应在报纸书刊、广播电视和互联网等传播平台上,加大对中华优秀传统文化的弘扬和宣传,加大传播力度。从质量上,应着力打造更多诸如《探索发现》《百家讲坛》等精品栏目,提高传播效果。

第三,文化产业的政策支持。文化产业成为国民经济支柱性产业,是我国文化建设的重要目标。中华优秀传统文化与文化产业是相互促进的,前者可以为后者提供优秀文化资源,后者可以为前者提供传承发展

---

[1] 习近平:《把培育和弘扬社会主义核心价值观作为凝魂聚气强基固本的基础工程》,载《人民日报》,2014年2月26日,第1版。

动力。应制定积极的文化产业政策，促进中华优秀传统文化产业化，加大财政、金融、税收、人才等方面的支持力度，大力培育文化市场主体，扩大文化消费，促进文化与科技深度融合，推动文化创意创新，发挥文化产业在传承发展中华优秀传统文化方面的动力作用。

2.加强文化法规保护

党的十九大报告强调："加强文物保护利用和文化遗产保护传承。"[1]目前，我国已经出台了一些文化法律法规，如《文物保护法》《非物质文化遗产法》《中华人民共和国公共文化服务保障法》《传统工艺美术保护条例》《文物保护实施条例》《历史文化名城名镇名村保护条例》《博物馆条例》等。总体来看，这些文化法律法规有两个基本特点。一是数量少。据不完全统计，目前我国法律法规约有38000多件，与文化相关的约有1042件，占总量的2.7%，文化法律仅占全部法律的1.7%。[2]二是层次低。在文化法规中，文化法律少，文化法规多，权威性、系统性和针对性不够。因此，应加强关于中华优秀传统文化法律法规的完善和执行。

第一，完善文化法律法规体系。除了继续完善文化遗产保护方面的法律法规外，还应在以下几个方面加强：一是解决文化纠纷。近几年来，随着文化产业的蓬勃发展，各种文化争夺战不断上演，如"杏花村"争夺战、"夜郎文化"争夺战、"牛郎织女"争夺战等，甚至"西门庆"也被争来争去。有网友评论说："李白曹操有名声，生地墓地全得争。争完妃人争夜郎，再加西门大官人。"[3]这种文化纠纷的背后是利益纠纷，不妥善解决就会对传统文化资源造成破坏性开发。二是维护文化形象。目前，在广播、电视台和互联网络上，破坏、歪曲、诋毁历史

---

[1] 习近平：《决胜全面建成小康社会 夺取新时代中国特色社会主义伟大胜利——在中国共产党第十九次全国代表大会上的报告》，人民出版社2017年版，第44页。
[2] 《"管文化"的法，太少！》，载《人民日报》，2015年5月20日，第12版。
[3] 《复古争夺战：法律能说不吗？》，载《检察日报》，2016年8月12日，第5版。

人物、民族英雄的言论、图片和节目时有出现，产生了很坏影响。2017年3月，《中华人民共和国电影产业促进法》施行，明确规定电影中不得含有"诋毁民族优秀文化传统""侵害民族风俗习惯""歪曲民族历史或者民族历史人物"等方面的内容。但是，仅在电影领域立法显然不够，应尽快完善相关法律法规，全面维护中华优秀传统文化的文化形象。三是保护文化精髓。目前，我国有《文物保护法》《非物质文化遗产法》等法律保护物质文化遗产和非物质文化遗产。但是，中华优秀传统文化中的许多文化精髓，如核心思想理念、中华传统美德、中华人文精神等，尚没有相关法律法规进行明确保护，导致其中的一些好的思想理念被歪曲，传统美德被亵渎，一些文化名人如孔子、孟子、朱熹、王阳明等被任意诋毁。文化批评和观点争论是有益的，但歪曲、亵渎和诋毁则不利于文化的传承发展。这些文化精髓，也应受到相关法规的保护。

第二，加强文化法律法规执行。目前，我国文化法律法规不仅数量少、层次低，还存在有法不依、执法不力的问题。习近平同志指出："法律的生命力在于实施，法律的权威也在于实施。"[1]加强法律法规执行，应在以下几个方面努力。一是要加大执法力度。2016年11月，河南汝州百余座汉墓遭房地产开发商毁坏，事后汝州市文化广电新闻出版局按照《文物保护法》对涉事单位仅处以"罚金40万元"的行政处罚。[2]类似的文物破坏案件时有发生，但往往都是罚钱了事，根本起不到法律的震慑作用。关于文物破坏行为，我国《文物保护法》和《刑法》中都有追究刑事责任的相关条款，应依法严格追究文物破坏案件的法律责任。二是严肃问责追责。有统计结果显示，在国家文物局执法督查的统计结果中，法人违法的文物破坏案件占到72%。[3]

---

[1] 习近平：《关于〈中共中央关于全面推进依法治国若干重大问题的决定〉的说明》，载《人民日报》，2014年10月28日，第1版。

[2] 《河南汝州"汉墓群被毁"事件追踪——多人被追责 原址建展馆》，载《中国文化报》，2017年1月20日，第2版。

[3] 《法人违法多发势头如何遏制》，载《中国文化报》，2016年9月8日，第8版。

《国务院关于进一步加强文物工作的指导意见》明确要求建立文物保护责任终身追究制,应严肃问责追究相关责任人的法律责任。三是鼓励群众监督。2013年2月,颐和园文物望柱头失踪,被一个名为"颐和吴老"的博主发现,并将此信息发布在网络上,引起社会广泛关注。[1]在信息时代,文化遗产的保护离不开群众的广泛参与。近年来的许多文物失踪、文物破坏事件,往往都是广大人民群众第一时间在互联网上爆料,然后才引起了社会和有关部门注意。因此,应鼓励群众监督,以为我们文化遗产提供更多保护。

3.加强文化平台运用

文化传承需要平台。传承主体发挥多大作用,能否用好传承平台是关键。传承好中华优秀传统文化,以下三个平台需要重点利用,即学校、媒体和社会。

第一,加强中华优秀传统文化学校教育。百年大计,教育为本。学校是"传道、授业、解惑"的地方,是培养未来人才、传承民族文化的主要阵地。《关于实施中华优秀传统文化传承发展工程的意见》提出:"把中华优秀传统文化全方位融入思想道德教育、文化知识教育、艺术体育教育、社会实践教育各环节,贯穿于启蒙教育、基础教育、职业教育、高等教育、继续教育各领域。"[2]加强学校教育,应该从教学内容和教学方式上同时用力。一是加大中华优秀传统文化的教学内容。长期以来,中华优秀传统文化在教学内容中占比不大,甚至受到一定程度漠视。当前,应在各教育领域加大中华优秀传统文化的教学内容,特别是在小学、中学、大学的教学中,增加中华民族精神、传统哲学、传统美德、古典文学、传统书法、传统绘画、传统戏剧、民族风俗节日、传统礼仪等方面

---

[1]《颐和园云龙望柱头丢失调查》,载《中国文化报》,2013年3月4日,第2版。
[2]《关于实施中华优秀传统文化传承发展工程的意见》,载《人民日报》,2017年1月26日,第6版。

的内容，增加学生对中华优秀传统文化的了解和兴趣。二是改进中华优秀传统文化的教学方式。中华优秀传统文化教学的效果不仅与教学内容相关，更与教学方式密切相关。长期以来，中小学的传统文化教学存在重课堂而轻课外、重应试而轻素质的不良倾向。因此，学校除了课堂教学和应试教学外，还应加强社会实践和参观访学，充分利用图书馆、博物馆、艺术馆、历史古迹等文化场所，改进教学方式，提高教学效果。中华民族有着悠久的教育传统，有着丰富的教育经验，有着的深厚优秀的教育资源，因此弘扬中华优秀传统文化要把学校教育作为重中之重，要在青少年价值观、人生观、审美观、伦理观形成阶段装好"中国心"。

第二，加大中华优秀传统文化媒体传播。在文化领域，媒体是文化传播的平台，也是文化冲突的阵地。当前，文化传播的媒体既包括报纸和书刊等传统媒体，也包括广播、电视、互联网等新兴媒体。因此，传承发展中华优秀传统文化，应同时加大传统媒体和新兴媒体的传播。一是用好报纸和书刊。报纸和书刊是传统媒体，历来发挥着文化传播和传承的重要作用。即使在文化日益数字化的今天，纸质报纸和书刊依然具有不可忽视的作用。报纸和书刊比广播、电视、互联网等新兴媒体更为正式和严肃，中华优秀传统文化的重要典籍主要还是通过纸质书刊传播给人民群众，一些重要的学术成果、文艺作品、评论文章往往通过这一媒体发表和传播。因此，在中华优秀传统文化的宣传、阐释、引导等方面，报纸和书刊应发挥比新兴媒体更为关键的作用。二是用好广播和电视。随着科技的进步，广播和电视等大众媒体成为人们接受中华优秀传统文化的重要渠道。长期以来，中央人民广播电台、中央电视台和地方广播电台、电视台，在传承发展传统文化方面发挥着重要作用。中央电视台的《探索发现》《百家讲坛》等栏目，播出了大量以中华优秀传统文化为内容的节目，如《易中天品三国》《王立群读史记》等节目，受到广泛欢迎，并在社会掀起《三国》热和《史记》热，极大地推动了中华优秀传统文化的传播和影响。因此，广播和电视应继续加强对中华优秀传统文化的传播，以更加丰富的内容和多彩的形式，向广大人民群众传播中华优秀传统文化，展现中华文化的无穷魅力。三是用好互联网。目前，中国的互联网已经非常普及，以门户网站、微博、微信为代表的互联网传播平台，已经成为信息传播的主要渠道，也成为中华优秀传统文化传播的重要渠道。以微信为例，一些国学类的公众号成为研究、解读和传播中华优秀传统文化的重要平台，一些历史虚无主义的言论也在微信上广为流传，诸如质疑民族英雄、丑化民族历史、贬低民族文化的文章和帖子通过转发和共享的方式影响着广大网民。因此，传承发展中华优秀传统文化，必须注重拓展和用好网络媒体，用先进的技术传播手段和优质的文化资源占据网络阵地，不断增强中华优秀传统文化传承发展的效果。

第三，加大中华优秀传统文化的社会宣传。在文化传播方面，除了学校和媒体外，社会是更为广阔的传播媒介。社会是人民群众生产生活的地方，也应该是中华优秀传统文化发挥正面作用的地方。因此，中华优秀传统文化应适时走出学校、科研机构等象牙塔，走向人民群众生产生活的社会，通过社会这个大媒介，进行传播和传承。一是加大公共场所传统文化宣传。社会的公共场所，如广场、街道、车站、社区、村落等地方，是人群密集地区，应利用这些公共场所，通过图片、标语、音乐、影像、表演、讲座等丰富多彩的形式，向广大人民群众传播中华优秀传统文化。特别应在中国春节、清明、端午、中秋等传统节日期间，营造浓厚的传统氛围，使中华优秀传统文化如绵绵春雨般滋润人间。二是加大文化场所的传统文化宣传。社会的文化场所，如图书馆、博物馆、剧院、影院、文化宫、艺术展等地方，是专门的文化传播场所，应在这些场所加大中华优秀传统文化的传播力度，把中华优秀传统文化最有吸引力、最富魅力的内容，通过适当的形式展现给人民群众。通过社会的广泛传播，把中华优秀传统文化推广到城镇、村落、社区、学校、家庭，甚至推广到中国的山乡僻壤、田间地头、街头巷尾、茶馆酒肆，最大范围地提高中华优秀传统文化的影响力。

第七章　推动中华优秀传统文化创造性转化、创新性发展

近代以来，我们提出过许多实现中华优秀传统文化当代价值的方法，如"中体西用"的方法、"抽象继承"的方法、"综合创造"的方法，等等。党的十八大以来，习近平同志在总结前人经验基础上，提出了"创造性转化、创新性发展"的方法，指出："努力实现传统文化的创造性转化、创新性发展，使之与现实文化相融相通，共同服务以文化人的时代任务"[1]。党的十九大报告强调："推动中华优秀传统文化创造性转化、创新性发展。"[2]"创造性转化、创新性发展"是实现中华优秀传统文化当代价值的科学方法。我们认为，从操作层面，"创造性转化、创新性发展"的方法应经过"三步走"，也就是有三个重要环节：第一步是科学区分、梳理萃取，这是起点环节；第二步是加工改造、推陈出新，这是重点环节；第三步是运用升华、服务现实，这是落点环节。这"三步走"环环相扣，缺一不可。

---

[1] 习近平：《在纪念孔子诞辰2565周年国际学术研讨会暨国际儒学联合会第五届会员大会开幕会上的讲话》，载《人民日报》，2014年9月24日，第2版。

[2] 习近平：《决胜全面建成小康社会　夺取新时代中国特色社会主义伟大胜利——在中国共产党第十九次全国代表大会上的报告》，人民出版社2017年版，第23页。

一、科学区分、梳理萃取

科学区分、梳理萃取是"创造性转化、创新性发展"的起点环节，也是基础环节。对中华优秀传统文化进行"创造性转化、创新性发展"，首先要对传统文化本身进行基本的分析和整理，梳理传统文化的精华和糟粕，从而萃取出文化精华，清理掉文化糟粕。

（一）坚持科学区分

从文化性质上，中国传统文化包括四个部分，即文化精华部分、文化糟粕部分、精糟杂糅部分和其他部分。在这四个部分中，应重点区分文化精华和文化糟粕。实际上，这两者很难区分界定。季羡林曾指出："这两个表面上看上去像是对立面的东西，不但不是泾渭分明，反而是界限不清；尤有甚者，在一定的条件下，双方可以相互向对立面转化。"[1] 既然如此，区分文化精华和文化糟粕必须首先确立一个标准。季羡林指出："每一个时代和每一个社会都有自己的特殊要求。在政治方面，在经济方面，在巩固统治方面，在保持安定团结方面，在发展文化教育方面，在提高人民的文化道德水平方面，等等，都有自己的特殊要求。……能满足这个要求的前代或当代的理论、学说或者行动，就是精华，否则就是糟粕。"[2] 在季羡林看来，"时代要求"就是区分文化精华和糟粕的基本标准。这一标准具有一定科学性，从使用价值角度判断文化精华和糟粕。

"文化精华"，也即"优秀传统文化"。在内容博大的中国传统文化

---

[1] 季羡林：《季羡林谈国学》，浙江人民出版社2016年版，第97页。
[2] 季羡林：《季羡林谈国学》，浙江人民出版社2016年版，第98页。

中，何为"优秀传统文化"？本文以为必须符合以下三个标准。第一，达到一定高度，这是文化标准。"优秀"代表一定高度，"优秀"文化不是"一般"文化，它表明这种文化达到了一定高度。原始人制造的简陋工具、绘制的简单图形、表演的简单舞蹈，由于水平很低，所以很难称它们为"优秀"文化。相反，随着生产力发展，人类制造的金属工具、创制的语言文字、创作的音乐诗歌已经达到了较高程度，就可以被称为"优秀"文化。第二，产生进步作用，这是历史标准。"优秀"代表一定价值，"优秀"文化在历史上会促进社会进步。文化创造是为了服务人类生产生活，但并非所有的文化都能促进人类社会进步。科举制度有利于国家更公平、更科学地选拔人才，但八股文却束缚人的思想、耗费人的精力，前者产生了历史进步作用，后者则相反。因此，科举制度在一定历史时期可以说是一种"优秀"文化，八股文则不能算"优秀"文化。第三，于今仍有价值，这是时代标准。科举制度虽然在一百多年前就已被废除，但它体现的选人用人智慧和公平公正精神，对于今天依然具有很大借鉴价值。

这三个标准既反映了"文化高度"，也反映了"历史作用"，更反映了"时代要求"，所以更为科学全面。符合这三个标准的传统文化，就应视为文化精华。与此相反，判断"文化糟粕"，主要应以"历史作用""时代要求"为标准，在历史上产生过负面作用、在今天仍然会产生负面作用的传统文化，就应视为文化糟粕。当然，这样的标准还是比较笼统，但以此为标准毕竟可以对文化精华和文化糟粕进行一个初步区分，为我们萃取文化精华，清理文化糟粕奠定基础。

（二）萃取文化精华

确立区分文化精华和文化糟粕的标准之后，就应依据这个标准，把传统文化中的精华萃取出来。关于传统文化精华，一些学者曾做过萃取工作。例如，张岱年曾指出四个方面的传统哲学的内容应该继承：无神论的传统、辩证思维的传统、以人为本位的思想传统和爱国主义的传统。[1]张岱年、方克立主编的《中国文化概论》一书，是国内比较有影响的关于中华优秀传统文化的著作。这本书从中国语言文字、中国古代科学技术、中国古代教育、中国古代文学、中国古代艺术、中国古代史学、中国传统伦理道德、中国古代宗教和中国古代哲学等九个方面梳理了中华优秀传统文化的主要内容。[2]

2017年初，中共中央办公厅、国务院办公厅印发了《关于实施中华优秀传统文化传承发展工程的意见》，指出了应主要传承发展的三个方面的优秀传统文化内容：核心思想理念、中华传统美德、中华人文精神。这三个方面内容代表了中华优秀传统文化的主要精髓，《关于实施中华优秀传统文化传承发展工程的意见》也界定了主要内容。

在核心思想理念方面，《关于实施中华优秀传统文化传承发展工程的意见》指出："中华民族和中国人民在修齐治平、尊时守位、知常达变、开物成务、建功立业过程中培育和形成的基本思想理念，如革故鼎新、与时俱进的思想，脚踏实地、实事求是的思想，惠民利民、安民富民的思想，道法自然、天人合一的思想等，可以为人们认识和改造世界提供有益启迪，可以为治国理政提供有益借鉴。传承发展中华优秀传统文化，就要大力弘扬讲仁爱、重民本、守诚信、崇正义、尚和合、求大同等核心思想理念。"[3]

在中华传统美德方面，《关于实施中华优秀传统文化传承发展工程的意见》指出："中华优秀传统文化蕴含着丰富的道德理念和规范，如天下兴亡、匹夫有责的担当意识，精忠报国、振兴中华的爱国情怀，崇德

---

[1] 张岱年：《文化与哲学》，人民大学出版社2009年版，第267—268页。
[2] 张岱年、方克立：《中国文化概论》（修订版），北京师范大学出版社2004年版，第4—8页。
[3] 《关于实施中华优秀传统文化传承发展工程的意见》，载《人民日报》，2017年1月26日，第6版。

向善、见贤思齐的社会风尚，孝悌忠信、礼义廉耻的荣辱观念，体现着评判是非曲直的价值标准，潜移默化地影响着中国人的行为方式。传承发展中华优秀传统文化，就要大力弘扬自强不息、敬业乐群、扶危济困、见义勇为、孝老爱亲等中华传统美德。"[1]

在中华人文精神方面，《关于实施中华优秀传统文化传承发展工程的意见》指出："中华优秀传统文化积淀着多样、珍贵的精神财富，如求同存异、和而不同的处世方法，文以载道、以文化人的教化思想，形神兼备、情景交融的美学追求，俭约自守、中和泰和的生活理念等，是中国人民思想观念、风俗习惯、生活方式、情感样式的集中表达，滋养了独特丰富的文学艺术、科学技术、人文学术，至今仍然具有深刻影响。传承发展中华优秀传统文化，就要大力弘扬有利于促进社会和谐、鼓励人们向上向善的思想文化内容。"[2]

核心思想理念、中华传统美德、中华人文精神代表了中华优秀传统文化的精神文化层面的精华。除此之外，中华优秀传统文化还包括物质文化层面和制度文化层面的内容。在制度文化层面，传统文化精华主要包括政治制度、社会礼仪、民俗节日等方面的内容。在物质文化层面，传统文化精华主要包括历史文物、传统饮食、传统服饰等方面的内容。此外，中华优秀传统文化中的语言文字、科学技术、中医中药、教育等方面的内容，也是传统文化中的文化精华。萃取中华优秀传统文化中的文化精华，应进行分门别类梳理，特别应对以上指出的方面内容进行细致入微的梳理，把传统文化的精华萃取出来，以供我们重点传承发展，实现当代价值。

---

[1]《关于实施中华优秀传统文化传承发展工程的意见》，载《人民日报》，2017年1月26日，第6版。
[2]《关于实施中华优秀传统文化传承发展工程的意见》，载《人民日报》，2017年1月26日，第6版。

（三）清理文化糟粕

习近平同志指出："传统文化在其形成和发展过程中，不可避免会受到当时人们的认识水平、时代条件、社会制度的局限性的制约和影响，因而也不可避免会存在陈旧过时或已成为糟粕性的东西。"[1]传统文化中有精华，也有糟粕。两者同属于传统文化，往往相互掺杂，难以分辨。毛泽东同志在谈到建设新民主主义文化时指出："不破不立，不塞不流，不止不行。"[2]文化糟粕得不到批判清理，就会殃及文化精华的声誉，阻碍文化精华的弘扬。因此，对于传统文化糟粕，应进行深入清理。清理文化糟粕，既是文化建设的重要任务，也是萃取文化精华、实现当代价值的重要基础。

第一，要梳理传统文化中的文化糟粕。在传统文化中，文化糟粕的界定是一个困难问题。五四时期曾被视为文化糟粕的孔子学说，在今天又被视为文化精华。梳理传统文化糟粕，应以唯物史观为指导，以"历史作用""时代要求"为标准，凡是阻碍历史进步、妨碍社会发展、有碍人民幸福的传统文化，应视为文化糟粕，如历史上的"三纲""三从""四德"等封建道德规范，不仅在历史上臭名昭著，而且对于当代社会仍有不小的负面影响。只有彻底而详细地梳理出文化糟粕，使之与文化精华区分开来，我们才能更加清晰地"扬"精华而"弃"糟粕。

第二，要清理当代社会中的传统文化糟粕残留。传统文化中的许多文化糟粕在20世纪受到了批判和抛弃，但也有些文化糟粕根深蒂固、生命力强，如封建迷信、官僚主义、等级思想、享乐主义，以及各种于

---

[1] 习近平：《在纪念孔子诞辰2565周年国际学术研讨会暨国际儒学联合会第五届会员大会开幕会上的讲话》，载《人民日报》，2014年9月24日，第2版。
[2] 《毛泽东选集》（第二卷），人民出版社1991年版，第695页。

封建社会形成的"潜规则",在当代社会还广泛存在,影响着经济社会的健康发展。这些糟粕残留需要我们认真清理。与此同时,我们还要警惕社会上出现的各种以弘扬传统文化为名,宣扬文化糟粕的现象,使文化糟粕真正得到批判和清理。

二、加工改造、推陈出新

加工改造、推陈出新是"创造性转化、创新性发展"的重点环节，也是中间环节。中华优秀传统文化具有时代性，产生、发展于中国古代社会，主要是一种农耕文化和封建文化，在性质上与当代中国的社会主义社会不相适应，在形式上与当代中国的文化环境不相适应，在作用上与当代世界的发展大势不相适应。这三个方面的不相适应，决定了我们必须从内容、形式和要素三个方面，对中华优秀传统文化进行符合时代要求的加工改造、推陈出新。

（一）赋予新的时代内涵

许多文化学者曾指出过中国传统文化的缺点和不足。鲁迅认为，中国传统文化是一种"吃人"文化，中国历史上"满本都写着两个字是'吃人'"。梁漱溟认为，中国文化有"五大病"：幼稚、老衰、不落实、落于消极亦再没有前途、暧昧而不明爽[1]。张岱年认为："中国传统文化中有两个最大的缺点：一个是缺乏实证科学，一个是缺乏民主传统。"[2]这些文化大家指出的传统文化的缺点振聋发聩，说明传统文化确实有其历史局限性。当前，传承发展中华优秀传统文化，实现其当代价值，必须赋予其新的时代内涵，特别应以社会主义核心价值观为指引，使中华优秀传统文化适合时代发展的要求。本文认为，以下四种时代精神是中华优秀传统文化相对缺乏，而应首先赋予的。

---

[1] 梁漱溟：《中国文化要义》，上海人民出版社2011年版，第270—273页。
[2] 张岱年、程宜山：《中国文化精神》，北京大学出版社2015年版，第217页。

第一,赋予"民主"的时代内涵。中华优秀传统文化产生和服务于中国古代的奴隶社会和封建社会,在传统政治思想中,虽然有着可贵的"民本"思想,但却缺乏"民主"精神。《诗经》上说:"溥天之下,莫非王土;率土之滨,莫非王臣。"(《诗·小雅·北山》)这句名言生动说明了传统文化中推崇的是"君主"而非"民主"。邓小平同志指出:"我们这个国家有几千年封建社会的历史,缺乏社会主义的民主和社会主义的法制。"[1]"民主"是社会主义政治建设的重要内容,也是社会主义核心价值观的重要内容。习近平同志指出:"没有民主就没有社会主义,就没有社会主义的现代化,就没有中华民族伟大复兴。"[2]因此,传承发展中华优秀传统文化,必须赋予"民主"的时代内涵。

第二,赋予"平等"的时代内涵。与中国古代的专制政体相适应,以儒家思想为主导的传统思想缺乏真正的"平等"精神。《易经》上说:"天尊地卑,乾坤定矣。卑高以陈,贵贱位矣。"(《易传·系辞上》)把人之贵贱视为天经地义的事情。《资治通鉴》开卷即指出:"夫以四海之广,兆民之众,受制于一人,虽有绝伦之力,高世之智,莫敢不奔走而服役者,岂非以礼为之纲纪哉!是故天子统三公,三公率诸侯,诸侯制卿大夫,卿大夫治士庶人。贵以临贱,贱以承贵。上之使下,犹心腹之运手足,根本之制支叶;下之事上,犹手足之卫心腹,支叶之庇本根。然后能上下相保而国家治安。"(《资治通鉴·周纪一》)这就是把人与人不平等的等级制度视为国家长治久安的基础。在中国古代,君臣、父子、夫妻贵贱有别,有所谓"君为臣纲、父为子纲、夫为妻纲"的伦理要求;社会阶层也分三六九等,士农工商贵贱有别。这种不平等的封建秩序,发展到明清时代,就成了戕害人性、残害人民的"吃人"礼教。当代中国与古代中国的社会性质已经根本改变,我国宪法明确规定:

---

[1]《邓小平文选》(第二卷),人民出版社1994年版,348页。
[2] 习近平:《在庆祝全国人民代表大会成立60周年大会上的讲话》,载《人民日报》,2014年9月6日,第2版。

"中华人民共和国公民在法律面前一律平等。"[1]因此，传承发展传统文化，必须赋予"平等"的时代内涵。

第三，赋予"法治"的时代内涵。先秦诸子百家中有法家学派，提出了"法治"的思想，对中国历史影响很大。但是，法家学派的"法治"思想与今天的"法治"思想是具有根本区别的。易中天指出，先秦法家的思想是"两面三刀"："两面，就是'二柄'，即奖与惩、赏与罚。三刀，就是势、术、法，即仗势欺人、阴谋诡计、严刑峻法。"[2]可见，法家的"两面三刀"，只是用来维护封建君主专制和等级制度的手段，不是现代意义上的依法治国，中国古代缺乏真正意义上的"法治"思想。当前，"法治"已经成为国家治理的主要方式，成为维护"民主"和"平等"的基本保障。因此，传承发展中华优秀传统文化，必须赋予"法治"的时代内涵。

第四，赋予"科学"的时代内涵。中国古代在科学技术方面取得了辉煌成就，产生了影响世界的四大发明。但明清以来，中国的科学技术却远远落后于西方。英国学者李约瑟提出了著名的"李约瑟难题"："欧洲在16世纪以后就诞生了近代科学，这种科学已被证明是形成近代世界秩序的基本因素之一，而中国文明却未能在亚洲产生与此相似的近代科学，其阻碍因素是什么？"[3]这一问题一经提出，就引起人们的深入思考和广泛争论。学者普遍认为，中国传统文化确实缺乏现代科学产生的土壤。张岱年指出："应当承认，在中国传统文化中，确实存在使近代实证科学难以产生的因素。"[4]不仅传统文化中缺乏产生现代科学的土壤，而且存在大量迷信成分，如鬼神崇拜、星命相术、求仙炼丹、拆字起课等。这些迷信因素在中国社会根深蒂固，即使在当代也大行其道，甚至发生高级知识分子和领导干部"不信马列信鬼神"的现象。因

---

[1]《中华人民共和国宪法》，载《人民日报》，2018年3月22日第2版。
[2] 易中天：《先秦诸子百家争鸣》，上海文艺出版社2009年版，第172页。
[3] 李约瑟：《中国科学技术史》(第一卷)，科学出版社、上海古籍出版社1990年版，第2页。
[4] 张岱年、程宜山：《中国文化精神》，北京大学出版社2015年版，第218页。

此，传承发展中华优秀传统文化，必须赋予"科学"的时代内涵。

赋予传统文化"民主""平等""法治"和"科学"等新的时代内涵，主要可以采用补充和替换两种方式。对于传统文化中缺乏和薄弱的时代精神，主要采取补充的方式，如用现代"民主"精神补充传统"民本"思想，用现代"法治"精神补充传统"德治"和"法治"思想。对于传统文化中与时代精神相背离的内容，主要采取替换的方式，如用现代"平等"精神替换传统"等级"思想，用现代"科学"精神替换传统"迷信"思想。

（二）赋予现代表达形式

在中国古代，文化传播技术相对落后，传播载体较为有限。当今社会，随着科技的发展，特别是互联网的普及，人们传播文化、接受文化的方式发生了巨大变化。以前，受科技限制，人们主要通过文字的形式接受文化产品；当今，随着科技进步，人们更喜欢通过视频、音频、图片、动画等形式接受文化产品。因此，加工改造中华优秀传统文化，还必须从形式上做工作，赋予其现代表达形式，提高其传播效果。

第一，文字内容转化为影音内容。中华优秀传统文化有浩如烟海的典籍，主要都是文字内容，对广大人民群众来说，不仅受语言文字的限制，也受时间精力的限制，因此可以将这些文字内容转化为影音内容，以便人们接受。例如，四大名著被拍摄成电视剧后，深受群众喜爱，效果非常好。电视系列片《演说论语》用影视手段表现儒家经典《论语》，也收到了很好的效果。在这方面，也应避免歪曲、恶搞性质的转化，如近几年电视上流行的古装宫斗剧、穿越剧、戏说剧等。

第二，古代语言转化为现代语言。中国古代的经典作品，如《论语》《孟子》《老子》《庄子》《左传》《史记》等，其语言文字古奥难懂，令普通群众望而生畏。这就需要语言转化，把古奥难懂的古代语言转化为简明生动的现代语言。传统文化典籍也出现了一些非常好的现代译本，如杨伯峻的《论语译注》《孟子译注》，中华书局出版的"中华经典名著全本全注全译丛书"，等等。在语言转化方面，应追求"信、达、雅"的标准，尽量保存传统文化的民族味道。

第三，传统形式转化为现代形式。邓小平同志指出："采用旧形式反映新内容的方法也是必要的，因旧形式在民间具有根深蒂固的潜势力，深为群众所喜爱，且其本身亦有可利用的价值。"[1]传统文化中有一些好的形式需要继承，但也要根据时代特征创造出一些好的新形式。例如举办道德论坛、文化讲堂、经典诵读、民俗活动，等等，将传统形式转化为现代形式。纪录片《舌尖上的中国》，将传统饮食转化为电视节目，通过影像呈现传统饮食乃至中华优秀传统文化博大精深的内容，引起观众强烈反响，并得到好评。在传统形式转化为现代形式方面，要避免两个极端，一是生吞活剥、囫囵吞枣的极端，一是徒有其表、画猫类犬的极端。

（三）融合其他文化要素

从文化系统论的角度看，任何文化系统都包含着若干文化要素。中华优秀传统文化作为一种农耕文化和封建文化，已难以作为一个完整的文化系统生存和发展，必须以文化要素的形式与其他优秀文化要素相融合创新，从而生发出新的更有生命力的文化系统。张岱年指出，文化要素与文化系统之间存在两种重要关系，可离与不可离关系，相容与不相容关系[2]。中华优秀传统文化包含许多优秀的文化要素，它们是可分离的，也是可相容的，可以与其他优秀文化要素进行融合创新。

第一，与马克思主义融合创新。如何处理中华优秀传统文化与马克

---

[1]　《邓小平文选》（第一卷），人民出版社1994年版，第27页。
[2]　张岱年、程宜山：《中国文化精神》，北京大学出版社2015年版，第4页。

思主义之间的关系，是中国当代文化建设的重大问题。两者之间深度融合创新，是唯一正确的选择。毛泽东同志指出："从一八四〇年的鸦片战争到一九一九年的五四运动的前夜，共计七十多年中，中国人没有什么思想武器可以抗御帝国主义。旧的顽固的封建主义的思想武器打了败仗了，抵不住，宣告破产了。"[1]可以说，从鸦片战争到五四运动这段时间，中华文化经受了十分严重的生存危机。因此，从中华优秀传统文化发展的角度看，马克思主义挽救了近代以来传统文化遇到的生存危机，为我们传承传统文化指明了正确方向，提供了科学方法。毛泽东同志指出："自从中国人学会了马克思列宁主义以后，中国人在精神上就由被动转入主动。从这时起，近代世界历史上那种看不起中国人，看不起中国文化的时代应当完结了。"[2]习近平同志也指出，在马克思主义指导下，中国共产党建立之后，"中国人民就从精神上由被动转为主动"。从马克思主义发展的角度看，马克思主义只有与中华优秀传统文相结合，才能为中国人民所喜闻乐见，才能在中国发挥强大力量。陈先达指出："马克思主义的强大力量就在于它与中国实际的结合，其中包括与中国历史和传统文化的结合。"[3]毛泽东思想和中国特色社会主义理论，都是马克思主义与中华优秀传统文化融合创新的优秀成果，如"实事求是"的思想路线、"小康社会"的发展思想、"中华民族伟大复兴"的宏伟目标等，就是其中的成功范例。

第二，与外国优秀文化融合创新。如何处理中国文化与外国文化的关系问题，是中国文化发展过程中始终面临的一个重大问题。近代以来，中外文化激烈碰撞，产生过盲目排外和"全盘西化"的极端倾向，给中国的发展造成不良影响。毛泽东同志指出："对于外国文化，排外主义的方针是错误的，应当尽量吸收进步的外国文化，以为发展中国新

---

[1]《毛泽东选集》(第四卷)，人民出版社1991年版，第1514页。
[2]《毛泽东选集》(第四卷)，人民出版社1991年版，第1516页。
[3] 陈先达:《马克思主义和中国传统文化》，人民出版社2015年版，第9页。

文化的借镜；盲目搬用的方针也是错误的，应当以中国人民的实际需要为基础，批判地吸收外国文化。"[1]毛泽东同志还指出："应该学习外国的长处，来整理中国的，创造出中国自己的、有独特的民族风格的东西。"[2]历史上，汲取外国优秀文化，与中华优秀传统文化融合创新，是发展中华文化的成功经验。对待外国文化，鲁迅说："总之，我们要拿来。我们要或使用，或存放，或毁灭。"[3]一方面，我们需要有鉴别力，保证我们汲取的是优秀文化，而不是所有外国文化，更不是落后文化。另一方面，我们还需要有消化力，能够把外国优秀文化吸收消化，与中华优秀传统文化有机融合，而不能"囫囵吞枣""消化不良"。

---

[1]《毛泽东选集》(第三卷)，人民出版社1991年版，第1083页。
[2]《毛泽东文集》(第七卷)，人民出版社1999年版，第83页。
[3]《鲁迅全集》(第六卷)，人民文学出版社2005年版，第41页。

三、运用升华、服务现实

运用升华、服务现实是"创造性转化、创新性发展"的落点环节,也是关键环节。对中华优秀传统文化进行梳理萃取、加工改造之后,还必须形成崭新的有用的精神力量、治理方法、文艺精品、思想理念等文化成果,进入并服务于当代社会实践和群众生活。中华优秀传统文化的当代价值能否实现,关键看它是否实现了运用升华、服务现实,产生了时代作用和当代价值。

(一)凝聚推动中华民族伟大复兴的精神力量

实现"两个一百年"奋斗目标和中华民族伟大复兴的中国梦,需要凝聚起强大的精神力量。中华优秀传统文化,特别是其中的民族精神和传统美德,是形成民族复兴精神力量的重要源泉。

第一,坚定文化自信。党的十九大报告指出:"文化自信是一个国家、一个民族发展中更基本、更深沉、更持久的力量。"[1]坚定文化自信,是我们坚定道路自信、理论自信和制度自信的基础。文化自信不是文化自负,文化自信是建立在对本民族文化清醒认识、强烈认同的基础上的。中华优秀传统文化历史悠久、结构完整、连绵不断、成就辉煌、包容创新、富有特色,形成了博大精深、丰富多彩、魅力无限的文化体系,是我们增强文化自信的根本源泉。

第二,增强实现伟大梦想的精神动力。中华优秀传统文化中蕴含丰

---

[1] 习近平:《决胜全面建成小康社会 夺取新时代中国特色社会主义伟大胜利——在中国共产党第十九次全国代表大会上的报告》,人民出版社2017年版,第23页。

富的精神元素，如"天下兴亡，匹夫有责"的爱国精神，"天行健，君子以自强不息"的自强精神，"如欲平治天下，当今之世，舍我其谁也"的担当精神，"苟日新、日日新、又日新"的革新精神，"岂曰无衣，与子同袍"的团结精神，"筚路蓝缕，以启山林"的奋斗精神，"忧劳可以兴国，逸豫可以亡身"的忧患精神，等等。这些精神元素，以及其背后的历史人物与历史事件，都可以成为凝聚实现伟大梦想精神动力的宝贵精神元素。

第三，涵养社会主义核心价值观。民族复兴离不开正确价值观的引领。社会主义核心价值观，深入回答了建设什么样的国家、建设什么样的社会、培育什么样的公民的重大问题，是民族复兴的价值引领。习近平同志指出："培育和弘扬社会主义核心价值观必须立足中华优秀传统文化。"[1]中华优秀传统文化包含着丰富的价值观资源，特别是中华优秀传统美德，是我们今天涵养社会主义核心价值观的宝贵资源。

（二）形成解决时代发展问题的治理方法

文化应该为时代服务，特别是应该为解决时代问题服务。习近平同志指出："要围绕我国和世界发展面临的重大问题，着力提出能够体现中国立场、中国智慧、中国价值的理念、主张、方案。"[2]中华优秀传统文化博大精深，包含着几千年来中华民族应对内忧外患、解决各种问题的理论与实践、经验与教训，其中的一些思想与智慧对于今天我们解决时代问题依然具有深刻启发。实现中华优秀传统文化的当代价值，应紧盯这些问题，为解决这些发展问题提供治理方法。

第一，借鉴古代优秀廉政文化。针对当前各领域的消极腐败问题，

---

[1] 习近平:《把培育和弘扬社会主义核心价值观作为凝魂聚气强基固本的基础工程》，载《人民日报》，2014年2月26日，第1版。
[2] 习近平:《在哲学社会科学工作座谈会上的讲话》，人民出版社2016年版，第17页。

可以借鉴中国古代优秀廉政文化，找出推进反腐倡廉建设的有效办法。习近平同志指出："研究我国反腐倡廉历史，了解我国古代廉政文化，考察我国历史上反腐倡廉的成败得失，可以给人以深刻启迪，有利于我们运用历史智慧推进反腐倡廉建设。"[1]中国古代廉政文化中的优秀思想和实践经验，可以在反腐倡廉教育和廉政文化建设，以及反腐败体制创新中，发挥一定作用。

第二，借鉴历史经验、历史教训、历史警示。中华民族拥有五千多年的历史，积累了极其丰富的历史经验、历史教训和历史警示。习近平同志指出："牢记历史经验、牢记历史教训、牢记历史警示，为推进国家治理体系和治理能力现代化提供有益借鉴。"[2]回顾历史进程，借鉴历史成功经验，汲取历史失败教训，更有利于创造新的辉煌。

第三，借鉴古代优秀治国智慧。中国古代积累了丰富的治国智慧，其中的优秀部分依然值得今天借鉴。党的十八大以来，习近平同志非常注重借鉴传统治国理念，发扬传统治国智慧。特别是他在一系列重要讲话中，大量引用古圣先贤的经典名言，赋予其新的时代内涵，将其转化为治国理政的新理念新思想新战略，运用于中国当代的治国理政实践，从而使中华优秀传统文化得到了运用升华，实现了当代价值。

（三）创作体现中华民族特色的文艺精品

每个时代都有每个时代的文艺，当代中国需要当代的文艺精品。习近平同志指出："精品之所以'精'，就在于其思想精深、艺术精湛、制作精良。"[3]中国古代产生了无数文艺精品，可以为创作当代文艺精品

---

[1] 习近平：《借鉴历史上优秀廉政文化不断提高拒腐防变能力》，载《人民日报》，2013年4月21日，第1版。
[2] 习近平：《牢记历史经验历史教训历史警示　为国家治理能力现代化提供有益借鉴》，载《人民日报》，2014年10月14日，第1版。
[3] 习近平：《在文艺工作座谈会上的讲话》，人民出版社2014年版，第10页。

提供艺术元素和艺术借鉴。创作体现中华民族特色的文艺精品，使古代文艺的语言、风格和思想得到发挥和体现，也是中华优秀传统文化在当代的一种使用升华。

第一，学习古人语言。古代汉语是现代汉语的源头。毛泽东同志指出："我们还要学习古人语言中有生命的东西。由于我们没有努力学习语言，古人语言中的许多还有生气的东西我们就没有充分地合理地利用。"[1]中国古代语言丰富多彩，有的作品语言简洁明快，有的作品语言古朴高雅，有的作品语言生动形象，值得当代文艺创作者学习借鉴。几年前，电视剧《甄嬛传》热播，剧中人物对话"古色古香"，接近《红楼梦》的语言风格，被称为"甄嬛体"，受到大众欢迎，这是古代语言在当代使用升华的一个成功例子。

第二，借鉴古典风格。中国古代文艺风格独特，在世界文艺史上独树一帜。冯友兰指出："富于暗示，而不是明晰得一览无遗，是一切中国艺术的理想，诗歌、绘画以及其他无不如此。"[2]"富于暗示"是中国古代文艺的一个重要特色和成就，古代优秀的文艺作品往往给人以"含蓄蕴藉"之美。当代文艺创作出现数量多、精品少的问题，一个重要原因就是缺乏"含蓄蕴藉"之美。学习借鉴古代文艺的独特风格，对于创作具有民族风格的当代文艺精品具有重要意义。

第三，汲取优秀思想。中国古代文艺作品灿若星河，思想主题众多，但主要表达了对"真善美"的不懈追求，"捐躯赴国难，视死忽如归"的爱国情怀，"举头望明月，低头思故乡"的思乡情节，"慈母手中线，游子身上衣"的浓厚母爱，"情人怨遥夜，竟夕起相思"的美丽爱情，等等，都是古代文艺作品中反复表达的不朽主题。虽然当代中国的经济形态和社会环境改变了，但人们的精神追求、情感诉求没有改变，对"真善美"的追求没有改变。因此，中华优秀传统文化中的这些重要

---

[1]《毛泽东选集》(第三卷)，人民出版社1991年版，第837—838页。
[2] 冯友兰:《中国哲学简史》，北京大学出版社2013年版，第12页。

思想主题值得当代文艺创作者学习借鉴。

(四)提出促进人类和平发展的思想理念

在人类文明中,中华文明作为人类的"轴心文明"之一,深刻影响了世界的进程,为人类发展做出了重大贡献。中华优秀传统文化作为中华文明的精髓,既属于中国,又属于世界,理应为当代世界继续贡献智慧和力量。特别是在全球经济增长乏力、地区发展不均、局部战争不断、恐怖主义肆虐、生态环境恶化等问题日益突出情况下,中华优秀传统文化走向世界、服务世界,为造福人类社会提供思想理念,是在世界范围内的运用升华。

第一,提倡以和为贵的发展理念。"礼之用,和为贵。先王之道,斯为美,小大由之。"(《论语·学而》)中国古代以和为贵的理念和实践,对于当代社会的发展具有重要启发意义。几年来,中国积极推动构建以合作共赢为核心的新型国际关系,打造人类命运共同体,积极实施"一带一路"倡议,提出"亲诚惠容"的外交理念,等等,都是中华民族以和为贵的发展理念为当代世界所做的重大贡献。

第二,提倡公平正义的价值追求。中国古代提出了"国不以利为利,以义为利也"(《礼记·大学》)的深刻思想,主张以义为利,提倡义利兼顾。党的十八以来,习近平同志在多个外交场合强调"正确义利观",指出:"在国际关系中,要妥善处理义和利的关系。""只有义利兼顾才能义利兼得,只有义利平衡才能义利共赢。"[1]"正确义利观"也是中华优秀传统文化为人类社会所做的重大贡献。

第三,提倡辩证综合的思维方式。中国辩证综合的思维方式,既注重从整体看局部,主张从局部现象观察整体问题、从整体角度解决局部问题;又注重以辩证促平衡,在对立统一中保持平衡,实现和谐统一。

---

[1] 习近平:《在韩国国立首尔大学的演讲》,载《人民日报》,2014年7月5日,第1版。

当代人类遇到的一些难题，如果用辩证综合思维方式，有利于找出合理的解决方案。中国提出的"新型国际关系""人类命运共同体""一带一路"等理念，都体现了中国古代辩证综合的思维方式。

主要参考文献

[1]《马克思恩格斯选集》,人民出版社2012年版。

[2]《列宁选集》,人民出版社2012年版。

[3]《毛泽东选集》,人民出版社1991年版。

[4]《毛泽东文集》,人民出版社1996、1999年版。

[5]《毛泽东文艺论集》,中央文献出版社2002年版。

[6]《邓小平文选》,人民出版社1993、1994年版。

[7]《邓小平论文艺》,人民文学出版社1989年版。

[8]《江泽民文选》,人民出版社2006年版。

[9]《胡锦涛文选》,人民出版社2016年版。

[10]《习近平谈治国理政》,外文出版社2014年版。

[11]《习近平谈治国理政》(第二卷),外文出版社2017年版。

[12]《论文化建设——重要论述摘编》,学习出版社、中央文献出版社2012年版。

[13]《习近平关于社会主义文化建设论述摘编》,中央文献出版社2017年版。

[14]习近平:《决胜全面建成小康社会 夺取新时代中国特色社会主义伟大胜利——在中国共产党第十九次全国代表大会上的报告》,人民出版社2017年版。

[15]习近平:《在文艺工作座谈会上的讲话》,人民出版社2014年版。

[16]《习近平总书记在文艺工作座谈会上的重要讲话学习读本》,学习出版社2015年版。

[17]习近平:《在哲学社会科学工作座谈会上的讲话》,人民出版社2016年版。

[18]《习近平新时代中国特色社会主义思想三十讲》,学习出版社2018年版。

[19]《习近平新时代中国特色社会主义思想学习纲要》,学习出版社、人民出版社2019年版。

[20]《习近平用典》,人民日报出版社2015年版。

[21]《习近平用典》(第二辑),人民日报出版社2018年版。

[22]《平"语"近人——习近平总书记用典》,人民出版社2019年版。

[23]刘方喜、陈定家、丁国旗等:《马克思、恩格斯、列宁、斯大林论文艺与文化》,中国社会科学出版社2012年版。

[24]《完善中华优秀传统文化教育指导纲要》,载《中国教育报》,2014年4月2日,第3版。

[25]《关于支持戏曲传承发展若干政策的通知》,载《中国戏剧》,2015年第9期。

[26]《中共中央关于繁荣发展社会主义文艺的意见》,载《人民日报》,2015年10月20日,第2版。

[27]《中华人民共和国国民经济和社会发展第十三个五年规划纲要》,载《人民日报》,2016年3月18日,第1版。

[28]《关于进一步把社会主义核心价值观融入法治建设的指导意见》,载《人民日报》,2016年12月26日,第5版。

[29]《关于实施中华优秀传统文化传承发展工程的意见》,载《人民日报》,2017年1月26日,第6版。

[30]《国家"十三五"时期文化发展改革规划纲要》,载《人民日报》,2017年5月8日,第10版。

[31]《论语译注》,杨伯峻译注,中华书局2012年版。

[32]《孟子译注》,杨伯峻译注,中华书局2005年版。

[33]《老子译注及评介》,陈鼓应著,中华书局1984年版。

[34]《庄子今注今译》,陈鼓应注译,商务印书馆2016年版。

[35]《墨子校注》,吴毓江撰,孙启治点校,中华书局1993年版。

[36]《荀子新注》,楼宇烈主撰,中华书局2018年版。

[37]《韩非子集解》,王先慎撰,钟哲点校,中华书局1998年版。

[38]《吕氏春秋》,陆玖译注,中华书局2011年版。

[39]《春秋左传注》,杨伯峻编著,中华书局1990年版。

[40]《战国策》,刘向集录,上海古籍出版社1988年版。

[41]《史记》,韩兆琦译注,中华书局2010年版。

[42]《资治通鉴》,司马光编著,中华书局2009年版。

[43]《诗经译注》,周振甫译注,中华书局2013年版。

[44]《古文观止》,吴楚材、吴调侯选,中华书局1959年版。

[45]《鲁迅全集》,人民文学出版社2005年版。

[46]柳诒徵:《中国文化史》,中华书局2015版。

[47]陈登原:《中国文化史》,商务印书馆2014年版。

[48]冯天瑜、何晓明、周积明:《中华文化史》,上海人民出版社2015年版。

[49]阴法鲁、许树安:《中国古代文化史》,北京大学出版社1991年版。

[50]侯外庐:《中国思想通史》,人民出版社2011年版。

[51]马克垚:《世界文明史》(第二版),北京大学出版社2016年版。

[52]范文澜、蔡美彪:《中国通史》,人民出版社2014年版。

[53]翦伯赞:《中国史纲要》(修订版),人民出版社1995年版。

[54]柏杨:《中国人史纲》,人民文学出版社2011年版。

[55]陈旭麓:《近代中国社会的新陈代谢》,中国人民大学出版社2012版。

[56]蒋廷黻:《中国近代史》,中华书局2016年版。

[57]金冲及:《二十世纪中国史纲》,社会科学文献出版社2009年版。

[58]胡适:《中国文化的反省》,华东师范大学出版社2013年版。

[59]曹伯韩:《国学常识》,中华书局2015年版。

[60]梁漱溟:《中国文化要义》,上海人民出版社2011版。

[61]梁漱溟:《东西文化及其哲学》,中华书局2013年版。

[62]梁漱溟:《中国文化的命运》,中信出版社2016年版。

[63]冯友兰:《中国哲学简史》,北京大学出版社2013年版。

[64] 钱穆:《国史大纲》,商务印书馆1996年版。

[65] 钱穆:《中国文化史导论》,商务印书馆1994年版。

[66] 钱穆:《中国文化精神》,九州出版社2011年版。

[67] 钱穆:《中国文化丛谈》,九州出版社2011年版。

[68] 钱穆:《中华文化十二讲》,九州出版社2012年版。

[69] 钱穆:《文化学大义》,九州出版社2012年版。

[70] 张岱年:《文化与价值》,新华出版社2004年版。

[71] 张岱年、方立克:《中国文化概论》(修订版),北京师范大学出版社2004年版。

[72] 张岱年:《文化与哲学》,人民大学出版社2009年版。

[73] 张岱年、程宜山:《中国文化精神》,北京大学出版社2015年版。

[74] 季羡林:《三十年河东　三十年河西》,当代中国出版社2006年版。

[75] 李泽厚:《中国思想史论》(上、中、下),安徽文艺出版社1999年版。

[76] 易中天:《先秦诸子百家争鸣》,上海文艺出版社2009年版。

[77] 陈先达:《马克思主义和中国传统文化》,人民出版社2015年版。

[78] 章开沅:《离异与回归——传统文化与近代化关系试析》,中国人民大学出版社2010年版。

[79] 何兆武、柳卸林主编:《中国印象:外国名人论中国文化》,中国人民大学出版社2011年版。

[80] 陈湘安:《文化法则与文明定律:中华文明复兴的千年机遇》,中国友谊出版公司2013年版。

[81] 马立诚:《当代中国八种社会思潮》,社会科学文献出版社2012年版。

[82] 〔美〕斯塔夫里阿诺斯:《全球通史:从史前史到21世纪》,北京大学出版社1999年版。

[83] 〔美〕菲利普·李.拉尔夫等:《世界文明史》,商务印书馆1998年版。

[84] 〔美〕塞缪尔·亨廷顿:《文明的冲突与世界秩序的重建》,新华出版社2002年版。

[85]〔美〕塞缪尔·亨廷顿:《文化的重要作用——价值观如何影响人类进步》,新华出版社2012年版。

[86]〔美〕约瑟夫·奈:《软实力》,中信出版社2013年版。

[87]〔英〕爱德华·泰勒:《原始文化》,上海文艺出版社1992年版。

[88]〔英〕阿诺德·汤因比:《历史研究》,上海世纪出版集团2010年版。

[89]〔以色列〕尤瓦尔·赫拉利:《人类简史:从动物到上帝》,中信出版社2014年版。